Thomas von Kempen

Die Nachfolge Christi

Vier Bücher

Übersetzt und herausgegeben von
Wendelin Meyer OFM

Neu durchgesehen von
Lothar Hardick OFM

Verlag Butzon & Bercker Kevelaer

Die vorliegende Übersetzung wurde aus der lateinischen Urschrift übertragen; sie wurde mit der kritischen Ausgabe des von Thomas selbst geschriebenen Brüsseler Textes (Ausgabe Delaissé, Antwerpen 1956) verglichen. Die kursiv gedruckten Inhaltsangaben vor jedem Kapitel sind vom Übersetzer verfaßte Hilfen für die geistliche Lesung und Betrachtung.

Die Deutsche Bibliothek – CIP-Einheitsaufnahme

Thomas (a Kempis):
Die Nachfolge Christi : vier Bücher / Thomas von Kempen. Übers. und hrsg. von Wendelin Meyer. Neu durchges. von Lothar Hardick. – 5. Aufl. – Kevelaer : Butzon und Bercker, 2000
Einheitssacht.: De imitatione Christi (dt.)
ISBN 3-7666-9531-2
NE: Meyer, Wendelin [Übers.]

ISBN 3-7666-9531-2

5. Auflage 2000

 Mit kirchlicher Druckerlaubnis. Nr. 100/ 3.6–3/87. Münster, den 29. Mai 1987. Dr. Werner Thissen, Generalvikar. Umschlaggestaltung: Meussen/Künert, Essen. Foto: Christus und Johannes. Holzplastik, Oberschwaben, um 1310. Kirche des ehem. Zisterzienserinnenklosters Heiligkreuztal bei Riedlingen/Württ. Bildvorlage: Kath. Pfarramt Andelfingen. Herstellung: Bercker Graphischer Betrieb GmbH, Kevelaer.

Inhalt

Vorwort 15
Einführung: Das Geheimnis der „Nachfolge Christi“ 25

ERSTES BUCH
Anleitung zum geistlichen Leben 33

1 Von der Nachfolge Christi 35
2 Sich selbst demütig einschätzen 37
3 Die Lehre der Wahrheit 39
4 Achtsamkeit beim Handeln 44
5 Das Lesen der heiligen Schriften 45
6 Ungeordnete Gesinnungen 46
7 Keine trügerische Hoffnung und Überheblichkeit hegen! 48
8 Vertrauensseligkeit sollte man vermeiden 50
9 Gehorsam und Unterordnung 51
10 Sei nicht redselig 53
11 Frieden erwerben und unermüdlich weiterstreben 54
12 Der Nutzen von Widrigkeiten 57
13 Anfechtungen zurückdrängen 59

14 Leichtfertiges Urteilen meiden 63
15 Handeln aus der Liebe 65
16 Ertrage die Unzulänglichkeiten der anderen 67
17 Das monastische Leben 69
18 Schau auf das Vorbild der heiligen Väter 70
19 Was gute Ordensleute tun 74
20 Liebe zu Einsamkeit und Schweigen 78
21 Das reuevolle Herz 83
22 Der Blick in das menschliche Elend 87
23 Betrachtung des Todes 91
24 Gericht und Strafe für die Sünden 97
25 Besserung des Lebens von Grund auf 102

ZWEITES BUCH
Wege zum inneren Leben 109

1 Der innere Wandel 111
2 Sich in Demut unterordnen 116
3 Der gütige, friedensbereite Mensch 118
4 Lauterer Sinn und einfältige Absicht 120
5 Achten auf sich selbst 122

6 Die Freude eines guten Gewissens 124
7 Die uneingeschränkte Liebe zu Jesus 127
8 Vertraute Freundschaft mit Jesus 129
9 Wenn du trostlos und verlassen bist 132
10 Dankbarkeit für Gottes Gnade 137
11 Nur wenige lieben das Kreuz Christi 141
12 Der königliche Weg des heiligen Kreuzes 144

DRITTES BUCH
Kampf und Trost 153

1 Christus spricht im Innern zur gläubigen Seele 155
2 Die Wahrheit spricht im Inneren ohne laute Worte 156
3 Gottes Worte muß man in Demut hören 159
4 Lebe in Wahrheit und Demut vor Gott 163
5 Die wunderbare Wirkung der göttlichen Liebe 166
6 Die Erprobung dessen, der wahrhaft liebt 171
7 Die Gnade unter der Obhut der Demut verbergen 175

8 Unter den Augen Gottes sich selbst niedrig einschätzen 179
9 Alles auf Gott als das letzte Ziel beziehen 181
10 Gott dienen ist angenehm 183
11 Prüfe und mäßige die Sehnsüchte deines Herzens 187
12 Die Schule der Geduld und der Kampf gegen die Begierden 189
13 Gehorsam und Demut nach dem Beispiel Jesu Christi 192
14 Im Guten nicht überheblich werden, sondern Gottes verborgene Gerichte bedenken 194
15 Verhalten bei allen Anliegen im Handeln und Reden 197
16 Der wahre Trost ist allein in Gott zu suchen 200
17 Alle Sorgen leg in Gottes Hand 202
18 Irdisches Leid nach Christi Beispiel mit Gleichmut ertragen 204
19 Ertragen von Unrecht und: Wer sich wahrhaft als geduldig erweist 206
20 Das Eingeständnis der eigenen Schwachheit und das Elend dieses Lebens 209
21 Mehr als alle Güter und Gaben muß man die Ruhe in Gott suchen 213

22 Sich an die vielfachen Wohltaten Gottes erinnern 217
23 Vier Quellen großen Friedens 221
24 Nicht neugierig im Leben eines anderen herumforschen 225
25 Das Geheimnis von innerem Frieden und Fortschritt 226
26 Von der überragenden Würde des freien Geistes, die eher durch demütiges Gebet als durch Lektüre erreicht wird 229
27 Die Eigenliebe hindert den Fortschritt zum höchsten Gut hin 232
28 Wider die Zungen der Verleumder 235
29 Wie Gott im Leid anzurufen und zu preisen ist 236
30 Um Gottes Hilfe beten und darauf vertrauen, die Gnade wiederzuerlangen 238
31 Sich vom Geschaffenen loslösen, um den Schöpfer finden zu können 242
32 Selbstverleugnung und Absage an alle Begierlichkeit 245
33 Das Herz ist unbeständig, doch Gott muß das Endziel sein 248
34 Gottesliebe ist köstlicher Wohlgeschmack über alles und in allem 250

35 In diesem Leben gibt es keine Sicherheit vor der Anfechtung 253
36 Das eitle Menschengerede 255
37 Durch lautere und umfassende Selbstentäußerung zur Freiheit des Herzens 257
38 Die äußeren Dinge gut in Ordnung halten, in Gefahren zu Gott seine Zuflucht nehmen 260
39 Der Mensch soll in seinen Unternehmungen nicht rücksichtslos sein 262
40 Aus sich selbst hat der Mensch nichts Gutes, und er kann sich über nichts rühmen 263
41 Die Verachtung aller zeitlichen Ehre 267
42 Auf Menschen ist kein Verlaß, wenn es um den Frieden geht 268
43 Gegen das eitle und weltliche Wissen 270
44 Man soll äußerliche Dinge nicht an sich ziehen 273
45 Man darf nicht jedem trauen, und leicht fehlt man mit seinen Worten 274
46 Man soll auf Gott vertrauen, wenn einen Worte verletzen 278
47 Alles Schwere muß um des ewigen Lebens willen ertragen werden 282

48 Der Tag der Ewigkeit und die Bedrängnisse dieses Lebens 285
49 Die Sehnsucht nach dem ewigen Leben 289
50 Wie der verlassene Mensch sich in Gottes Hände befehlen muß 295
51 Man muß sich geringen Arbeiten widmen, wenn es an der Kraft zu hohen Werken fehlt 300
52 Der Mensch soll sich nicht des Trostes würdig erachten 302
53 Die Gnade Gottes macht sich nicht gemein mit denen, die dem Irdischen zuneigen 305
54 Natur und Gnade haben verschiedene Triebkräfte 307
55 Die verderbte Natur und die Kraft der göttlichen Gnade 313
56 Wir müssen uns selbst verleugnen und Christus durch das Kreuz nachfolgen 318
57 Der Mensch ist nicht verworfen, wenn er in einzelne Fehler fällt 321
58 Allzu hohe Dinge und Gottes verborgene Ratschlüsse soll man nicht zu ergründen suchen 324
59 Auf Gott allein alle Hoffnung und alles Vertrauen setzen 330

VIERTES BUCH
Vom Sakrament des Altares 335

Vorwort: Fromme Ermahnung zur heiligen Kommunion 337
1 Mit welcher Ehrfurcht Christus zu empfangen ist 338
2 Im Sakrament wird dem Menschen Gottes große Güte und Liebe geschenkt 346
3 Es ist nützlich, oft zu kommunizieren 350
4 Der andächtige Empfang der heiligen Kommunion trägt reiche Frucht 354
5 Die Würde des Sakramentes und der Priesterstand 359
6 Vorbereitung zur heiligen Kommunion 362
7 Prüfung des eigenen Gewissens und Vorsatz zur Besserung 363
8 Das Opfer Christi am Kreuz und die vollkommene Selbsthingabe 367
9 Wir müssen uns selbst und alles, was unser ist, Gott darbringen und für alle beten 369
10 Die heilige Kommunion darf nicht leichthin unterlassen werden 372

11 Der Leib Christi und die Heilige Schrift sind der gläubigen Seele ganz besonders notwendig 377
12 Wer Christus empfangen will, muß sich mit großer Sorgfalt vorbereiten 383
13 Der Mensch muß mit ganzem Herzen die Vereinigung mit Christus im Sakrament anstreben 387
14 An Gott hingegebene Menschen verlangen voll glühender Sehnsucht nach dem Leib Christi 390
15 Die Gnade der Hingabe wird durch Demut und Selbstverleugnung erworben 392
16 Trage Christus deine Nöte vor, und verlange nach seiner Gnade 395
17 Die brennende Liebe und starke Sehnsucht, Christus zu empfangen 397
18 Der Mensch soll über dieses Sakrament nicht neugierig grübeln 401

Anmerkungen 405

Kritisches Nachwort zur Geschichte des Textes 410

Vorwort

Statistiken und Zahlenreihen sagen und beweisen zwar nicht alles. Aber sie können doch aufmerksam und nachdenklich machen. Wenn z. B. von einem vor mehr als 500 Jahren verfaßten Werk gesagt werden kann, daß es von ihm rund 750 Handschriften gibt und daß es mehr als 3000 gedruckte Ausgaben und Übersetzungen in viele Sprachen der Welt erlebt hat, dann läßt das nach dem Geheimnis eines solchen Werkes fragen.

Gemeint sind die vier Bücher der *„Imitatio Christi“* = „Nachfolge Christi“. Sie gehören zum geistigen Besitztum der Menschheit. Und es ist erstaunlich, daß sie in ihren mehr als 500 Jahren kaum etwas von ihrer Ausstrahlungskraft verloren haben.

Autorenschaft

Als ihr Verfasser gilt Thomas Hemerken von Kempen, Augustiner-Chorherr der Windesheimer Kongregation, der 1471 gestorben ist. Heute kann man das wieder mit sicherer Stimme sagen. In der Diskussion vergangener Jahre wurde die Autorenschaft des Thomas von Kempen für die „Nachfolge Christi" von manchen bestritten. Man glaubte, Geert Groote, den geistigen Vater der *Devotio moderna,* als Autor nennen zu sollen, wenigstens für die wichtigsten und geistig stärksten Passagen. Thomas von Kempen wurde immerhin zugestanden, daß er die letzte Hand angelegt habe.

Heute verläßt man sich unter anderem auf die eigenhändige Eintragung des Thomas von Kempen in der Brüsseler Handschrift der „Nachfolge Christi", wonach er diese Niederschrift selber im Jahre 1441 „beendet und vollendet hat". Die Handschrift ist aufbewahrt in der Königlichen Bibliothek zu Brüssel.

Unbewußt hat der Verfasser der „Nachfolge Christi" diese Diskussion um die Autorenschaft in seinem Werk selbst gekennzeichnet und bewertet: „Frage nicht, wer das gesagt hat, sondern erwäge, was gesagt ist." Dennoch zeigt diese Diskussion einen wichtigen Zug des Werkes auf. Die „Nachfolge Christi" hat eine solche Allgemeingültigkeit, daß man glaubte, sie müsse aus dem kollektiven

Geist einer ganzen geistlichen Schule entstanden sein und könne kaum auf einen Menschen allein zurückgeführt werden.

Lebensskizze

1369/1380 wurde Thomas Hemerken in Kempen am Niederrhein geboren. 1391 begann er das Studium in Deventer. 1399 trat er in das Kloster der Regulierten Augustiner-Chorherren auf dem Agnetenberg bei Zwolle ein und wurde dort 1406 eingekleidet. Nach entsprechender Vorbereitung, wozu intensives Studium gehörte, wurde er 1413/14 zum Priester geweiht.
In den Jahren 1424–1439 fertigte er eine illuminierte Abschrift der Heiligen Schrift in fünf Bänden an, die heute in der Hessischen Landesbibliothek in Darmstadt aufbewahrt wird. Im Jahre 1425 wurde Thomas zum Subprior des Klosters auf dem Agnetenberg gewählt. Im Zusammenhang mit den Wirren des „Utrechter Schismas" stellten sich die Augustiner-Chorherren der Windesheimer Kongregation auf die Seite des vom Papst bestätigten Bischofs und mußten vor der Macht des Gegenbischofs ins Exil nach

Lunenkerk (Friesland) ausweichen (1429–1432). In den Jahren 1446–1471 schrieb er die Chronik des Klosters Agnetenberg, wurde 1448 erneut zum Subprior gewählt, nachdem er vorher Schatzmeister des Klosters war. 1471 starb er im Kloster Agnetenberg, wo er auch im Kreuzgang seine Grabstätte fand.

Über die Stelle seines Grabes wurde als sein Selbstbekenntnis diese Inschrift angebracht: „Nusquam tuta quies nisi cella, codice, Christo. In omnibus requiem quaesivi et non inveni nisi in een Huechsken met een buexken“ = „Nirgends find' ich sichere Ruh' als mit Christus und meinem Buch in meiner Zelle. In allen Dingen hab' ich Ruhe gesucht und nicht gefunden als nur mit einem Büchlein in einem stillen Winkel.“ Was mag das für ein Mensch gewesen sein, der seine Ruhe sucht und sie darin findet, im Wissen um die Nähe Christi mit einem Buch in einem stillen Winkel zu sein?

Daß das Sehnsuchtsmotiv der „Ruhe“ in einem Menschen jener Zeit stark ausgeprägt war, wird verständlich, wenn wir uns die Zeitgeschichte in ihren wichtigsten Ereignissen vor Augen halten. Das Leben des Thomas Hemerken fiel in die Blütezeit der Hanse, der sich überaus viele Städte zumal in Norddeutschland angeschlossen hatten. Der Mensch in den Städten war selbstbewußt geworden und ohne Kaiser und Papst zu Bedeutung gekommen. Um die Kirche stand es schlecht, ja katastrophal. Praktisch die gesamte Lebenszeit des Thomas von Kempen war überschattet vom großen Abendländischen Schisma. So wird der Zeitabschnitt zwischen 1378 und 1417 bzw. 1449 genannt, da gleichzeitig zwei bzw. drei Päpste die oberste Gewalt in der Kirche beanspruchten und sich gegenseitig samt ihren Anhängern mit Kirchenstrafen belegten. Nach langen Wirren gelang es auf dem Konzil von Konstanz 1414/1418, das Schisma praktisch zu beenden.

Mit der Verurteilung und Hinrichtung des Johannes Hus auf dem Konzil von Konstanz setzten 1419–1431 die Hussitenkriege ein wie eine Vorwegnahme des späteren Dreißigjährigen Krieges. Sie brachten Kriegsnot und Glaubensnot zugleich.

Und dann kam 1453 der Schock der Eroberung Konstantinopels durch die Türken. Die Widerstandskräfte der christlichen Staaten regten sich nur schwach. Sollte das gesamte Abendland dem Islam zufallen?

Kulturell ist die Zeit des Thomas von Kempen gekennzeichnet durch den Beginn der Frührenaissance in Italien (seit etwa 1420) und durch die Erfindung des Buchdrucks durch Gutenberg, der 1455 seine 42zeilige Bibel druckte.

Reform tat not

Unruhe, Unsicherheit im Inneren. Gefährlicher Druck von außen. Wo waren die Kräfte, die in gesunder Weise im Leben der Christen ansetzten?
Das 14. Jahrhundert war gekennzeichnet von einem weit verbreiteten Verfall des geistlichen Lebens. Schuld daran war nicht zuletzt der Klerus, der durchaus nicht immer beispielhaft den anderen in der Kirche voranging. Überall wurde das Drängen wach, das geistliche Leben wieder einfacher, unkomplizierter, ja echter zu gestalten. Hinzu kam, daß man den objektiven Bindungen und Forderungen im religiösen Leben des Mittelalters mit immer größerer Befremdung begegnete.
Wenn sich Christen der Notwendigkeit einer radikalen Lebensbesinnung stellen, dann ist die echt christliche Reaktion nicht zuerst

lautstarker Protest mit aggressiven Tönen gegen die „Herrschenden“, sondern die Konsequenz der Bekehrungsbereitschaft im eigenen Leben. So äußerte sich das Gespür für ein christliches Umdenken im 14./15. Jahrhundert nicht einzig in Programm-Bekenntnissen zu einer Reform aller, sondern mit Intensität in der Bereitschaft, ganz persönlich auf das eigentlich Christliche einzuschwenken. Man setzte auch nicht so sehr bei der Forderung nach neuen Strukturen an, sondern versuchte, durch Umgestaltung des eigenen Inneren den einfachen Weg zu Gott zu finden. Nicht spitzfindige theologische Spekulationen, auch nicht in sich selbst versunkene Pflege mystischer Meditationen waren das Erstnotwendige, sondern einfach der Weg der Nachfolge Christi, der die Grundlage jeglicher christlicher Existenz ist. Sich selbst verleugnen, die Welt verachten, sein Kreuz auf sich nehmen, Christus nachfolgen, diese christlichen Urworte wurden wieder in die Christensprache hineingenommen und begannen, Leben zu gewinnen.

Dies war der Weg, den Christus selbst den Seinen gewiesen hatte. Und einen anderen Weg gibt es nicht als IHN, der von sich gesagt hat: „Ich bin der Weg“ (Joh 14, 6).

Diesen Weg suchte die Bewegung der „Devotio moderna“ zu gehen. Die „Devotio moderna“ geht auf Geert Groote zurück (1340–1384). Er sah sehr klar die Schwächen in Kirche und Gesellschaft. In Predigten und Schriften legte er den Finger auf die Wunden. Aber vor allem baute er lebendige Kreise auf, indem er sehr viele Geistliche und Laien um sich sammelte, die er mit seinem Geist formte.

Es kam vor allem nach seinem Tod zur Gründung zahlreicher Gemeinschaften der „Brüder und Schwestern vom gemeinsamen Leben“, die wir etwa mit heutigen Säkular-Instituten vergleichen können. Auch kam es im Rahmen der Augustiner-Chorherren zur Gründung der Windesheimer Kongregation, wozu auch das Kloster Agnetenberg bei Zwolle gehörte, in dem Thomas von Kempen gelebt hat.

Diese ordensmäßige Ausprägungen gehörten zur Bewegung der Devotio moderna, waren aber nicht die einzige Ausrichtung. Sie hatte erstaunlich breit gestreute Zielgruppen, wie schon aus der Devise deutlich wird: „Außerhalb der Orden wie ein Ordensmann leben.“

Dies ist – in kurzen Hinweisen – das geistliche Feld, auf dem das Werk der Nachfolge Christi wuchs. Hier wird die „Devotio moderna" nicht in systematischer Weise angeboten und dargelegt. Aber sie ist mit ihrem Geistesgut in reicher Fülle enthalten. Es ist eine geistliche Lebenseinstellung, die zwar den Blick nach oben richtet, die aber dennoch – oder gerade deswegen – mit beiden Füßen auf dem Boden der Realitäten steht. Hier geht der geistliche Mensch nicht irgendwelchen Träumereien mystischer oder gar pseudomystischer Art nach, wie das so manche Erweckungs-Bewegungen an sich haben. Ein solides innerliches Leben wird angestrebt, das nicht lediglich für exklusive Elitezirkel, sondern auch für breitere Kreise zugänglich und möglich ist. Es wird kein sogenannter „eigener", auch kein „neuer" Weg gesucht, sondern Christi Leben wird als der Weg des eigenen Lebens angenommen. Das von Christus so oft gesprochene „Folge mir nach" ist Ausgangspunkt und zugleich erfüllendes Ziel des gesamten Strebens.

Das Werk von der „Nachfolge Christi" mag in seiner Art Begrenztheiten unterliegen, es mag nicht in allem die uns heute erkennbare Fülle des Glaubenswissens ausschöpfen. Wie sollte das auch sein bei einem Autor, der eben als Mensch in einer ganz bestimmten Zeit und Situation lebte? Eines ist sicher: Dieses Werk trifft die Mitte aller christlichen Anliegen in der unbedingten Ausrichtung auf Christus. Dieses Werk hätte nicht bis heute so viele, immer neue Ausgaben, Übersetzungen und Auflagen erlebt, wenn sich sein Kerngedanke nicht im Leben unzähliger Menschen bewährt hätte.

Der hier angebotene Text entspricht bis auf wenige unbedeutende Abweichungen der deutschen Ausgabe von P. Wendelin Meyer OFM, im Verlag Butzon & Bercker 1959 erschienen. Lediglich die Kapitelüberschriften wurden praktisch alle überarbeitet, um auch hier möglichst genau den Originaltext zu erreichen.

P. Lothar Hardick OFM

Einführung:

Das Geheimnis der „Nachfolge Christi"

Die „Nachfolge Christi" ist fast der ganzen Christenheit ein vertrauter Begriff geworden. Nächst der Bibel am häufigsten gedruckt und in alle Kultursprachen übersetzt, gilt sie mit Recht als die schönste Blüte niederdeutscher Mystik. In den Kreisen der Gottesfreunde *(Devotio moderna)* entstanden und in manchen Kapiteln auf deren Verhältnisse zugeschnitten, hat das bescheidene Buch bald den Weg ins Herz des Volkes gefunden. In Geist und Form überzeitlich, spricht es die Gegenwart nicht weniger an als die Leser vergangener Zeiten. Wo liegt nun sein Geheimnis?

Einmal im *Zentralgedanken „Christus"*, der in dem Buch der „Nachfolge" Triumphe über das Menschenherz gefeiert hat, wie sie außer dem Evangelium keinem Christusbuch beschieden waren. Es ist nicht so sehr der geschichtliche wie der lehrende Christus, der in allen vier Büchern hinter den Zeilen steht und den suchenden, fragenden Menschen in Atem hält. Der Leser erlebt in den Kapiteln eine vertrauliche Begegnung und Aussprache mit Christus und dessen Gottesfreunden über intimste Lebens- und Seelenfragen. Die „Nachfolge“ wird ihm, sooft er sie mit Ruhe liest, zur Nikodemus-Stunde. Er fühlt sich von den Worten Christi in seinem ganz persönlichen, innersten Seelenleben erkannt, gefesselt und erschüttert. Das war es, was die Menschen immer wieder seit Jahrhunderten zur „Nachfolge Christi“ greifen ließ: diese schlichte, phrasenlose christliche Menschenführung, die gleichermaßen von Lebensweisheit wie vom Glauben zeugt, und: die Anleitung, die Hinüberführung zu einem glücklichen Dasein auf Erden. Hier liegt die Brücke zur modernen Welt, die den intimen Anschluß an Christus verloren hat und diese Verlorenheit als bittere Vereinsamung empfindet. Mit dem Buch der „Nachfolge“ ist ihr das Tor zum Frieden geöffnet.

Weiter liegt die Bedeutung der „Nachfolge Christi“ für unsere Zeit darin, daß sie durch ihre Anlehnung an die Heilige Schrift die *Liturgie* betont, eine Tatsache, die heute unsere besondere Beachtung verdient, da die neuzeitliche Frömmigkeit einen vorwiegend liturgischen Charakter trägt. Schon vor mehr als einem halben Jahrhundert schrieb

Prosper Guéranger OSB, Abt von Solesmes, das bedeutsame Wort: „Wer gab dem Verfasser der ‚Nachfolge Christi‘ diese Milde, dieses verborgene Manna, das nach soviel Jahrhunderten immer noch seine Kraft behält..., wenn nicht der beständige Verkehr mit der Liturgie, die (ihn) mit ihren Gesängen und Gebeten umgab, wie die Luft, die (er) einatmete...?“ (Kirchenjahr Mainz, 1888, 9). An mehr als zweihundert Stellen knüpft Thomas von Kempen an das Psalmengebetbuch der Kirche an. Sein Buch, statt überholt zu sein, spricht jeden Liturgiefreund an. Es ist von kirchlichem Geiste getragen.

Das Geheimnis der „Nachfolge Christi“ und ihres Jahrhunderte überdauernden Einflusses auf die jeweilige Frömmigkeit liegt auch darin begründet, daß sie die Gläubigen zum *persönlichen Beten* anleitet. Es gibt der Christen zu viele, die ein eigengewachsenes Gebet nicht mehr zustande bringen. Sie sind das Opfer des neuen Lebensrhythmus geworden. Es fehlt ihnen an Ruhe und Zeit. Sie kommen zuwenig zum Nachdenken über Gott und ihre Seele. So bleibt es dann gewöhnlich beim Nach-beten vorgelegter Texte. So wertvoll nun diese Gebetstexte sind –

sie dürfen das persönliche Gebet nicht verdrängen. Wie dieser Übergang von den Texten zum persönlichen Gebet gedacht ist, zeigt uns Thomas von Kempen in meisterhafter Weise. Manche Kapitel seiner „Nachfolge“, besonders die des dritten und vierten Buches, sind geradezu Werkschulen des Gebetes, Seminarübungen, in denen bald Bibeltexte, bald geistige Sentenzen in persönliches Gebet ausgeweitet und umgestaltet werden. Diese Erweiterung und Umformung hat ihren ganz eigenen pädagogischen Wert und reizt förmlich dazu, an Hand biblischer Schrifttexte und Sentenzen mit Gott ins Gespräch zu kommen. So reicht die „Nachfolge Christi“ in unsere moderne Zeit hinein. Das Kind Gottes lernt das Sprechen, wie etwa im 9. und 10. Kapitel des dritten Buches gezeigt wird:

„*Der Herr:* Mein Sohn, ich muß dein höchstes und letztes Ziel sein, wenn du wahrhaft glücklich sein willst... Aus mir schöpft klein und groß, arm und reich wie aus einer lebendigen Quelle ‚lebenspendendes Wasser‘. Wer mir willig und gern dient, empfängt Gnade um Gnade...
Der Knecht: Was soll ich dir für alle deine

tausendfachen Wohltaten geben? Könnte ich dir doch alle Tage meines Lebens so dienen, wie es deiner würdig ist! Wahrhaftig, du bist jeden Dienstes würdig, jeder Ehre und ewigen Lobes. Du bist in Wahrheit mein Herr und mein Gott, und ich bin dein armer Knecht. Ich bin gehalten, dir mit allen Kräften zu dienen, und sollte niemals müde werden, dich zu loben. So will ich es, und danach verlange ich. Ersetze gnädig, was mir daran noch gebricht.“

Wo liegt, so fragen wir noch einmal, das Geheimnis der „Nachfolge“? In der *bejahenden Welt- und Lebensauffassung*. Es bringt den suchenden Menschen Ruhe, Frieden und Freude. Ihr Verfasser ist weltfreundlich; das spürt der Leser aus jedem Kapitel. Joseph Bernhart nennt ihn in seiner „philosophischen Mystik“ (München 1922, 207) eine „Natur von friedlicher Tiefe“. Seine Mahnung, die Welt zu verachten, will er nur in biblischem Sinne verstanden wissen: als Überwindung der sündhaften „Augenlust, Fleischeslust und Hoffahrt des Lebens“ (1 Joh 2, 16), keineswegs aber als ängstliche Weltentsagung, die sich in lebensfeindlichem Sinne von der Schöpfung Gottes, ihrer

Schönheit und ihrem weltfrohen Leben zurückzieht. Wir sollen Welt und Leben lieben, weil sie kostbare Geschenke Gottes sind; aber wir sollen auch die Güter der Gnade: Christus, unsern Heiland, und das ewige, selige Leben im Himmel unendlich höher schätzen.

Der heilige Franz von Assisi ist der einzige außerbiblische Heilige, den Thomas von Kempen in der „Nachfolge Christi“ erwähnt. Im Maße, wie dieser Gottesmann die Welt in ihrer mannigfaltigen Ordnung und Schönheit liebte und besang, will die ganze „Nachfolge Christi“ verstanden sein: als ein Buch, aus dem sich, wenn es in demütiger Ehrfurcht gelesen wird, ein unendlicher Friede in unsere Brust senkt.

Die „Nachfolge Christi“ ist eine Antwort auf die Forderung der modernen Zeit nach *Aktivismus und Leistung*. Wir sind uns heute darüber klar, daß die ganzen Träume, die an Aktion, Organisation und Technik geknüpft werden, sich nur als leere Träume erweisen, die für unseren menschlichen und sittlichen Fortschritt letztlich belanglos bleiben, wenn die Unruhe der Menschenherzen nach Aktion und Tat keinen Bund der Freundschaft mit der Stille, Einsamkeit und Selbstbesinnung schließt. Ruhe und Hineinbesinnung in Gott sind die notwendige Entsprechung der Aktion. Aber gerade dieser Hinweis ist der charakteristische Zug der „Nachfolge Christi". Sie lehrt den modernen Menschen, mit der Vielzahl äußerer Eindrücke, die täglich auf ihn einstürmen, umgehen zu können; lehrt ihn, zeitweise ganz bei sich selber zu sein, die stille, besinnliche Kontemplation zu lieben und auf diese Weise schöpferische Pausen zu schaffen. Wie die „Nachfolge" selbst dem Sinnen und Beten betrachtender Gottesfreunde im Kreise der Fraterherrn ihre Existenz verdankt, so will sie ihrerseits die tatendurstigen Menschen jeder Altersstufe „in ihre Schule" nehmen und ihnen begreiflich machen, daß ein Mehr an Aktion auch ein Mehr an Selbstbesinnung erfordert. Im Leben des Herrn gehen dreißig Jahre Kontemplation einer dreijährigen Aktion voraus. „Wer reden will, wer tief und erobernd in den Raum der Welt vorstoßen will, muß erst einmal hören, und um zu hören, muß er still werden" (Urs v. Balthasar: Der Laie, Freiburg 1949, 16).

Auch in unserer Zeit erscheinen immer wieder neue Textausgaben der „Nachfolge

Christi". Wo liegt das Geheimnis dieses unvergleichlichen Bucherfolgs?
Die Bedeutung dieses kleinen Buches ist vielleicht den Domen des Mittelalters zu vergleichen, die mit ihren monumentalen Bauten in unverwüstlicher Großartigkeit aus alten Zeiten zu uns herüberschauen.
Viele Menschen unseres Jahrhunderts, auch viele Christen, stehen, infolge zunehmender Entfernung von Religion und Kirche, der Geistigkeit des Thomas von Kempen großenteils verständnislos gegenüber. Und doch gingen schon weit ungünstigere Zeiten über die Bühne dieser Welt:
In den Kriegen dieses Jahrhunderts, in den Gerichtssälen der Diktatur bedeutete die „Nachfolge" ein Trostbuch für viele. Not, Krankheit und Vereinsamung – Erfahrungen, die mehr oder minder jeden treffen – führen immer wieder zu jenem Mann der Innerlichkeit, der in der Stille des Agnetenberges lebte, zu Thomas von Kempen – zu seinem Buch von der „Nachfolge Christi".

*Wendelin Meyer OFM (1959)**

* vom Verlag leicht gekürzt und überarbeitet.

ERSTES BUCH

Anleitung zum geistlichen Leben

KAPITEL 1

Von der Nachfolge Christi

1. Christi Leben will betrachtet sein.
2. Christi Lehre will gelebt sein.
3. Die Welt will durchschaut und überwunden sein.

1. Wer mir nachfolgt, wandelt nicht im Dunkel, spricht der Herr (Joh 8, 12). Das sind Worte Christi. Sie spornen uns an, sein Leben und seinen Wandel nachzuahmen, wenn wir wahrhaft erleuchtet und von aller Blindheit des Herzens befreit werden möchten. Unsere höchste Aufgabe sei die Betrachtung des Lebens Jesu Christi.

2. Die Lehre Christi übertrifft alle Lehren der Heiligen. Wer den Geist besitzt, findet in ihr verborgenes Himmelsbrot. Doch es ist nun einmal so: Viele hören die Frohbotschaft oft, spüren aber nur geringe Sehnsucht nach dem Evangelium. Es fehlt ihnen der Christusgeist (vgl. Röm 8, 9). Wer Christi Worte ganz verstehen und verkosten will, muß bestrebt sein, sein ganzes Leben ihm gleichzuformen. Was nützt es dir, tiefgründig über die Dreieinigkeit zu reden, wenn dir die Demut fehlt? Ohne sie mißfällst du

der Dreieinigkeit. Wahrlich, gelehrte Worte machen nicht den Heiligen und Gerechten. Das tut allein ein tugendhaftes Leben. Das macht dich Gott teuer. Lieber möchte ich den Schmerz der Reue spüren, als ihre Definition kennen. Wenn du die ganze Bibel auswendig wüßtest und kenntest dich in allen Lehren der Weltweisen aus, was hättest du davon ohne die Gottesliebe und die Gnade?

3. „O Eitelkeit aller Eitelkeiten! Alles ist eitel", außer Gott lieben und ihm allein dienen (Koh 1, 2). Das ist die höchste Weisheit: Die Welt gering zu werten[1] und dadurch nach dem Reiche der Himmel zu streben. Eitel ist es, vergängliche Reichtümer zu suchen und auf sie seine Hoffnungen zu setzen. Eitel ist es, nach Ehrungen zu verlangen und angesehene Stellungen anzustreben. Eitel ist es, den Trieben des Leibes nachzugeben und zu begehren, was später schwere Strafe nach sich zieht. Eitel ist es, sich ein langes Leben zu wünschen und sich um ein gutes Leben kaum zu bemühen. Eitel ist es, nur auf das gegenwärtige Leben zu achten und für die Zukunft kein Auge zu haben. Eitel ist es, zu lieben, was eilenden Fluges vorüberzieht, statt schleunigst dorthin zu eilen, wo ewige Freude wohnt. Denke oft an jenes

Sprichwort: „Das Auge wird nicht satt vom Sehen, das Ohr nicht satt vom Hören“ (Koh 1, 8). Sei also darauf bedacht, dein Herz von der Liebe zum Sichtbaren zu lösen und dich zum Unsichtbaren zu erheben. Denn die den Eindrücken der Sinne folgen, beflecken das Gewissen und verlieren Gottes Gnade.

KAPITEL 2

Sich selbst demütig einschätzen

1. Echtes Wissen macht demütig.
2. Reiches Wissen bringt Verantwortung.
3. Tiefes Wissen führt zur Menschenachtung.

1. „Jeder Mensch hat einen natürlichen Wissensdrang“[2], aber was bringt die Wissenschaft schon ein ohne die Gottesfurcht? Besser ist ein demütiger Landmann, der Gott dient, als ein stolzer Philosoph, der den Lauf der Gestirne studiert, sich selbst aber vergißt. Wer sich selbst gut durchschaut, hält sich nicht für einen wertvollen Menschen und erfreut sich nicht am Lobe der Menschen. Wenn ich alles wüßte, was es in

der Welt gibt, lebte ich aber nicht in der Liebe, was nützte es mir vor Gott, der mich nach meinen Werken richten wird? Mäßige die übergroße Wißbegier, sie lenkt dich zu stark ab, sie täuscht dich. Die viel wissen, wollen gerne beachtet und als Weise tituliert werden.

2. Es gibt vieles, das zu wissen der Seele wenig oder gar nichts nützt. Sehr unklug ist, wer anderen Dingen nachgeht, statt solchen, die seinem Heile dienen. Viele Worte sättigen die Seele nicht. Das gute Leben aber ist eine Labe für den Geist und das reine Gewissen eine Quelle großen Gottvertrauens. Je umfassender und gründlicher dein Wissen ist, desto schwerer wiegt deine Verantwortung, wenn dein Leben nicht um so heiliger war. Brüste dich also nicht mit irgendeiner Kunst oder Wissenschaft, fürchte dich vielmehr wegen der dir verliehenen Einsicht. Wenn du meinst, vieles zu wissen und es recht gut zu verstehen, so bedenke, daß es noch weit mehr gibt, was du nicht weißt.

3. „Sei nicht überheblich" (Röm 11, 20; 12, 16), gestehe lieber deine Unwissenheit. Warum willst du dich anderen vorziehen, da es doch viele gibt, die gelehrter und gesetzeskundiger sind als du? Willst du etwas

Nutzbringendes wissen oder lernen, so liebe es, unbekannt zu sein und für nichts gehalten zu werden.[3] Das ist die tiefste und nützlichste Wissenschaft: sich selbst richtig zu erkennen und gering zu achten. Das ist hohe Weisheit und Vollkommenheit: von sich selber nichts zu halten und von andern immer eine edle, gute Meinung zu haben. Siehst du jemanden offenkundig sündigen und sich schwer vergehen, du dürftest dich dennoch nicht für besser halten. Denn du weißt nicht, wie lange du im Guten verharrst. Wir alle sind gebrechlich, aber halte keinen für hinfälliger als dich selbst.

KAPITEL 3

Die Lehre der Wahrheit

1. *Gott erkennen geht über alles Fachwissen.*
2. *Im Lichte des ewigen Wortes (Christi) erkenne ich die Wahrheit um Welt und Leben.*
3. *Der gesammelte Geist, der sich beherrscht, erkennt leichter.*
4. *Der demütige Geist erfaßt am tiefsten.*
5. *Mein Wissen im Lichte des Jüngsten Gerichtes.*
6. *Das wahrhaft große Wissen.*

1. Glücklich, den die Wahrheit (Gott)[4] selbst belehrt, nicht durch vergängliche Zeichen und Worte, sondern in ihrem Wesen. Unser Denken und unser Sinn täuschen uns oft und nehmen wenig wahr. Was nützt das lange Reden über verborgene und dunkle Dinge?[5] Wir werden ihretwegen nicht zur Rechenschaft gezogen, wenn wir sie etwa nicht gekannt haben. O große Torheit, das Nützliche und Notwendige zu übergehen, um Dingen nachzugehen, die nur der Neugier dienen und Schaden anrichten! „Wir haben Augen und sehen nicht“ (Jer 5, 21 und Ps 115, 5). Was kümmern wir uns um Gattungen und Arten? Zu wem das ewige Wort (Gott) spricht, der bleibt vor vielen falschen Ansichten bewahrt.

2. Aus *einem* Worte (Gottes) stammen alle Dinge, und von *einem* Worte reden alle Dinge, und das ist „der Anfang, der auch zu uns redet“ (Joh 8, 25). Ohne ihn kommt keiner zur Einsicht, hat keiner ein rechtes Urteil. Wem alles das Eine ist, wer alles auf das Eine bezieht und alles in dem Einen schaut, dessen Herz kann festen Stand haben und dauernd im Frieden Gottes leben. O Wahrheit Gott, mach mich eins mit dir in ewiger Liebe! Ich bin des vielen Lesens und Hörens

oft so überdrüssig. In dir ist alles, was ich suche und ersehne. Schweigen mögen alle Lehrer, verstummen alle Geschöpfe vor deinem Angesichte. Sprich du allein zu mir!

3. Je mehr einer mit sich selbst eins geworden ist, je einfacher er in seinem Inneren geworden ist, desto mehr und desto Höheres erkennt er ohne Mühe, weil er von oben her das Licht der Erkenntnis empfängt. Ein lauterer, gerader und beharrlicher Geist verliert beim Hochbetrieb nicht seine Sammlung, weil er alles zur Ehre Gottes tut und bestrebt ist, in Ruhe alle Eigensucht auszuschalten. Wer behindert und belästigt dich mehr als die unertötete Begier deines Herzens? Der gute, fromme Mensch überdenkt zuerst in seinem Inneren die Werke, die er nach außen zustande bringen muß. Darum ziehen ihn die Arbeiten auch nicht ins Sündhafte und Triebhafte, vielmehr gibt er selber den Neigungen die dem Urteil der gesunden Vernunft entsprechende Richtung. Wer hat einen härteren Kampf zu kämpfen, als wer sich selbst zu besiegen trachtet? Und gerade das sollte unser Grundanliegen sein: uns selbst zu besiegen, täglich in der Selbstbeherrschung zu wachsen und so im Guten irgendeinen Fortschritt zu machen.

4. Allem Vollkommenen haftet in diesem Leben Unvollkommenes an, und all unser Denken ist nicht frei von einem gewissen Dunkel. Die demütige Selbsterkenntnis geleitet dich sicherer zu Gott als die tiefe wissenschaftliche Forschung. Die Wissenschaft verdient keinen Tadel, auch nicht das schlichte Wissen um die Dinge. Diese sind in sich betrachtet gut und gehören der göttlichen Ordnung an. Aber ein gutes Gewissen und ein Leben der Tugend verdienen immer den Vorzug. Weil jedoch die meisten mehr auf das Wissen als auf ein tugendhaftes Leben bedacht sind, geraten sie oft in die Irre und zeitigen fast keine oder nur geringe Frucht. Wenn sie doch ebensoviel Fleiß aufbrächten, ihre Fehler auszurotten und Tugenden einzupflanzen, als gelehrte Fragen aufzuwerfen, es gäbe nicht so große Mißstände und Ärgernisse im Volke und nicht so viel Zerfall in den Klöstern.

5. Bestimmt werden wir am kommenden Gerichtstage nicht gefragt werden, was wir gelesen, sondern was wir getan haben, und nicht, wie schön wir geredet, sondern wie gut wir gelebt haben. Sage mir: Wo sind denn alle jene Herren und Meister, jene Leuchten der Wissenschaft, die du, als sie

noch lebten, so gut gekannt hast? Schon sitzen andere auf ihren Pfründen, und ich weiß nicht, ob diese ihrer noch gedenken. Zu ihrer Zeit schienen sie etwas zu bedeuten, und nun ist es still um sie geworden. Wie schnell verrauscht der Ruhm dieser Welt! Hätte doch ihr Leben zu ihrer Gelehrsamkeit gepaßt, dann hätten sie gut studiert und gelehrt.

6. Wieviele gehen in dieser Welt an ihrem eitlen Wissen zugrunde! Sie kümmern sich zu wenig um den Dienst Gottes. Sie wollen lieber bedeutend als demütig sein; darum „schwinden sie dahin samt ihrem Denken" (Röm 1, 21). Wahrhaft groß ist, wer große Liebe hat. Wahrhaft groß ist, wer in seinen eigenen Augen klein ist und alle Ehrenbezeugungen für nichts achtet. Wahrhaft klug ist, wer „alles Irdische für Unrat hält, um Christus zu gewinnen" (Phil 3, 8). Ein wirklicher Gelehrter ist, wer Gottes Willen tut und auf seinen eigenen Willen verzichtet.

KAPITEL 4
Achtsamkeit beim Handeln

1. Glaube nicht alles, und erzähle nicht alles.
2. Überlege mit Ruhe, und lasse dir raten.

1. Glaube nicht jedem Worte, und traue nicht jeder Eingebung. Prüfe vielmehr die Dinge vor Gott, behutsam und mit der nötigen Ruhe. Leider geschieht es oft, daß wir von andern lieber das Böse glauben und erzählen als das Gute; so schwach sind wir. Doch vollkommene Menschen glauben nicht so leicht jedem Schwätzer. Denn sie kennen die menschliche Schwäche, die zum Bösen neigt und im Reden leicht zu Falle kommt.

2. Es ist eine tiefe Weisheit, nicht übereilt zu handeln und nicht an seiner eigenen Meinung starrköpfig festzuhalten. Dazu gehört auch, daß man nicht irgendwelcher Rederei Glauben schenkt und das, was man etwa gehört und geglaubt hat, nicht gleich anderen Leuten weitererzählt. Berate dich mit einem klugen und gewissenhaften Mann, und lasse dich lieber eines Besseren belehren, statt deinen Einfällen zu folgen. Ein gutes Leben

macht den Menschen weise vor Gott und erfahren in vielen Dingen. Je demütiger ein Mensch ist und je vollkommener er sich Gott unterwirft, um so weiser wird er sein und um so reicher an Frieden.

KAPITEL 5

Das Lesen der heiligen Schriften

1. Achte mehr auf den Inhalt als auf die Form.
2. Lies nicht als Wissender, sondern um zu lernen.

1. Suche Wahrheit in den heiligen Schriften, nicht den Glanz der Rede. „Jedes heilige Buch muß in dem Geist gelesen werden, in dem es verfaßt wurde.“[6] Wir müssen mehr auf unseren Nutzen als auf die gewählte Form achten. Darum sollten wir fromme und schlichte Bücher ebenso gern lesen wie hohe und gedankenschwere. Der Name des Verfassers und sein großes oder geringes Ansehen in der Literatur darf nicht stören. Was dich zum Buche führen soll, sei einzig die Liebe zur reinen Wahrheit. „Frage nicht, wer das gesagt hat, sondern achte auf das, was gesagt wird.“[7]

2. Die Menschen gehen dahin, die Wahrheit des Herrn aber bleibt in Ewigkeit. Gott spricht zu uns auf mannigfache Weise, ohne Ansehen der Person. Was uns beim Lesen der Schriften oft hindernd im Wege steht, ist unsere Neugier. Wir wollen begreifen und ergründen, worüber wir einfach hinweggehen sollten. Willst du aus der Lesung Nutzen ziehen, dann lies demütig, bescheiden und voll Vertrauen. Erhebe nie Anspruch auf den Namen eines Gelehrten. Stelle gern Fragen und höre schweigend auf die Worte der Heiligen. Laß dich auch die Gleichnisreden der Alten nicht verdrießen; sie werden nicht ohne Grund gesprochen.

KAPITEL 6

Ungeordnete Gesinnungen

1. Der Quell seelischer Unruhe.
2. Bezwinge dich, und du findest Ruhe.

1. Sobald der Mensch etwas begehrt, was gegen die Ordnung verstößt, erfaßt ihn sogleich die Unruhe. Hochmütige und Geizige

kennen keine Ruhe, der Arme im Geist und der Demütige leben im vollen Frieden. Wer sich noch nicht gänzlich abgestorben ist, gerät leicht in Versuchung, er strauchelt über die geringsten Kleinigkeiten. Ein Mensch von schwachem Geist, der noch irgendwie dem niederen Menschen und dem Sinnenhaften zugeneigt ist, kann sich nur schwer von den irdischen Wünschen völlig loslösen. Er wird oft traurig, wenn er sich ihnen entzieht, und wird leicht zornig, wenn ihm einer in den Weg tritt.

2. Hat er aber erreicht, was er begehrt, drückt ihn sogleich der Vorwurf des Gewissens, weil er seiner Leidenschaft folgte, die ihm nicht zu dem gesuchten Frieden verhilft. Wahren Herzensfrieden findet man nur im Kampf gegen die Leidenschaften, nicht aber darin, daß man ihnen nachgibt. In einem irdisch gesinnten Herzen, das sich an äußere Dinge verliert, ist kein Frieden, wohl aber in einem Menschen von Geist und Glut.

KAPITEL 7

Keine trügerische Hoffnung und Überheblichkeit hegen!

1. Baue dein Lebensglück nicht auf trügerischen Grund.
2. Was die Welt schätzt, bietet kein haltbares Fundament.

1. Ein Tor, wer seine Hoffnung auf Menschen oder Geschöpfe setzt. Schäme dich nicht, aus Liebe zu Jesus Christus anderen zu dienen und als arm zu gelten in dieser Welt. Verlaß dich nicht auf dich selbst, setze vielmehr dein Vertrauen auf Gott. Tu, was du tun kannst, und Gott wird deinem guten Willen beistehen. Vertraue nicht auf dein Wissen oder auf die Schlauheit irgendeines lebenden Menschen. Baue vielmehr auf die Gnade Gottes, der den Demütigen hilft und die Überheblichen demütigt.
2. Rühme dich nicht deiner Reichtümer (Jer 9, 23). Prahle auch nicht mit einflußreichen Freunden. Dein Ruhm sei Gott, der alles schenkt und außer allen Gaben sich selbst dir zu geben verlangt. Brüste dich nicht mit der Kraft und Schönheit des Leibes; eine ge-

ringe Krankheit genügt, und er ist zerstört und entstellt. Gefalle dir nicht in deiner Geschicklichkeit und Begabung, sonst mißfällst du Gott, dem alles gehört, was du von Natur Gutes hast. Halte dich nicht für besser als andere, damit du nicht vor Gott geringer erfunden werdest. Er weiß, was im Menschen ist (Joh 2, 25). Sei nicht eingebildet auf gute Werke. Gott richtet anders als die Menschen. Ihm mißfällt oft, was den Menschen wohlgefällt. Hast du etwas Gutes an dir, so glaube nur, daß andere Besseres aufweisen können. So bewahrst du die Demut. Es schadet dir nicht, wenn du dich für geringer hältst als alle andern, höchst schädlich aber ist es, wenn du dich auch nur *einem* vorziehst.[8] Nie versiegender Friede begleitet den Demütigen, im Herzen des Stolzen aber wohnen oft Zorn und Erbitterung.

KAPITEL 8

Vertrauensseligkeit sollte man vermeiden

1. Nicht so vertrauensselig.
2. Täusche dich nicht.

1. Öffne nicht jedem Menschen dein Herz (Sir 8, 19), doch mit einem weisen, gottesfürchtigen Menschen besprich deine Sache. Mit jungen Leuten und mit Fremden laß dich weniger ein. Schmeichle nicht den Reichen, und erscheine nur selten vor Großen. Suche deine Gesellschaft und Unterhaltung bei den bescheidenen, einfachen und ausgeglichenen Menschen, und sprich mit ihnen über das, was zum Guten anregt. Sei nicht allzu vertraulich mit dem anderen Geschlecht, alle guten Frauen aber empfiehl insgesamt dem Herrn. Wirklich vertraut sei nur mit Gott und mit seinen Engeln, dem Bekanntsein unter Menschen aber gehe aus dem Wege.

2. Liebe soll man zu allen haben, Vertraulichkeit aber ist nicht zuträglich. Zuweilen kommt es vor, daß ein Unbekannter einen sehr guten Ruf besitzt; siehst du ihn aber

aus der Nähe, verliert er seinen Glanz in deinen Augen. Manchmal dünkt uns, andere fänden Gefallen an unserer Gesellschaft, doch sind wir schon auf dem Wege, ihnen zu mißfallen, weil sie unsere Schwäche entdecken.

KAPITEL 9

Gehorsam und Unterordnung

1. Achte die Vorgesetzten.
2. Nimm Rat an.

1. Es ist etwas Bedeutendes, im Gehorsam zu stehen, unter einem Oberen zu leben und nicht sein eigner Herr zu sein. Ungleich sicherer ist es, Untergebener zu sein als Vorgesetzter. Viele sind untertan, mehr aus Zwang als aus Liebe. Sie haben ihre Last damit und murren schnell. Sie bringen es nur dann zur Freiheit des Geistes, wenn sie sich um Gottes willen und aus ganzem Herzen unterwerfen. Laufe dahin oder dorthin, du findest keine Ruhe, wenn du dich nicht demütig der Leitung des Oberen unterwirfst.

Die Einbildung, mit dem Wechsel des Ortes würde es besser, hat schon viele getäuscht. Wahr ist, daß jeder gern nach seinem eigenen Kopf lebt und lieber denen folgt, die mit ihm einer Meinung sind. Aber wenn Gott unter uns wohnt, gehört es sich doch wohl, daß wir bisweilen um des lieben Friedens willen von unserer eigenen Meinung lassen.

2. Wer ist so weise, daß er alles vollkommen wissen könnte? Darum baue nicht zu sehr auf deine Einsicht, sondern höre auch gern auf die Meinung anderer. Ist deine Meinung gut, und du stehst um Gottes willen davon ab und folgst einem anderen, so wirst du ungleich größeren Nutzen davon haben. Denn oft habe ich gehört, es sei weit sicherer, auf einen Rat zu hören und ihn anzunehmen, als Rat zu erteilen. Es kann auch der Fall vorkommen, daß die Meinung eines jeden Hand und Fuß hat. Aber gar nicht nachgeben wollen, wenn Vernunft und Sache dies erfordern, ist das Zeichen starrsinnigen Hochmuts.

KAPITEL 10

Sei nicht redselig

1. Das viele Reden schadet dir.
2. Es bringt dir keinen Trost.

1. Fliehe den Lärm der Menschen, sooft du kannst. Das Reden über Tagesereignisse hemmt dich sehr, auch wenn es in guter Absicht geschieht. Denn schnell werden wir von den Eitelkeiten der Welt angesteckt und in ihren Bann gezogen. Ich wollte, ich hätte mehr geschwiegen und wäre nicht unter Menschen gegangen.

2. Weshalb reden und schwätzen wir so gern miteinander, da wir doch selten ohne Verletzung des Gewissens zum Schweigen zurückkehren? Nur deshalb reden wir so gern, weil wir in der Unterhaltung gegenseitig Trost suchen und dem vom vielen Denken ermüdeten Herzen gern Erleichterung verschaffen. Und sehr gern überdenken und sprechen wir aus, was wir lieben oder uns wünschen, oder wir reden von dem Unangenehmen, das uns drückt. Aber leider! Häufig erfolglos und vergeblich; denn diese äußere Tröstung ist der inneren, göttlichen Tröstung sehr abträg-

lich. So müssen wir also wachen und beten (Mt 26, 41), damit die Zeit nicht ungebraucht vergehe. Wenn es erlaubt und angezeigt ist zu reden, dann sprich, was aufbauen kann. Üble Gewohnheit und Gleichgültigkeit gegen unseren Fortschritt tragen viel dazu bei, daß wir unseren Mund nicht halten können. Nicht wenig aber trägt zum geistlichen Fortschritt das religiöse Gespräch über geistliche Dinge bei, besonders dann, wenn Menschen gleichen Herzens und gleichen Geistes sich in Gott zusammenfinden.

KAPITEL 11

Frieden erwerben und unermüdlich weiterstreben

1. Frieden gewinnt, wer sich nicht unnötig um alles kümmert.
2. Frieden gewinnt, wer sich selbst widersteht.
3. Fortschritte erzielt, wer sich tapfer, gottvertrauend, beharrlich in kleinen Dingen einsetzt.

1. Wir könnten reich sein an Frieden, wenn wir uns nicht soviel um das kümmerten, was

andere sagen und tun und was uns nichts angeht. Wie kann der lange in Frieden leben, der sich in fremde Händel mischt, äußere Anlässe sucht und sich wenig oder selten innerlich sammelt? Selig die Einfältigen! Sie werden viel Frieden haben.
Warum sind manche Heilige so vollkommene und beschauliche Menschen gewesen? Weil sie bestrebt waren, alle irdischen Begierden in sich zu überwinden; so konnten sie mit jeder Faser ihres Herzens Gott anhangen und in Freiheit sich selbst gehören.
2. Wir aber lassen uns zu sehr von den eigenen Leidenschaften beherrschen und durch vergängliche Dinge in Atem halten. Selten erringen wir auch nur über einen einzigen Fehler einen vollkommenen Sieg. Täglich voranzuschreiten fühlen wir keine Lust. Deshalb bleiben wir kalt und lau. Wären wir uns selbst vollkommen abgestorben und innerlich ausgeglichen, dann könnten wir sogar an göttlichen Dingen Geschmack finden und ein wenig erfahren, was es um die himmlische Beschauung ist. Das ist das einzige und das größte Hindernis: Wir sind versklavt an die Leidenschaften und Begierden und versuchen gar nicht, den Weg der Vollkommenheit, den die Heiligen gingen, zu be-

schreiten. Bei der geringsten Kleinigkeit lassen wir sogleich den Kopf hängen und sehen uns nach Menschentrost um.

3. Setzten wir uns in den Kämpfen wie Helden tapfer ein, wahrhaftig, wir würden „die Hilfe des Herrn vom Himmel her über uns kommen sehen" (2 Chr 20, 17). Denn er ist bereit, denen zu helfen, die da streiten und auf seine Gnade bauen. Er gibt uns Gelegenheit zum Kampfe, damit wir siegen. Wenn wir den Fortschritt im religiösen Leben nur in äußeren Übungen erblicken, wird es mit unserer Innerlichkeit bald am Ende sein. Legen wir vielmehr die Axt an die Wurzel, um, gereinigt von den ungeordneten Neigungen, den Frieden des Geistes zu finden. Würden wir jedes Jahr nur einen einzigen Fehler ausrotten, wir wären bald vollkommene Menschen. Aber oft genug erleben wir das Gegenteil und finden, daß wir am Anfang unserer Umkehr besser und reiner waren als nach vielen Jahren der Profeß. Der Eifer und Fortschritt müßten täglich wachsen, aber heute gilt einer schon als groß, der noch einen Funken des ersten Eifers in sich erhalten konnte.[9] Würden wir uns anfangs nur ein wenig Gewalt antun, wir könnten nachher alles leicht und frohge-

mut schaffen. Es ist schwer, Gewohntes zu lassen, aber noch schwerer ist es, gegen den eigenen Willen anzugehen. Doch wenn du über Kleines und Leichtes nicht Herr wirst, wann willst du die schwierigen Fälle meistern? Widerstehe deiner Neigung gleich im Anfang und leg die üble Gewohnheit ab, sonst bringt sie dich nach und nach in größere Schwierigkeiten. Würdest du doch recht bedenken, wie reich der Friede ist, der dir zuteil wird, und wie groß die Freude, die du anderen bereitest, wenn du dich gut führst, ich glaube, du würdest auf deinen geistlichen Fortschritt mehr Sorgfalt verwenden.

KAPITEL 12

Der Nutzen von Widrigkeiten

1. Widrigkeiten erziehen dich zur Demut.
2. Das Leid führt dich zu Gott.

1. Es ist gut für uns, daß wir bisweilen Dingen begegnen, die uns unangenehm und zuwider sind; denn sie rufen den Menschen

oft zu sich selber zurück. Er erkennt, daß er in der Verbannung lebt und daß er seine Hoffnung nicht auf irgend etwas in der Welt setzen soll. Es ist gut, daß wir zuweilen Widerspruch erfahren und daß schlecht und abfällig über uns gedacht wird, selbst wenn wir recht handeln und es gut meinen. Das fördert oft die Demut und schützt uns vor eitlem Ruhm. Wenn nämlich die Menschen in der Welt uns gering achten und uns nichts Gutes zutrauen, dann suchen wir noch mehr den inneren Zeugen: Gott.

2. Deshalb sollte der Mensch so fest in Gott gründen, daß er nicht nötig hätte, viel um menschlichen Trost zu betteln. Wenn ein Mensch, der guten Willens ist, in Bedrängnis oder Versuchung gerät oder von bösen Gedanken geplagt wird, dann sieht er besser ein, daß er Gott doch recht nötig hat und daß er ohne ihn nichts Gutes vermag. Er wird traurig, klagt und betet wegen der Not, die er leidet. Dann mag er nicht länger mehr leben, sehnt den Tod herbei und möchte „aufgelöst werden und mit Christus sein" (Phil 1, 23). Es geht ihm die Erkenntnis auf, daß es eine letzte Sicherheit und einen vollen Frieden in der Welt nicht geben kann.

KAPITEL 13

Anfechtungen zurückdrängen

1. Wir alle werden versucht.
2. Versuchungen und Anfechtungen sind Segen und Klippe.
3. Quellen der Versuchungen und deren Abwehr.
4. In Häufigkeit und Heftigkeit verschieden sind sie: Prüfstein, Erziehungsmittel und Verdienstquelle.

1. Solange wir auf Erden leben, können wir nicht ohne Trübsal und Versuchung sein. Bei Ijob heißt es: „Angefochten sein, das ist des Menschen Leben auf Erden“ (7, 1). Daher sollte jeder sein Augenmerk auf das richten, was ihn zu Falle bringen kann. Er sollte wachen und beten, damit der Teufel keine Gelegenheit finde, ihn zu überlisten. Denn der Teufel schläft nie, sondern „geht umher, suchend, wen er verschlinge“ (1 Petr 5, 8). Niemand ist so vollkommen und heilig, daß er nicht zuweilen Versuchungen hätte, und ganz frei von ihnen bleiben ist uns gar nicht möglich.

2. Doch bringen die Versuchungen dem Menschen oft große Vorteile, ob sie ihm

auch lästig und beschwerlich sind: sie demütigen, läutern und erziehen ihn. Alle Heiligen sind durch viele Drangsale und Anfechtungen gegangen, und sie sind an ihnen gewachsen. Die aber nicht fähig waren, in den Versuchungen durchzuhalten, wurden abtrünnig und gingen verloren. Kein Stand ist so heilig, kein Ort so abgelegen, daß sie den Versuchungen und Trübsalen nicht zugänglich wären.

3. Niemand ist zeitlebens vor Versuchungen ganz sicher, weil der Keim zur Versuchung in uns selber schlummert. Wir sind in der Situation des Begehrens geboren. Ist eine Versuchung oder Bedrängnis überstanden, kommt schon eine zweite. Immer werden wir etwas zu leiden haben; denn wir haben das Gut unserer Glückseligkeit verloren. Viele suchen den Versuchungen zu entfliehen und verstricken sich noch mehr in sie. Die Flucht allein führt uns nicht zum Siege, aber Geduld und wahre Demut machen uns stärker als alle Feinde. Wer nur äußerlich ausweicht und die Axt nicht an die Wurzel legt, richtet wenig aus. Ja, die Versuchungen werden schneller wiederkehren und ihn um so schlimmer plagen. Nur nach und nach, durch Geduld und Langmut wirst du mit

Gottes Hilfe die Oberhand gewinnen, nicht durch eine schroffe, ungestüme Art. Hole dir öfters Rat, wenn du versucht wirst, und verfahre nicht hart mit dem, der versucht wird. Sprich ihm vielmehr Trost zu, wie du es selbst für dich wünschest. Die Quelle aller bösen Versuchungen sind das unbeständige Herz und das geringe Vertrauen zu Gott; denn wie ein steuerloses Schiff von den Fluten hin und her geworfen wird, so gerät ein lauer, seinem Vorsatz ungetreuer Mensch in die Wogenwucht der Versuchungen. „Das Feuer erprobt das Eisen, die Versuchung den Gerechten" (Sir 2, 5). Oft wissen wir nicht, was wir können, aber was wir sind, zeigt die Versuchung. Wir müssen wachen, besonders, wenn die Versuchung einsetzt. Man wird den Feind leichter überwinden, wenn man ihm entschlossen den Zugang zum Inneren sperrt und ihn, sobald er Einlaß begehrt, vor der Schwelle noch, zum Kampfe stellt. Deshalb hat jemand gesagt: „Den Anfängen biete die Stirn, zu spät wird sonst der Heiltrank bereitet, wenn das Übel durch die lange Dauer sich verfestigt hat."[10] Zuerst naht dir ein einfacher Gedanke, dann eine lebhafte Vorstellung, schließlich die Lust, dann die sündhafte Regung und Einwilligung. Und so nimmt der böse Feind allmählich ganz Besitz von dir, wenn du ihm nicht gleich anfangs widerstehst. Und je länger du säumst, Widerstand zu leisten, um so schwächer wirst du von einem Tage zum andern, während der Feind um so stärker wird.

4. Einige haben zu Beginn ihrer Umkehr größere Versuchungen zu bestehen, andere am Ende, wieder andere haben sozusagen ihr ganzes Leben hindurch zu leiden, während einige nur ganz gelinde versucht werden, je nach der Weisheit und Gerechtigkeit der göttlichen Vorsehung, die Stand und Verdienst der Menschen abwägt und alles zum Heile ihrer Auserwählten vorherbestimmt. Wir dürfen deshalb nicht verzweifeln, wenn wir versucht werden, müssen vielmehr Gott um so inbrünstiger anflehen, daß er uns in aller Drangsal gnädig zu Hilfe komme. Er wird nach dem Worte des hl. Paulus „zugleich mit der Versuchung eine solche Hilfe schicken, daß wir ihr gewachsen sind“ (1 Kor 10, 13). „Beugen wir uns also demütig unter Gottes Hand“ (1 Petr 5, 6) in jeder Versuchung und Trübsal; denn die demütig sind im Geiste, wird er erretten und erhöhen. Versuchungen und Drangsale sind

der Prüfstein, der den Fortschritt des Menschen anzeigt, begründen ein größeres Verdienst und rücken die Tugend in helleres Licht. Es ist nichts Großes, gottinnig und eifrig zu leben, solange uns nichts bedrückt; aber wenn wir in der Zeit der Not geduldig ausharren, dürfen wir hoffen, daß wir im Inneren bedeutend gewachsen sind. Einige erleben keine großen Versuchungen, dafür erliegen sie oft im Kleinkampf des Alltags. Sie sollen, weil gedemütigt, niemals in großen Dingen auf sich selbst vertrauen, da sie schon in kleinen Dingen versagen.

KAPITEL 14

Leichtfertiges Urteilen meiden

1. Dein Urteil wird zu leicht von der Eigenliebe, den Sinnen und von Gefühlsmomenten diktiert.
2. Soviel Köpfe, soviel Ansichten; die Sicht von Christus her führt zur Einsicht im Denken.

1. Richte dein Auge auf dich selbst und hüte dich, über das Tun anderer zu Gericht zu sitzen. Das Urteilen über andere ist vergebli-

che Mühe, der Mensch urteilt öfters falsch und fällt dabei leicht in Sünde. Wenn er sich aber selber kritisch beurteilt, bringt ihm diese Mühe allezeit Segen. Wie uns eine Sache am Herzen liegt, so urteilen wir gewöhnlich darüber; denn wegen der Eigenliebe verlieren wir leicht den Blick für das rechte Urteil. Wäre Gott stets das reine Ziel unseres Verlangens, wir würden durch den Widerstand unserer Denkart nicht so leicht aus der Fassung geraten. Aber oft bleibt uns von innen her etwas verborgen oder kommt von außen auf uns zu, was uns sofort mitreißt. Viele suchen im geheimen bei ihrem Tun und Lassen sich selbst und wissen es nicht. Dem Anschein nach leben sie, solange die Dinge nach ihrem Wunsch und Willen gehen, in tiefem Frieden. Kommt es aber anders, als sie wünschen, sind sie gleich erregt und traurig.

2. Wegen der Verschiedenheit im Fühlen und Denken entstehen häufig Zwistigkeiten unter Freunden und Mitbürgern, unter Ordensleuten und Gottesfreunden. Eine alte Gewohnheit gibt man schwerlich auf, und niemand läßt sich gern über seine eigene Anschauung hinausführen. Wenn du dich mehr auf deine Vernunft und auf deinen

Fleiß verläßt als auf die bezwingende Kraft Jesu Christi, wirst du nur selten und erst spät ein Mensch der Erleuchtung; denn Gott will, daß wir uns ihm vollkommen unterwerfen und uns mit flammender Liebe über alles natürliche Denken erheben.

KAPITEL 15

Handeln aus der Liebe

1. Alles geschehe aus Liebe.
2. Die Liebe sei ganz rein.

1. Um kein Ding in der Welt und niemandem zuliebe darf man Böses tun. Wohl aber soll man, um einem Bedürftigen zu helfen, bisweilen ein gutes Werk aus freien Stücken unterlassen oder in ein besseres ändern. Denn dadurch wird das gute Werk nicht aufgehoben, sondern in ein höheres verwandelt. Ohne Liebe hat das äußere Werk keinen Wert. Alles aber, was aus Liebe geschieht, mag es auch klein und unansehnlich sein, bringt ganz reiche Frucht. Denn Gott sieht mehr auf die Gesinnung, die dein Tun

beseelt, als auf deine Leistung. Vieles vollbringt, wer viel Liebe hat. Vieles vollbringt, wer eine Sache recht tut. Gut handelt, wer mehr der Gemeinschaft als seinem Eigenwillen dient.

2. Oft scheint etwas wie Liebe auszusehen, und es ist mehr natürliches Begehren; denn die Neigung der Natur, der Eigenwille, die Hoffnung auf ein Entgelt und der Hang zur Bequemlichkeit verlangen immer ihr Recht. Wer wahre, vollkommene Liebe hat, sucht in keiner Sache sich selbst, hat vielmehr in allem nur Gottes Ehre im Auge. Er beneidet niemanden, verlangt für seine Person nach keiner Freude und sucht sie auch nicht in sich selbst. Nur in Gott, über alle Erdengüter hinaus, möchte er sich erfreuen. Er schreibt keinem etwas Gutes zu, sondern bezieht es ganz auf Gott, den Urquell alles Guten und das Ziel, in dem alle Heiligen ihre selige Ruhe finden. Wer nur einen Funken wahrer Liebe hätte, fürwahr, er würde spüren, daß alles Irdische voller Eitelkeit ist.

KAPITEL 16

Ertrage die Unzulänglichkeiten der anderen

1. Ertrage, ohne zu streiten, und bitte um Kraft.
2. Beurteile dich und die Welt nicht nach zweierlei Maß.
3. Das Ertragen ist gottgewollte Ordnung.

1. Was der Mensch an sich oder anderen nicht bessern kann, muß er geduldig tragen, bis Gott es anders fügt. Denke: Es ist so vielleicht besser für deine Bewährung in der Geduld, ohne die unsere guten Werke ja kein Gewicht haben. Du mußt jedoch bei solchen Schwierigkeiten zu Gott flehen, daß er dir gnädig zu Hilfe komme und dir die Kraft gebe, sie ruhig hinzunehmen. Sollte sich jemand nach ein- oder zweimaliger Ermahnung nicht fügen, streite nicht mit ihm, sondern stelle alles Gott anheim, daß sein Wille geschehe und daß alle seine Diener ihm Ehre erweisen. Es ist ihm ja ein leichtes, das Böse zum Guten zu wenden.
2. Lerne Geduld zu haben mit anderer Menschen Fehlern und Schwächen, welcher Art sie auch sein mögen. Auch du hast vieles an

dir, was andere ertragen müssen. Wenn es dir nicht gelingt, ein Charakter zu werden, wie er dir vorschwebt, wie kannst du den anderen nach deinem Wunschbild formen? Andere haben wir gern vollkommen, die eigenen Fehler aber bessern wir nicht. Andere sollen streng zurechtgewiesen werden, wir selbst aber wollen uns nichts sagen lassen. Die weitgehenden Freiheiten, die anderen gegeben werden, erregen unser Mißfallen, die eigenen Wünsche aber wollen wir erfüllt sehen. Andere sollen durch Verordnungen eingeengt werden, und selbst dulden wir keine weitere Einschränkung. So ist es also offenbar: Wir messen den Nächsten nur selten mit dem Maße, mit dem wir uns messen.

3. Wenn alle vollkommen wären, was hätten wir dann von den anderen um Gottes willen zu leiden? Nun aber hat Gott die Ordnung getroffen, daß wir lernen, „der eine die Last des andern zu tragen" (Gal 6, 2). Denn keiner ist ohne Fehler, keiner ohne Last, keiner sich selbst genug, keiner hinreichend weise. Vielmehr müssen wir uns gegenseitig ertragen und trösten, ebenso uns stützen, belehren und ermahnen. Wie weit es aber jeder in der Tugend gebracht hat, zeigt sich am deutlichsten bei Gelegenheit einer Anfechtung.

Denn solche Anlässe machen den Menschen nicht erst schwach, sondern sie zeigen nur, wie es um ihn steht.

KAPITEL 17

Das monastische Leben

1. Das Ordensleben ist nicht leicht.
2. Der Schlüssel zum wahren Ordensleben.
3. Das Ziel im Kloster: Dienmut, Demut.

1. Willst du mit anderen Frieden und Eintracht bewahren, so mußt du lernen, dich selbst in vielen Dingen zu bezwingen. Es ist keine Kleinigkeit, in Klöstern oder einer Ordensgemeinschaft zu wohnen und dort ohne Klage zu leben und treu bis zum Tode auszuharren. Wohl dem, der daselbst gut gelebt hat und glücklich vollenden durfte!
2. Willst du fest stehen und fortschreiten, wie es sich gehört, so betrachte dich als einen Pilger und Fremdling auf Erden. Du mußt ein Tor werden um Christi willen, wenn du ein Ordensleben führen willst. Ordenskleid und Tonsur bedeuten wenig. Sitt-

liche Neugeburt und völlige Ertötung der Leidenschaften machen den wahren Ordensmann. Wer etwas anderes sucht als einzig Gott und das Heil seiner Seele, findet nur Plage und Schmerz. Auch kann der Friede dessen nur von kurzer Dauer sein, der nicht bestrebt ist, der Geringste zu sein und sich allen unterzuordnen.

3. Zum Dienen bist du gekommen, nicht zum Herrschen. Zum geduldigen Arbeiten bist du berufen, nicht zu Müßiggang und Plauderei. Hier also werden die Menschen erprobt, wie „das Gold im Feuerofen" (Weish 3, 6). Hier kann nur aushalten, wer von ganzem Herzen gewillt ist, sich um Gottes willen zu demütigen.

KAPITEL 18

Schau auf das Vorbild der heiligen Väter

1. Das Leben der heiligen Väter war: Dienen und Dulden, Kämpfen und Kasteien, Fasten und Beten.

2. Auf ihre Demut, Liebe und Geduld.

3. Auf die Ordensgründer und die blühenden Tugenden der ersten Zeiten.

1. Schau auf die lebendigen Vorbilder der heiligen Väter, in denen wahre Vollendung und Religiosität aufstrahlt, und du wirst sehen, wie geringfügig, ja wie nichtssagend ist, was wir tun. Ach, was ist es doch mit unserem Leben, wenn wir es mit dem ihrigen vergleichen! Die Heiligen und Freunde Christi dienten dem Herrn in Hunger und Durst, in Kälte und Blöße, in Mühe und Erschöpfung, in Wachen und Fasten, in Gebet und heiliger Betrachtung, in vielerlei Verfolgung und Schmach. Wie viele und schwere Trübsale haben sie erduldet: die Apostel, die Märtyrer, die Bekenner und Jungfrauen und die übrigen alle, die entschlossen waren, Christi Fußstapfen zu folgen. Sie haben „ihre Seele in dieser Welt gehaßt, um sie für das ewige Leben zu besitzen“ (vgl. Joh 12, 25). Wie streng und entsagungsvoll war das Leben, das die heiligen Väter in der Wüste führten! Wie anhaltend und schwer waren die Versuchungen, die sie zu ertragen hatten, wie häufig die Quälereien, mit denen der Feind ihnen zusetzte! Wie viele glühende Gebete opferten sie dem Herrn auf, wie

streng waren die Fasten, die sie hielten, wie groß der Eifer und das feurige Verlangen, im geistlichen Leben Fortschritte zu machen! Wie tapfer kämpften sie, um die Laster zu unterdrücken, und wie lauter und gerade zielte ihre Meinung auf Gott! Am Tage arbeiteten sie, und nachts lagen sie lange dem Gebete ob, obwohl sie nicht aufhörten, auch bei der Arbeit ununterbrochen das innerliche Gebet zu pflegen. Alles, was sie an Zeit erübrigten, wandten sie nützlich an. Jede Stunde schien ihnen zu kurz für den Umgang mit Gott, und über der großen Süßigkeit der Beschauung vergaßen sie sogar, dem Leibe die notwendige Erholung zu gewähren.

2. Allen Reichtümern, Würden, Ehren, Freunden und Verwandten entsagend, begehrten sie von der Welt nichts zu besitzen; kaum nahmen sie das Lebensnotwendige zu sich. Dem Leibe zu dienen empfanden sie selbst im Notfalle als schmerzlich. Sie waren also arm an irdischen Dingen, aber überaus reich an Gnade und Tugenden. Äußerlich darbten sie, innerlich kosteten sie die von Gott kommende Erquickung der tröstenden Gnade. Der Welt waren sie fremd, Gott aber standen sie nahe wie vertraute Freunde.

Sich selbst kamen sie wie nichts vor, und der Welt erschienen sie verächtlich, in den Augen Gottes aber waren sie wertvolle, liebe Menschen. Gegründet in wahrer Demut, lebten sie in schlichtem Gehorsam. Ihr Wandel trug das Gepräge der Liebe und Geduld; darum erstarkten sie täglich im Geiste und empfingen große Gnaden von Gott. Allen Ordensleuten als Beispiel gegeben, sollen sie uns mehr zum Fortschritt im Guten anspornen als jene, die zu den Lauen zählen, uns verleiten, im Eifer zu erlahmen.

3. Wie stark war die Glut aller Ordensleute in den ersten Zeiten, als ihre heiligen Gründungen ins Leben traten! Welche Hingabe im Gebete, welcher Wetteifer im Ringen um die Tugend! Wie hoch stand die Zucht! Wie blühten bei allen die Ehrfurcht und der Gehorsam gegen die Regel des Meisters! Zeugen dessen, daß sie wirklich heilige, vollkommene Menschen waren, die in wackerem Streit die Welt unter ihre Füße brachten, sind die noch vorhandenen Spuren. Heute aber gilt schon als groß, wer die Gebote nicht übertritt und sein Los geduldig zu ertragen versteht. O der Lauheit und Nachlässigkeit in unserem Stande, daß unsere erste Glut so schnell erkaltet und wir vor Träg-

heit und Saumseligkeit des Lebens müde werden! Möchte doch in dir das Verlangen nach Fortschritt in der Tugend niemals einschlafen, nachdem du wiederholt so viele Beispiele gottinniger Menschen gesehen hast.

KAPITEL 19

Was gute Ordensleute tun

1. *Sie verbinden innere Tugend mit ernstem Wollen.*
2. *Sie sind weiten und wachen Geistes, zieltreu und gesammelt.*
3. *In der Aszese klug, schonen sie sich nicht und stellen die gemeinsamen Übungen über die privaten.*
4. *Mit den Übungen je nach den liturgischen Zeiten wechseln.*

1. Das Leben eines guten Ordensmannes muß alle Tugenden aufweisen, damit er innerlich das sei, was er im Äußeren vor den Menschen zu sein scheint. Ja, eigentlich sollte in seinem Inneren mehr sein, als nach au-

ßen sichtbar wird; denn Gott sieht ins Herz: Gott, dem wir die höchste Ehrfurcht schulden, mögen wir sein, wo wir wollen, Gott, vor dessen Augen wir wie Engel wandeln sollen. Jeden Tag müssen wir unseren Vorsatz erneuern und unseren Eifer entfachen, als hätten wir uns heute erst bekehrt, und beten: „Herr, Gott, hilf mir in meinem guten Vorhaben und in deinem heiligen Dienste. Gib, daß ich heute vollkommen beginne; denn alles, was ich bisher getan habe, ist nichts.“[11] Wie unser Vorsatz, so unser Fortschritt. Wer gut vorankommen will, bedarf größten Eifers. Wenn schon der starke Wille oft versagt, was wird geschehen, wenn sich einer nur selten und mit halbem Willen etwas vornimmt! Auf mannigfache Weise werden wir unserem Vorsatz untreu, und schon eine leichte Lässigkeit in den Übungen geht kaum ohne schädliche Wirkung vorüber. Was sich die Gerechten vornehmen, gründet mehr in der Gnade Gottes als in eigener Weisheit. Auf Gott vertrauen sie auch stets, mögen sie unternehmen, was sie wollen. Denn „der Mensch denkt, Gott aber lenkt“ (Spr 16, 9), und des Menschen Weg liegt nicht in seiner Hand.

2. Wenn man zuweilen in frommer Absicht

oder um dem Bruder zu helfen, eine gewohnte Übung unterläßt, so kann man sie leicht nachholen. Unterläßt man sie aber aus Überdruß oder Saumseligkeit, so ist das sehr gefehlt; die nachteiligen Wirkungen wird man zu spüren bekommen. Versuchen wir, was wir können; wir werden noch leicht in vielen Dingen fehlen. Doch immer sollten wir uns etwas Bestimmtes vornehmen, besonders gegen jene Schwächen, die uns am meisten behindern. Unser Inneres wie auch Äußeres werden wir in gleicher Weise prüfen und ordnen, denn beides fördert den Fortschritt. Kannst du dich nicht dauernd sammeln, so versuche es wenigstens bisweilen oder einmal im Tage, etwa morgens oder abends. Morgens setze dir ein Ziel, abends überdenke deinen Wandel: Wie waren deine Worte, deine Werke, deine Gedanken? Vielleicht hast du darin öfter Gott und den Nächsten beleidigt.

3. Umgürte dich wie ein Mann gegen die Hinterlist des Teufels. Zügle die Gaumenlust, und du wirst jede fleischliche Regung um so leichter überwinden. Sei nie ganz müßig, sondern lies oder schreib, bete, betrachte oder arbeite etwas zum Nutzen der Gemeinschaft. Körperliche Aszese ist nur mit

Vorsicht anzuwenden; sie eignet sich nicht in gleichem Maße für alle. Was keine gemeinsame Übung ist, soll man nicht so offen zeigen. Private Aszese übt man sicherer im verborgenen. Hüte dich aber, die gemeinsamen Übungen träge und die privaten eifrig anzuwenden. Erfülle zuerst treu und gewissenhaft deine Pflicht und Schuldigkeit. Wenn du dann noch Zeit erübrigst, widme dich dir selbst, wie dich deine Hingabe treibt.

4. Jede Übung eignet sich nicht für jeden. Dem einen ist diese angemessener, dem anderen jene. Es empfiehlt sich auch, je nach dem Charakter der Zeit mit den Übungen zu wechseln. Einige eignen sich mehr für Festtage, andere mehr für Werktage. Diese tun uns not zur Zeit der Versuchung, jene in Stunden des Friedens und der Ruhe. Manches überdenken wir gern, wenn wir traurig sind, anderes, wenn wir uns freuen in Gott. Vor den Hauptfesttagen soll man die bewährten Übungen erneuern und die Fürbitte der Heiligen mit mehr Inbrunst anrufen. Von einem Fest zum andern sollten wir Vorsätze fassen, als wenn wir dann von dieser Welt scheiden würden, um in den ewigen Feiertag einzugehen. Darum werden wir uns

in den geweihten Tagen sorgsam vorbereiten, mit größerer Hingabe leben und allen Pflichten gewissenhaft nachkommen, so treu, als würden wir in Kürze von Gott den Lohn für unsere Mühe empfangen. Hat es aber bis dahin noch gute Weile, so laßt uns glauben, daß wir nicht genügend dafür vorbereitet und darum einer so großen „Herrlichkeit, die zur vorbestimmten Zeit an uns offenbar werden soll“ (Röm 8, 18), unwürdig waren. Seien wir also bemüht, uns besser auf den Heimgang einzustellen. „Selig“, heißt es beim Evangelisten Lukas, „wen der Herr bei seiner Ankunft wachend findet! Wahrlich, ich sage euch, über alle seine Güter wird er ihn setzen“ (12, 37–44).

KAPITEL 20

Liebe zu Einsamkeit und Schweigen

1. *Minuten der Stille schaffen besinnliche Menschen mit sicherem Auftreten.*
2. *Den Freunden der Stille erwächst eine noch größere Sicherheit, wenn sie demütig und geduldig sind.*

3. In der Stille begegnen dir: Reue, Trost, Licht und göttliche Nähe.
4. Die Stille bewahrt dein Herz vor unnötiger Zerstreuung.
5. Nicht die laute Welt, die Einsamkeit ist dein Himmel auf Erden.

1. Suche dir eine passende Zeit, um für dich zu sein, und gedenke oft der Wohltaten Gottes. Laß von der Neugier! Lies Bücher, die mehr der Zerknirschung als der Unterhaltung dienen. Wenn du dich des übermäßigen Schwätzens und des müßigen Umherlaufens enthältst und dein Ohr den Neuigkeiten und Gerüchten verschließest, wirst du genügende und passende Zeit zu guter Betrachtung finden. Die größten Heiligen mieden den Umgang mit Menschen, wo sie nur konnten, und zogen es vor, Gott im verborgenen zu dienen. Es hat jemand gesagt: „Sooft ich unter Menschen weilte, war ich beim Heimgehen weniger Mensch."[12] Das erfahren wir öfter, wenn wir uns lange unterhalten. Es ist leichter, nichts zu reden, als reden und nicht fehlen. Es ist leichter, im Hause zurückgezogen zu leben, als draußen genügend über sich zu wachen. Wer also ein innerlicher, ein geistlicher Mensch werden

möchte, muß mit Jesus der Menge ausweichen. Keiner tritt sicher an die Öffentlichkeit, der nicht gern im Verborgenen bleibt. Keiner tritt im Reden mit Sicherheit auf, der nicht gern schweigt. Keiner kann andern sicher vorstehen, der nicht gern untertan ist. Keiner kann sicher befehlen, der nicht gut gelernt hat zu gehorchen. Keiner wird sich wahrhaft freuen, wenn er nicht das Zeugnis des guten Gewissens in sich trägt.

2. Doch war die Sicherheit der Heiligen stets mit großer Gottesfurcht gepaart. Sie lebten, gerade weil sie durch große Tugend und Gnade glänzten, nur um so wachsamer und demütiger. Die Sicherheit der Bösen aber entspringt dem Stolz und der Anmaßung und schlägt schließlich in Selbsttäuschung um. Versprich dir niemals Sicherheit in diesem Leben, mag man dich auch für einen guten Ordensmann oder einen frommen Einsiedler halten. Die sich im Leben besonderer Hochschätzung der Menschen erfreuten, sind oft in die größte Gefahr geraten, weil sie zuviel auf sich selbst vertrauten. Daher ist es für viele besser, daß sie von Versuchungen nicht gänzlich frei bleiben, sondern öfters angefochten werden, damit sie sich nicht allzu sicher fühlen, den Kopf nicht zu

hoch tragen und nicht zügellos zu äußeren Tröstungen abschweifen.

3. Wer niemals vergängliche Freude suchte und mit der Welt nichts zu tun haben möchte, ein wie gutes Gewissen würde der sich bewahren! Wer alle eitle Sorge ablegte, nur noch an heilsame und göttliche Dinge dächte und seine ganze Hoffnung auf Gott setzte, welch tiefen Frieden, welche Ruhe würde er kosten! Keiner ist der Tröstungen des Himmels würdig, der sich nicht eifrig in heiliger Zerknirschung geübt hat. Willst du bis auf den Grund des Herzens zerknirscht werden, geh in deine Kammer und verschließe dich dem Lärm der Welt, wie geschrieben steht: „Auf eurem Lager erwecket Reue" (Ps 4, 5). In der Zelle wirst du finden, was du draußen so oft verlierst. Stetig bewohnt, wird sie dir lieb, schlecht gehütet, erzeugt sie Ekel. Wenn du sie zu Beginn deines Ordenslebens treu bewohnst und hütest, wird sie später deine vertraute Freundin und ein höchst willkommener Trost. Im Schweigen und in der Ruhe schreitet die hingegebene Seele voran und dringt sie in die Tiefe der Schriften ein. Dort findet sie die Tränenbäche, worin sie sich allnächtlich wäscht und reinigt, um ihrem Schöpfer um so näher zu

kommen, je weiter sie sich von allem Treiben der Welt fern hält. Wer sich also von Bekannten und Freunden zurückzieht, dem naht sich Gott mit seinen heiligen Engeln.
4. Besser ist es, verborgen zu bleiben und für sein Heil zu sorgen, als sich selbst zu vernachlässigen und Wunder zu tun. Zum Lobe gereicht es dem Ordensmann, wenn er selten ausgeht, sich nicht gern zeigt und keinen Menschen sehen will. Warum willst du sehen, was du doch nicht haben darfst? „Die Welt vergeht samt ihrer Lust" (1 Joh 2, 17). Die Gelüste der Sinne bestimmen dich, spazieren zu gehen, ist aber die Stunde vorüber, was anderes bringst du heim als ein beschwertes Gewissen und ein zerstreutes Herz! Ein fröhlicher Ausgang erzeugt oft einen traurigen Heimgang, ein lustiger Abend gebiert einen traurigen Morgen. So ist es mit jeder sinnlichen Freude: sie schmeichelt sich ein, und dann beißt und tötet sie.
5. Was kannst du anderswo sehen, was du hier nicht schon sähest? Schaue zum Himmel, schau auf die Erde, betrachte alle Elemente! Aus diesen ist alles gemacht. Kannst du anderswo etwas sehen, was von Dauer ist unter der Sonne? Vielleicht glaubst du dein Genüge zu finden, aber du wirst es nicht er-

reichen können. Wenn du auch alles gegenwärtig sähest, was wäre es anders als leerer Schein? Erhebe deine Augen zu Gott in der Höhe und bete wegen deiner Sünden und Versäumnisse. Überlaß das Eitle den Eitlen, du aber achte auf das, was Gott dir befohlen hat. Schließe hinter dir deine Tür und lade Jesus, der dir so lieb ist, zu dir ein. Bleibe mit ihm in der Zelle; denn anderswo wirst du einen so tiefen Frieden nicht finden. Wärst du nicht ausgegangen und hättest nichts von den weltlichen Redereien gehört, du wärst leichter im rechten Frieden geblieben. Seitdem es dich reizt, zuweilen Neuigkeiten zu hören, mußt du damit rechnen, daß du in deinem Herzen von Unruhe gequält wirst.

KAPITEL 21

Das reuevolle Herz

1. *Der Reueschmerz entspricht der verbannten, gefährdeten, sündigen Seele.*
2. *Die Reue setzt die Loslösung voraus.*
3. *Ohne Reue keine göttliche Tröstung.*
4. *Zur Reue führt der Gedanke an: Leid, Sünde, Tod, Hölle, Fegfeuer.*

1. Willst du vorwärts schreiten, so erhalte dich in der Furcht Gottes. Sei nicht gar zu frei, sondern halte alle deine Sinne im Zaume und überlaß dich nicht einer ungehörigen Freude. Erwecke von Herzen Reue, und du wirst Hingabe finden. Die Reue ist der Schlüssel zu vielen Gütern, die Ausgegossenheit bedeutet gewöhnlich deren schnellen Verlust. Es ist zum Staunen, daß sich der Mensch in diesem Leben jemals freuen kann, wenn er an seine Verbannung denkt und an die vielen Gefahren, die seiner Seele drohen. In unserer Leichtfertigkeit und Gewissenlosigkeit gegenüber unseren Fehlern haben wir das Gefühl für den elenden Zustand unserer Seele verloren. Wir lachen oft ohne Anlaß, wo wir zu Recht weinen sollten. Es gibt keine wahre Freiheit und keine edle Freude außer in der Gottesfurcht und im guten Gewissen.

2. Glücklich, wer alles, was ihn hindert und zerstreut, abwerfen, sich zum Einswerden heiliger Zerknirschung sammeln kann. Glücklich, wer sich von allem loslöst, was sein Gewissen beflecken oder belasten kann. Streite männlich! Gewohnheit wird durch Gewohnheit überwunden. Wenn du es verstehst, die Menschen in Ruhe zu lassen, so

werden sie auch dich in deinem Tun nicht stören. Mische dich nicht in fremde Dinge, und kümmere dich nicht um die Händel der Großen. Achte immer zuerst auf dich und ermahne vor allem dich selbst, mehr als alle, die dir lieb sind.

3. Wenn du die Gunst der Menschen entbehrst, werde nicht traurig, das aber nimm dir zu Herzen, wenn du nicht immer so gut und so vorsichtig wandelst, wie es sich für einen Diener Gottes und einen frommen Ordensmann geziemt. Es ist dem Menschen oft dienlicher und sicherer, daß er in diesem Leben nicht viele Tröstungen empfängt, besonders dem Fleische nach. Doch daß wir den göttlichen Trost gar nicht oder nur selten empfinden, ist unsere eigene Schuld. Wir bemühen uns nicht um die Zerknirschung des Herzens und geben den Trost der äußeren Dinge, der doch so vergänglich ist, nicht auf. Wisse: Du bist des göttlichen Trostes unwürdig, aber Trübsal in Menge hast du um so mehr verdient.

4. Ist ein Mensch völlig zerknirscht, dann ist ihm die ganze Welt lästig und bitter. Der gute Mensch findet Grund genug zu trauern und zu weinen. Ob er an sich selbst denkt oder an den Mitmenschen, er weiß, daß kei-

ner hier ohne Trübsal lebt. Und je genauer er sich betrachtet, um so größer wird sein Leid. Unsere Sünden und Fehler bieten Anlaß genug zu begründeter Trauer und zur inneren Zerknirschung. Wir sind derartig in sie verstrickt, daß wir uns nur selten imstande fühlen, die himmlischen Dinge zu betrachten. Dächtest du öfter an dein Sterben als an ein langes Leben, du würdest weit eifriger an deiner Besserung arbeiten. Wenn du überdies die zukünftigen Qualen der Hölle und des Fegfeuers mit Herz und Gemüt erwägen wolltest, ich glaube, du nähmst gern Mühen und Leiden auf dich und schrecktest vor keiner Strenge zurück. Weil uns aber diese Gedanken nicht zu Herzen gehen und unsere Liebe jenen Dingen gilt, die uns schmeicheln und locken, bleiben wir kalt und maßlos träge. Oft ist es Mangel an Geist, daß sich der elende Leib so leicht beklagt. Bete darum demütig zum Herrn, er möge dir den Geist der Zerknirschung verleihen, und sprich mit dem Propheten: „Speise mich, Herr, mit dem Brote der Tränen und tränke mich mit dem Tranke der Tränen in reichem Maße“ (Ps 80, 6).

KAPITEL 22

Der Blick in das menschliche Elend

1. Das Menschenleben ist Elend in vielfacher Gestalt.
2. Viele hängen trotz allem an der Welt, andere erheben sich über sie.
3. Werde nicht müde am Leben; ringe dich tapfer und geduldig durch.
4. Dein Elend vor Augen, demütige dich und beginne von neuem.

1. Elend bist du, wo immer du weilst und wohin du dich auch wendest, wenn deine Richtung nicht auf Gott zielt. Was wirst du so unruhig, wenn es dir nicht nach Wunsch und Willen geht? Wer ist der Mensch, der alles hat, was er sich wünscht? Ich nicht und du nicht und kein Mensch auf Erden. Keinem in der Welt bleiben irgendwie Plage und Trübsal erspart, mag er König sein oder Papst. Und wer hat es besser? Ohne Zweifel der, der für Gott zu leiden vermag. Da äußern die Kranken und Schwachen: Sieh da, was hat der aber für ein gutes Leben! Wie reich ist der, wie groß, wie mächtig und hochstehend! Du aber blicke auf die himm-

lischen Güter, und du wirst sehen, daß all das Irdische nichtig und gänzlich unsicher ist, ja mehr eine Last bedeutet, da man es nie ohne Sorge und Furcht besitzen kann. Das macht die Seligkeit des Menschen nicht aus, Zeitliches bis zum Überfluß zu besitzen. Ein Mittelmaß genügt. Es ist wahrhaftig ein Elend, auf Erden zu leben. Je geistiger ein Mensch leben möchte, desto bitterer wird ihm das gegenwärtige Dasein; denn er durchlebt tiefer und durchschaut klarer die Gebrechen der menschlichen Verderbtheit. Denn dem Essen, Trinken, Wachen, Schlafen, Ruhen, Arbeiten und dem übrigen Bedürfen der menschlichen Natur unterworfen sein, ist wirklich ein großes Elend und Leid für den frommen Menschen. Er möchte ja so gern davon befreit und aller Sünde ledig sein. Denn der innerliche Mensch fühlt sich durch das Bedürfen des Leibes doch sehr bedrängt in dieser Welt. Darum bittet der Prophet inständig, daß er davon frei sein möchte, und ruft: „Befreie mich, o Herr, aus meinen Nöten“ (Ps 25, 17).

2. Wehe aber denen, die ihr Elend nicht erkennen, und noch mehr wehe denen, die dieses elende, verderbte Leben lieben! Denn manche hängen so fest an diesem Leben –

obschon sie es kaum durch Handarbeit oder Betteln notdürftig erhalten können –, daß sie sich um das Reich Gottes nicht kümmern würden, wenn sie nur ewig hier bleiben könnten. Diese unseligen, ungläubigen Menschen, die so tief im Irdischen versinken, daß sie nur noch am Leiblichen Geschmack finden! Am Ende jedoch werden die Elenden es noch schwer zu fühlen bekommen, wie wertlos und nichtig der Gegenstand ihrer Liebe war. Die Heiligen Gottes aber und alle vertrauten Freunde Christi achteten nicht auf das, was dem Leibe gefiel und was damals in Blüte stand, sondern ihr ganzes Hoffen und Trachten ging nach oben zu den ewigen Gütern. Ihre ganze Sehnsucht schwang sich zu dem Bleibenden und Unsichtbaren empor, aus Furcht, die Liebe zum Sichtbaren könnte sie in die Tiefe ziehen.

3. Bruder, verliere nicht das Vertrauen auf den geistlichen Fortschritt. Noch hast du Zeit und Weile. Warum willst du deinen Vorsatz aufschieben? Auf! Fange augenblicklich an und sprich: Jetzt ist es Zeit zu handeln, die Stunde des Kampfes hat geschlagen, der geeignete Augenblick zur Besserung ist gekommen. Wenn du zu leiden hast und dich in Not befindest, dann hat die

Stunde geschlagen, Verdienste zu erwerben. Durch Feuer und Wasser mußt du hindurch (vgl. Ps 66, 12), bevor du zur Erquickung gelangst. Tust du dir keine Gewalt an, wirst du die böse Neigung nicht bezwingen. Solange wir diesen gebrechlichen Körper tragen, können wir nicht ohne Sünde sein noch dem Lebensüberdruß und Leid entgehen. Gern hätten wir Ruhe von all dem Elend, aber da wir die Unschuld durch die Sünde verloren haben, haben wir auch die wahre Seligkeit eingebüßt. So müssen wir uns denn mit Geduld wappnen und auf Gottes Barmherzigkeit warten, bis das „Verderben vorüberzieht" (Ps 57, 2) und „die Sterblichkeit vom Leben verschlungen wird" (2 Kor 5, 4).

4. Wie groß ist doch die Gebrechlichkeit des Menschen, die stets zum Bösen neigt! Heute beichtest du deine Sünden, und morgen tust du schon wieder, was du gebeichtet hast. Jetzt nimmst du dir vor, auf der Hut zu sein, und kaum ist eine Stunde vorüber, da handelst du, als hättest du dir nichts vorgenommen. So haben wir also Ursache genug, uns zu verdemütigen und niemals groß von uns zu denken, da wir so gebrechlich und unbeständig sind. Schnell kann man durch Nachlässigkeit verlieren, was man mit vieler Mü-

he und Hilfe der Gnade kaum eben erworben hat. Was wird am Ende noch aus uns werden, da wir schon am Morgen so erschlaffen? Wehe uns, wenn wir uns zur Ruhe setzen wollten, als wäre schon Friede und Sicherheit, wo noch nicht eine Spur von wirklicher Heiligkeit in unserem Wandel zu sehen ist. Es täte uns wirklich not, daß wir noch einmal wie rechte Novizen zu einem tugendhaften Leben angeleitet würden. Vielleicht bestände dann die Aussicht auf künftige Besserung und einen größeren Fortschritt im geistlichen Leben.

KAPITEL 23

Betrachtung des Todes

1. *Der Tod kommt schnell. Bereite dich. Das Leben eilt.*
2. *Er kommt sicher und für viele unerwartet.*
3. *Er bringt dir eine bittere oder selige Sterbestunde; es hängt von dir ab.*
4. *Er mahnt: Wirke jetzt dein Heil, solange es noch Zeit ist.*
5. *Er kommt bei vielen Gelegenheiten.*

6. Er weist über das Grab hinaus zur ewigen Heimat.

1. Gar schnell wird es hier mit dir geschehen sein. Sieh nur, wie es um dich steht. Heute lebt der Mensch noch, morgen ist er nicht mehr. Ist er aber einmal den Augen entschwunden, so ist er auch schnell aus dem Sinn. Wie ist doch das Menschenherz so träge und abgestumpft, daß es nur an die Gegenwart denkt und sich um die Zukunft so wenig sorgt! Du solltest dich in all deinem Tun und Denken so verhalten, als würdest du heute sterben. Hättest du ein gutes Gewissen, würdest du den Tod nicht sonderlich fürchten. Besser wäre es, die Sünden zu meiden, als den Tod zu fliehen. Bist du heute nicht bereit, wie willst du es morgen sein? Das „Morgen" ist ein ungewisser Tag. Weißt du übrigens, ob du das „Morgen" noch erleben wirst? Was nützt es, lange zu leben, wenn wir uns so wenig bessern? Ja, ein langes Leben bessert nicht immer; oft mehrt es nur die Schuld. Hätten wir doch einen Tag in dieser Welt gut gelebt! Viele zählen die Jahre ihrer Hinkehr zu Gott, aber die Frucht der Lebensbesserung ist oft gering. Ist es schrecklich zu sterben, so ist es vielleicht

noch gefährlicher, länger zu leben. Glücklich, wer die Stunde seines Hinscheidens immer vor Augen hat und sich täglich auf das Sterben vorbereitet!

2. Hast du je einmal einen Menschen sterben sehen, so bedenke, daß auch du denselben Weg gehen wirst. Wenn es Morgen geworden ist, stelle dir vor, du werdest den Abend nicht mehr erreichen. Ist es Abend geworden, wage nicht, dir den Morgen zu versprechen. Sei also immer bereit und lebe so, daß der Tod dich nie unvorbereitet finde. Viele sterben plötzlich und unversehens; denn „der Menschensohn kommt zu einer Stunde, da man es nicht vermutet" (Lk 12, 40).

3. Ist jene letzte Stunde gekommen, dann wirst du dein ganzes vergangenes Leben in einem völlig anderen Lichte sehen und tief bedauern, daß du so nachlässig und lau gewesen bist. Wie glücklich und klug ist der, der sich bemüht, jetzt so zu leben, wie er im Tode befunden werden möchte. Große Zuversicht auf eine glückliche Sterbestunde wird haben dürfen, wer die Welt vollkommen geringwertet, ein glühendes Verlangen nach Fortschritt in der Tugend hegt, die Zucht liebt und das Opfer der Buße nicht

scheut, wer willigen Gehorsam leistet, sich selbst verleugnet und alles Widrige aus Liebe zu Christus erträgt.

4. Viel Gutes kannst du wirken, solange du gesund bist. Was du aber in kranken Tagen zustande bringst, das weiß ich nicht. Wenige werden durch Krankheit gebessert, sowie auch jene selten heilig werden, die viel wallfahren.[13] Verlaß dich nicht auf Freunde und Verwandte und verschieb dein Heil nicht auf die Zukunft; denn rascher, als du meinst, werden dich die Menschen vergessen. Besser ist es, dich beizeiten vorzusehen und ein gutes Werk vorauszuschicken, als auf anderer Leute Hilfe zu hoffen. Trägst du heute keine Sorge um dich selbst, wer wird künftig für dich sorgen? Jetzt ist die Zeit sehr kostbar, „jetzt sind die Tage des Heiles, jetzt ist die Zeit der Gnade" (2 Kor 6, 2). Aber wie traurig, daß du diese Zeit nicht nutzbringender verwendest! Du kannst doch Verdienste sammeln und ewig davon leben. Kommen wird der Augenblick, da du sehnlichst verlangst, auch nur einen Tag oder eine einzige Stunde zu haben, um dich zu bessern, und ich weiß nicht, ob du sie erhalten wirst. Sieh doch, teurer Freund, aus welcher großen Gefahr du dich befreien, welcher

drückenden Furcht du dich entziehen kannst, wenn du jetzt immer gottesfürchtig lebst und des Todes gewärtig bist. Suche jetzt so zu leben, daß die Todesstunde eher Freude als Furcht in dir weckt. Lerne jetzt der Welt abzusterben, um dann ein „Leben mit Christus“ (Gal 2, 20) zu beginnen. Lerne jetzt alles von dir zu werfen, um dann unbeschwert zu Christus zu eilen. Züchtige jetzt deinen Leib durch Buße, um dann in sicherer Zuversicht leben zu können.

5. Du Tor! Wie kannst du denken, du würdest lange leben, wo dir kein Tag sicher ist. Wie viele schon sahen sich betrogen und plötzlich dem Leib entrissen! Wie oft hast du sagen hören: Dieser fiel im Kampf, jener ertrank, der eine fiel aus der Höhe und brach den Hals, der andere starb beim Essen, wieder ein anderer fand den Tod beim Spiel. Einen tötete das Feuer, den anderen das Schwert, einen dritten die Seuche, einen vierten ermordeten Räuber. So ist das Ende aller der Tod, und flüchtig wie ein Schatten eilt des Menschen Leben dahin.

6. Wer denkt noch an dich, wenn du gestorben bist, wer betet für dich? Mein Teuerster, tue jetzt, was du nur tun kannst; denn du weißt nicht, wann deine Stunde schlägt, und

ebensowenig, was dir nach dem Tode bevorsteht. Sammle dir unvergängliche Schätze, solange du noch Zeit hast. Dein einziger Gedanke sei dein Heil, deine einzige Sorge sei das, was Gottes ist. Mach dir jetzt die Heiligen zu Freunden, indem du sie verehrst und ihren Wandel nachahmst, damit sie dich, wenn du aus diesem Leben scheidest, in die ewigen Wohnungen aufnehmen (Lk 16, 9). Betrachte dich als einen Fremdling und Gast auf Erden, den die Händel der Welt nichts angehen. Halte dir dein Herz frei und richte es empor zu Gott; denn du hast hier keine bleibende Stätte (Hebr 13, 14). Dorthin sende täglich unter Tränen dein Bitten und Flehen, damit dein Geist verdiene, glücklich heimzufinden zum Herrn, wenn du gestorben bist. Amen!

KAPITEL 24

Gericht und Strafe für die Sünden

1. Der strenge Richter aller Sünden wird kommen.
2. Bereite dich vor durch Demut, Reue und Buße.
3. Die in der Ungnade Gestorbenen werden schwerste Pein erdulden.
4. Die in der Gnade Heimgegangenen werden frohlocken.
5. Der Gedanke an die letzten Dinge schützt und hält dich.

1. In allem bedenke das Ende und wie du vor dem strengen Richter bestehen wirst. Vor ihm ist nichts verborgen, und keine Geschenke bestechen ihn. Er läßt keine Ausflüchte gelten, sondern wird nach Gerechtigkeit richten (Jes 11, 4). Du armer und törichter Sünder, was willst du Gott antworten, der all deine Sünden weiß? Erschrickst du doch bisweilen schon vor dem Antlitz eines erzürnten Menschen! Warum siehst du dich nicht vor für den Tag des Gerichtes? Niemand kann sich da durch einen anderen entschuldigen oder verteidigen lassen. Jeder wird an seiner eigenen Last genug zu tragen haben. Jetzt bringt dein Arbeiten noch

Früchte, jetzt finden deine Tränen noch Gnade und deine Seufzer Erhörung, jetzt hat dein Schmerz noch die Kraft der Sühne und Reinigung.

2. Eine große und heilsame Läuterung erleidet der geduldige Mensch, der bei Kränkungen mehr die Bosheit des anderen als das eigene ihm zugefügte Unrecht bedauert, der gern für seine Widersacher betet und von Herzen die Schuld vergibt, der nicht zögert, andere um Verzeihung zu bitten, der leichter Mitleid übt als in Zorn ausbricht, der sich selbst häufig Gewalt antut und den Leib völlig unter die Herrschaft des Geistes zu bringen sucht. Es ist besser, sich jetzt von Sünden zu reinigen und die Laster auszurotten, als die Reinigung auf später zu verschieben. Wir täuschen uns wahrhaftig selbst, indem wir den Leib so ungeordnet lieben. Was anderes wird jenes Feuer verschlingen als deine Sünden? Je mehr du deiner selbst im Augenblick schonst und dem leiblichen Begehren folgst, um so härter wirst du später büßen, und um so mehr Nahrung für das Feuer sparst du dir auf.

3. Worin der Mensch gesündigt hat, darin wird er um so schwerer bestraft werden. Dort werden die Trägen mit glühenden Sta-

cheln gequält und die Schlemmer von ungeheurem Durst und Hunger gequält. Dort werden die Geilen und Lüsternen mit siedendem Pech und stinkendem Schwefel übergossen, und die Neidischen vor Schmerzen heulen gleich tollen Hunden. Kein Laster wird es geben, das nicht seine eigene Peinigung erlitte. Dort werden die Stolzen von aller nur möglichen Verwirrung befallen und die Geizigen von der bittersten Armut gequält werden. Dort wird eine einzige Stunde der Strafe schwerer empfunden werden als hier hundert Jahre in härtester Buße. Dort gibt es für die Verdammten keine Ruhe und keinen Trost; hier ruht man noch zuweilen von seinen Mühen aus und genießt den Trost der Freunde.

4. Lebe jetzt in Sorge um deine Sünden und beweine sie, dann wirst du am Tage des Gerichtes sicher zu den Seligen gehören. Dann werden nämlich die Gerechten mit großer Zuversicht denen entgegentreten, die sie einstens „bedrängt und unterdrückt haben“ (Weish 5, 1). Dann wird als Richter auftreten, der sich jetzt demütig unter das Urteil der Menschen beugt. Dann wird, wer hier armen und niedrigen Standes war, voll großen Vertrauens sein, der Stolze aber wird

völlig verzagen. Dann wird man feststellen, daß der in dieser Welt weise gewesen ist, der gelernt hat, um Christi willen ein einfältiger, ja verachteter Mensch zu sein. Dann findet die Trübsal, die man geduldig ertrug, Anerkennung, und „alle Bosheit wird schweigen" (Ps 107, 42). Da wird jeder Fromme jubeln und jeder Gottlose trauern. Dann wird dem, der seinen Leib kasteite, mehr Freude zuteil als dem, der ihn immer nur pflegte und verzärtelte. Dann wird vom schlichten Kleide ein Leuchten ausgehen und das kostbare Gewand seinen Glanz verlieren. Die arme, kleine Hütte wird mehr gepriesen werden als der in Gold schimmernde Palast. Die standhafte Geduld wird uns dann mehr nützen als alle Macht der Welt. Der einfältige Gehorsam wird mehr Anerkennung finden als aller weltlicher Vorwitz. Dann erntet das reine, gute Gewissen mehr Freude als der tiefschürfende Geist, und die Verachtung des Reichtums wird schwerer wiegen als der Besitz aller Schätze der Welt. Da wird ein andächtiges Gebet dich mehr trösten als ein köstliches Mahl, und das Schweigen, das du treu gehalten, bringt dir eine größere Freude als eine lange Unterhaltung. Dann werden die heiligen Werke mehr gelten als viele schöne Worte, und die in strenger Buße verlebten Tage dich glücklicher machen als alle irdischen Freuden.

5. Lerne jetzt in kleinen Dingen Geduld zu üben, um dich dort vor Schwererem zu bewahren. Hier erprobe zuerst, was du später vermagst. Wenn du jetzt so wenig aushalten kannst, wie magst du die ewigen Qualen ertragen? Wenn dir jetzt schon bei deinem kleinen Ungemach der Faden der Geduld reißt, was wird dann die Hölle tun? Sieh, du kannst wirklich nicht beide Freuden haben, hier in der Welt dich ergötzen und später mit Christus herrschen. Wenn du bis zum heutigen Tage immer in Ehren und Genüssen gelebt hättest, was würde dir das alles genützt haben, wenn du in diesem Augenblicke sterben müßtest?

Nein, „alles ist Eitelkeit außer Gott lieben und ihm allein dienen“ (Koh 1, 2; Dtn 6, 13; Mt 4, 10; Lk 4, 8). Wer nämlich Gott aus ganzem Herzen liebt, fürchtet weder Tod noch Strafe, weder Gericht noch Hölle, weil die vollkommene Liebe ihn sicher zu Gott führt. Wer aber immer noch Freude an der Sünde hat, kein Wunder, daß der den Tod und das Gericht fürchtet. Gleichwohl ist es gut, daß, wenn dich die Liebe noch nicht vom Bösen zurückhält, dich wenigstens die Furcht vor der Hölle in Schranken hält. Wer die Gottesfurcht geringschätzig abtut, wird nicht lange im Guten verharren können, sondern nur um so schneller in die Schlingen des Teufels fallen.

KAPITEL 25

Besserung des Lebens von Grund auf

1. *Arbeite an deiner Vervollkommnung, aber mit dem Blick auf den ewigen Lohn.*
2. *Überlaß dich dabei dem Willen Gottes und vertraue.*
3. *Fürchte dich nicht vor Schwierigkeiten; sie führen zu größerem Fortschritt.*
4. *Merke dir zwei Lebensregeln: Entsagen! Nachahmen!*
5. *Das heilige Kreuz sei dein Lehrbuch der Vollkommenheit.*
6. *Denk an den Segen, der auf einem Leben liegt, das sich beharrlich um das Gute bemüht.*
7. *Nutze die Zeit! Sie kehrt nicht wieder. Tu dir Gewalt an!*

1. Sei wachsam und eifrig im Dienste Gottes! Denke oft: Wozu bin ich gekommen?

Warum habe ich die Welt verlassen? Doch wohl, um für Gott zu leben und ein geistlicher Mensch zu werden? So arbeite denn mit Feuereifer an deinem Fortschritt. Den Lohn für deine Mühen wirst du bald empfangen, und weder Furcht noch Schmerz werden dich weiterhin quälen. Wenn du jetzt noch ein wenig arbeitest, wirst du große Ruhe, ja ewige Freude finden. Bleibst du treu und eifrig in deinem Tun, dann wird ohne Zweifel auch Gott sich treu erweisen und dir mit reichlichem Lohn vergelten. Lebe immer in der festen Hoffnung, die Palme zu erringen, laß dich aber nicht in falsche Sicherheit einwiegen, sonst erliegst du der Trägheit oder dem Stolze.

2. Als sich einmal ein Mensch[14], der oftmals zwischen Furcht und Hoffnung schwebte, von Kummer ganz erschöpft, in der Kirche vor einem Altar betend niederwarf, ging er mit sich zu Rate und sprach: „Wenn ich doch wüßte, ob ich beharrlich bleibe!" Sogleich vernahm er in seinem Innern die Antwort Gottes: „Was würdest du tun, wenn du es wüßtest? Tu jetzt, was du dann tätest, und du wirst deiner Sache sicher sein." Und sogleich fühlte er sich getröstet und gestärkt, überließ sich dem göttlichen Willen und

wußte nichts mehr von einem ängstlichen Schwanken. Er wollte auch nicht mehr vorwitzig über seine Zukunft nachgrübeln, vielmehr suchte er zu erkennen, worin der „wohlgefällige und vollkommene Wille Gottes“ (Röm 12, 2) bestehe, um jegliches gute Werk zu beginnen und zu vollenden. „Vertraue auf den Herrn und tue das Gute“, sagt der Prophet, „und bewohne das Land und erfreue dich an seinen Reichtümern“ (Ps 37, 3).

3. Eines hält viele vom Fortschritt und der ernstlichen Besserung zurück: die Furcht vor Schwierigkeiten und die Mühsal des Kampfes. Gleichwohl schreiten gerade die am meisten in der Tugend voran, die, den größeren Schwierigkeiten und Widerständen trotzend, sich mit Mannesmut durchzusetzen suchen. Denn je mehr sich der Mensch überwindet und im Geiste abtötet, desto größer sein Fortschritt, desto reicher das Maß der Gnaden. Aber nicht alle haben gleichviel zu überwinden und abzutöten. Wer sich jedoch tapfer einsetzt, wird, wenn er auch leidenschaftlicher veranlagt ist, doch größere Fortschritte machen als ein anderer, der bei glücklicher Veranlagung weniger Tugendeifer entwickelt.

4. Zwei Dinge sind es vornehmlich, die zu einer gründlichen Besserung beitragen: sich mit Gewalt das versagen, wozu die Natur ungeordnet neigt, und mit glühendem Eifer dem Guten nachstreben, dessen man besonders bedarf. Auch darauf richte dein Auge, das zu meiden und zu überwinden, was dir an anderen mißfällt. Überall sei auf deinen Fortschritt bedacht. Liest oder hörst du gute Beispiele, dann laß dich begeistern und ahme sie nach! Nimmst du aber etwas Tadelnswertes wahr, so hüte dich, ein Gleiches zu tun. Hast du es aber einmal selbst getan, dann nimm das zum Anlaß, dich schleunigst zu bessern. So wie dein Auge die anderen sieht, so sehen die anderen auch dich. Wie wohltuend und erhebend ist es, Brüder zu sehen, die, in heiliger Zucht und Ordnung lebend, von Eifer und Andacht entbrennen! Wie traurig hingegen und wie bedrückend der Anblick jener, die keinen geordneten Wandel kennen und das, wozu sie berufen sind, ungetan lassen. Wie verderblich ist es, der Aufgaben seines Berufes zu vergessen und sich an Arbeiten zu machen, die uns gar nicht übertragen sind!

5. Denk an den einmal gefaßten Entschluß und stell dir das Bild des Gekreuzigten vor.

Beim Anblick des Lebens Jesu Christi hast du Grund genug, dich wirklich zu schämen, weil du es nicht der Mühe wert hieltest, dich ihm mehr und mehr nachzubilden, obwohl du schon solange Gottes Wege läufst. Ein Ordensmann, der sich gesammelt und hingegeben mit dem hochheiligen Leben und Leiden des Herrn beschäftigt, wird alles, was ihm nützt und frommt, reichlich darin finden, und er hat nicht nötig, außer Jesus etwas Besseres zu suchen. Wenn der gekreuzigte Jesus in unser Herz käme, wie schnell und ausreichend wären wir belehrt!

6. Ein sich mühender Ordensangehöriger trägt alles gern und nimmt auch gern auf sich, was ihm befohlen wird, ein nachlässiger und lauer hingegen leidet Trübsal und fühlt sich von allen Seiten beengt, weil es ihm an innerem Trost gebricht und er den äußeren nicht suchen darf. Ein Ordensmann, der außer der Zucht lebt, steht vor schwerem Fall. Wer ein laues, leichtes Leben sucht, lebt immer in Nöten, weil ihm bald dieses, bald jenes nicht recht gefällt. Wie machen es denn so viele andere Ordensleute, die sich streng an die klösterliche Ordnung halten? Sie gehen selten aus, leben zurückgezogen, essen sehr einfach, tragen ein

rauhes Gewand, arbeiten viel, sprechen wenig, wachen lange, stehen früh auf, liegen lange dem Gebete ob, lesen gern und halten sich in strenger Zucht. Siehe, die Kartäuser, Zisterzienser, die Mönche und Nonnen verschiedener Orden erheben sich jede Nacht, um das Lob des Herrn zu singen. Deshalb wäre es schändlich, wolltest du in einem so heiligen Werk träge sein, wo so sehr viele Ordensleute sich zum Gottesjubel anschikken. Hätten wir doch nichts anderes zu tun, als unsern Herrn und Gott aus ganzer Seele mit Herz und Mund zu loben! Hätten wir doch niemals nötig, zu essen, zu trinken und zu schlafen! Könnten wir Gott doch immerdar loben und nur dem geistlichen Studium obliegen! Du wärest weit glücklicher als jetzt, da du notgedrungen dem Leibe zu Willen bist. Daß es doch dieses Bedürfen gar nicht gäbe, sondern einzig die geistlichen Genüsse der Seele, die wir leider so selten verkosten. Hat der Mensch es so weit gebracht, daß er in keiner Kreatur seinen Trost sucht, dann beginnt er erst, Gott vollkommen zu verkosten, dann wird er mit allem, was kommen mag, gern zufrieden sein. Dann wird ihn nichts Großes erfreuen und nichts Kleines niederschlagen, vielmehr gibt

er sich mit ganzer Zuversicht in Gottes Hand, der ihm alles in allem ist, dem nichts zugrunde geht, nichts stirbt, dem „alles lebt“[15] und alles dient, auf einen Wink hin, unverzüglich.
7. Bleib stets des Endes eingedenk und daß die verlorene Zeit nicht wiederkehrt! Ohne Eifer und Fleiß wirst du es niemals zur Tugend bringen. Sobald du anfängst, lau zu werden, beginnst du auch, unglücklich zu werden. Gehst du aber mit Eifer ans Werk, wirst du großen Frieden finden und die Bürde nicht so schwer empfinden, weil Gott dir die Gnade dazu gibt und die Liebe zur Tugend. Der Mensch, der vor Eifer glüht, ist zu allem bereit. Die Fehler und Leidenschaften zu bezwingen macht mehr Mühe, als im Schweiße des Angesichts körperlichen Arbeiten obliegen. Wer die kleinen Fehler nicht meidet, fällt nach und nach in größere. Du wirst immer froh sein am Abend, wenn du den Tag mit Nutzen verbracht hast. Wache über dich selbst, wecke dich, ermahne dich. Mag es um andere stehen wie immer, sorge du für dich. Soweit kommst du voran, als du dir selbst Gewalt antust.
Amen.

ZWEITES BUCH

Wege zum inneren Leben

KAPITEL 1

Der innere Wandel

1. Das innerliche Leben ist: Christus in dir.
2. Auf diesen Christus baue, nicht auf Welt und Menschen.
3. In ihm allein findest du Ruhe.
4. Im Andenken an sein Leiden bist du geborgen und geschützt.
5. Ihm hingegeben, verlierst du dich nicht an die Welt.

1. „Das Reich Gottes ist in euch", spricht der Herr (Lk 17, 21). Kehre dich aus ganzem Herzen zum Herrn! Laß diese elende Welt, und deine Seele wird zur Ruhe kommen. Lerne, was äußerlich ist, verschmähen, und gib dich deinem Innern hin, und du wirst sehen, daß das Reich Gottes in dich einzieht. Denn das Gottesreich ist Friede und Freude im Heiligen Geiste (vgl. Röm 14, 17), ein Geschenk, das den Gottlosen nicht gegeben wird. Christus wird zu dir kommen und dir zeigen, was es um seine Tröstung ist, wenn du ihm nur eine würdige Wohnung in dir bereitest. Seine ganze Größe und Herrlichkeit strahlt aus dem Innern. Dort gefällt es ihm.

Bei einem innerlichen Menschen kehrt er häufig ein. Lieb, angenehm und tröstlich weiß er dann zu plaudern, in einer von tiefem Frieden getragenen, staunenswürdigen Vertraulichkeit.

2. Wohlan, du getreue Seele, bereite diesem Bräutigam dein Herz, damit er sich herablasse, zu dir zu kommen und in dir zu wohnen. Denn er spricht: „Wenn einer mich liebt, wird er mein Wort halten, und wir werden zu ihm kommen und Wohnung bei ihm nehmen" (Joh 14, 23). Schaffe also Platz für Christus, und allem anderen wehre den Eintritt. Ist Christus dein eigen, dann bist du reich und hast genug. Er wird für dich sorgen und in allen Dingen dein treuer Sachwalter sein, so daß du nicht nötig hast, auf Menschen deine Hoffnung zu setzen. Menschen sind wankelmütig und siechen auch schnell dahin, „Christus aber bleibt in Ewigkeit" (Joh 12, 34) und steht dir bis zum Ende unerschütterlich zur Seite. Auf einen gebrechlichen und sterblichen Menschen aber setze kein großes Vertrauen, mag er dir auch lieb und nützlich sein. Sei auch nicht gleich so traurig, wenn er zuweilen gegen dich ist und dir widerspricht. Die heute zu dir stehen, können morgen schon gegen dich sein.

Die Menschen schlagen oft um wie der Wind.

3. Setz dein ganzes Vertrauen auf Gott; er sei deine Furcht und deine Liebe. Er wird deine Sache führen und alles recht machen, wie es am besten ist. „Du hast hier keine bleibende Stätte“ (Hebr 13, 14). Wo immer du dich aufhältst, bist du ein „Fremdling und Pilger“ (vgl. Ps 39, 13). Nirgends winkt dir die Ruhe außer in der innigen Vereinigung mit Christus. Was schaust du dich hier um? Hier ist nicht der Ort deiner Ruhe. Deine Wohnung muß im Himmel sein, und nur wie im Vorübergehen sollst du all das Irdische betrachten. Alle Dinge vergehen, auch du mit ihnen. Sich zu, daß du nicht darin hängen bleibst, sonst wirst du gefangen und gehst zugrunde. Beim Allerhöchsten sei dein Denken, und dein Bitten und Flehen steige immerfort zu Christus empor.

4. Wenn es dir nicht gegeben ist, hohe und himmlische Dinge zu betrachten, dann ruhe aus im Leiden Christi und verweile gern in seinen heiligen Wunden. Nimmst du nämlich andächtig deine Zuflucht zu den Wunden und kostbaren Malen Jesu, so wirst du in deiner Not eine erhebliche Stärkung erfahren, dich nicht viel um die Verachtung

seitens der Menschen kümmern und verleumderische Reden leicht hinnehmen. Auch Christus wurde in seinen Erdentagen von den Menschen geringgeschätzt, und in seiner äußersten Not von seinen Jüngern und Freunden schmählich im Stich gelassen. Christus wollte leiden und geschmäht werden, und du wagst es, dich über etwas zu beklagen? Christus hatte Gegner und Widersacher, und du willst jeden zum Freund und Wohltäter haben? Wie soll denn deine Geduld gekrönt werden, wenn dir nichts Widriges begegnet? Wie willst du ein Freund Christi sein, wenn du nichts Unangenehmes ertragen willst? Dulde mit Christus und für Christus, wenn du mit Christus herrschen willst. Wärest du einmal tief in das Innere Jesu eingedrungen und hättest du nur ein wenig von der Glut seiner Liebe gespürt, du würdest dich um den eigenen Vorteil oder Nachteil nicht kümmern, sondern dich eher einer etwa erlittenen Schmach freuen; denn die Liebe zu Jesus führt den Menschen dazu, sich selbst zu verachten.

5. Wer Jesus und die Wahrheit liebt, wer wirklich innerlich ist und frei von ungeordneten Neigungen, kann sich frei zu Gott kehren, sich im Geiste über sich selbst erhe-

ben und die Ruhe genießen. Wer alles so sieht, wie es ist, nicht, wie man es nennt oder schätzt, der ist wahrhaft weise[1] und hat sein Wissen mehr von Gott als von den Menschen. Wer es versteht, innerlich zu wandeln und auf äußere Dinge wenig Gewicht legt, der sucht nicht lange nach Orten und Zeiten, um frommen Übungen obzuliegen. Der innere Mensch sammelt sich schnell, er verliert sich niemals ganz an die Außenwelt. Keine äußere Arbeit steht ihm im Wege, keine für den Augenblick notwendige Arbeit, sondern wie die Dinge kommen, so paßt er sich ihnen an. Ist einer innerlich in guter Verfassung, so kümmert ihn das wunderliche und verkehrte Gehabe der Menschen nicht. Nur insoweit wird der Mensch behindert und abgelenkt, wie er die Dinge an sich zieht. Stände es gut mit dir und wärest du lauter genug, so würde dir alles zum Guten und zum Fortschritt dienen. Deshalb ärgert und verwirrt dich so vieles, weil du dir selbst noch nicht vollkommen abgestorben, noch nicht von allem Irdischen losgeschält bist. Nichts befleckt und umgarnt das Menschenherz so sehr wie die unlautere Liebe zu den Geschöpfen. Verschmähe den äußeren Trost, und du kannst

Himmlisches betrachten und häufig in deinem Inneren frohlocken.

KAPITEL 2

Sich in Demut unterordnen

1. Gerade dann, wenn manche gegen dich sind.
2. Wenn man deine Fehler kennt und rügt.
3. Der Demütige erhält von Gott Segen über Segen.

1. Leg kein großes Gewicht darauf, wer für oder gegen dich ist, sondern sorge einzig und allein dafür, daß Gott bei allem, was du tust, mit dir sei. Bewahre dir ein gutes Gewissen, und Gott wird dich getreu beschirmen. Wem Gott helfen will, dem wird keines Menschen Bosheit schaden können. Wenn du zu schweigen und zu dulden verstehst, „wirst du ohne Zweifel die Hilfe des Herrn gewahr werden“ (2 Chr 25, 8). Er kennt Zeit und Weise, dich zu retten, und deshalb mußt du dich ihm ganz überlassen. Gottes Sache ist es, dich zu retten und aus aller Not zu befreien.

2. Oft ist es zur Vertiefung und Erhaltung unserer Demut sehr nützlich, daß andere unsere Fehler kennen und rügen. Wenn sich der Mensch wegen seiner Fehler demütigt, besänftigt er leicht die anderen und beruhigt, die ihm zürnen.

3. Den Demütigen beschützt und befreit Gott, den Demütigen hat er lieb und tröstet er. Zum Demütigen neigt er sich herab, dem Demütigen gibt er viele Gnaden. Er erhebt ihn aus seiner Erniedrigung zur Herrlichkeit. Dem Demütigen offenbart er seine Geheimnisse und zieht ihn sanft und freundlich an sich. Der Demütige ist auch in der Anfechtung friedvoll und wohl geborgen. Sein Halt ist Gott und nicht die Welt. Glaube nicht, daß du etwas fortgeschritten bist, wenn du dich nicht für geringer hältst als alle.

KAPITEL 3

Der gütige, friedensbereite Mensch

1. Bild und Bedeutung des friedfertigen Menschen.
2. Bin ich vielleicht ein Zerrbild des Friedfertigen?
3. Zwei Menschentypen; zu welchem gehöre ich?

1. Zuerst halte dich selbst im Frieden, dann kannst du auch andere zum Frieden führen. Ein friedfertiger Mensch stiftet mehr Nutzen als ein Gelehrter. Der leidenschaftliche Mensch kehrt selbst das Gute ins Böse; er glaubt das Böse leicht. Der gute, friedliebende Mensch wendet alles zum Guten. Wer in vollem Frieden lebt, denkt von keinem Arges. Der Unzufriedene hingegen und der Erregte wird bald von diesem, bald von jenem Verdacht gequält. Er hat selbst keine Ruhe und gönnt sie auch anderen nicht. Er sagt oft, was er nicht sagen darf, und versäumt seine eigene Pflicht. Was andere zu tun verpflichtet sind, darüber macht er sich Gedanken, seine eigene Pflicht aber vernachlässigt er.

2. Ereifere dich also zunächst über dich selbst, und dann magst du dich auch um deinen Nächsten sorgen. Du verstehst es mei-

sterhaft, dein Tun zu entschuldigen und zu beschönigen, anderer Leute Entschuldigung aber willst du nicht annehmen. Richtiger wäre es, du klagtest dich selbst an und entschuldigtest deinen Bruder. Willst du ertragen sein, so ertrage auch andere. Sieh nur, wie weit du noch von jener wahren Liebe und Demut entfernt bist, die keinem zürnt und grollt als nur sich selbst. Es ist nichts Großes, mit guten, ruhigen Charakteren umzugehen; denn das ist uns allen von Natur angenehm. Ein jeder hat eben gern Frieden und bevorzugt die Gleichgesinnten. Mit schroffen Naturen aber, mit verkehrten, ungezügelten, von Widerspruchsgeist erfüllten Menschen friedlich leben können, das ist eine große Gnade und eine höchst lobenswerte, mannhafte Tat.

3. Es gibt Menschen, die sich selbst im Frieden halten und auch mit anderen im Frieden leben. Es gibt aber auch Menschen, die selbst keinen Frieden haben und auch andere nicht in Frieden lassen. Sie fallen anderen zur Last, sich selbst aber am meisten. Andere wiederum erhalten sich in Frieden und bemühen sich, andere zum Frieden zurückzuführen. Doch aller Friede, der uns in diesem armen Leben beschieden ist, gründet

mehr im demütigen Ertragen als im Nichtempfinden der Widerwärtigkeiten. Wer am besten zu leiden versteht, wird den tieferen Frieden besitzen. Der ist der Sieger über sich selbst und der Herr der Welt, der Freund Christi und der Erbe des Himmels.

KAPITEL 4

Lauterer Sinn und einfältige Absicht

1. Einfalt und Reinheit sind Schwingen deiner Seele.
2. Von der Einfalt und Reinheit der Absicht erzählen alle Geschöpfe.
3. Einfalt und Reinheit erfreuen den Menschen und wandeln ihn um.

1. Zwei Flügel tragen den Menschen über das Irdische hinauf: Einfalt und Lauterkeit. Einfalt soll unseren Willen erfüllen, Lauterkeit unser Empfinden. Die Einfalt will nur Gott, die Lauterkeit ergreift und verkostet ihn.

2. Kein gutes Werk wird dir schwerfallen, wenn du innerlich frei bist von ungeordneter

Neigung. Suchst du nichts anderes als Gottes Wohlgefallen und des Nächsten Nutzen, wirst du innere Freiheit genießen. Wäre dein Herz in Ordnung, dann würde jedes Geschöpf ein Spiegel des Lebens und ein Buch heiliger Lehre für dich sein. Kein Geschöpf ist so klein und nichtig, daß es die Güte Gottes nicht spiegelte. Wärest du innerlich gut und rein, du würdest alles ohne Schwierigkeiten sehen und gut begreifen. Ein reines Herz durchdringt Himmel und Hölle.

3. Wie einer innerlich ist, so beurteilt er seine Umgebung. Gibt es eine Freude in der Welt, dann genießt sie der Mensch des lauteren Herzens. Und wenn es irgendwo Trübsal und Angst gibt, so weiß ein schlechtes Gewissen am besten davon zu erzählen. Wie das Eisen im Feuer den Rost verliert und ganz glühend wird, so verliert der Mensch, der sich restlos zu Gott wendet, seine Lauheit. Er wird in einen neuen Menschen verwandelt. Wenn der Mensch anfängt, lau zu werden, dann fürchtet er auch die geringe Mühe und nimmt gern den äußeren Trost entgegen. Beginnt er aber, sich selbst ernstlich zu überwinden und mannhaft den Weg Gottes zu wandeln, dann hält er für gering, was ihn früher schwer dünkte.

KAPITEL 5

Achten auf sich selbst

1. Bist du blind für dich selbst?
2. Lerne dich selbst kennen, über andere schweige.
3. Gott allein sei der große Gedanke deines Lebens.

1. Wir dürfen uns selbst nicht viel trauen, da es uns oft an der Gnade gebricht und an der rechten Einsicht. Nur ein mattes Licht brennt in uns, und dieses winzige Licht bringen wir noch durch unsere Nachlässigkeit schnell zum Erlöschen. Oft nehmen wir es gar nicht einmal wahr, daß wir innerlich so blind sind. Oft handeln wir schlecht, und, was noch schlimmer, wir entschuldigen uns. Zuweilen treibt uns die Leidenschaft, und wir halten es für Eifer. Wir tadeln geringe Fehler an andern, und über unsere größeren Fehler gehen wir hinweg. Sehr schnell empfinden wir, was andere uns zu ertragen geben, und legen es auf die Waage; was aber andere von uns hinzunehmen haben, das beachten wir nicht. Wer sein eigenes Verhalten recht und gut abwägt, hat keine Ursache, über andere hart zu urteilen.

2. Der innerliche Mensch stellt die Sorge um sich selbst allen anderen Sorgen vor. Wer sorgsam auf sich selbst achtet, schweigt gern von anderen. Niemals wirst du innerlich und fromm sein, wenn du nicht über die anderen schweigst und ein besonderes Augenmerk auf dich selbst richtest. Siehst du nur auf dich und auf Gott, wird dich die Außenwelt wenig bewegen. Wo bist du, wenn du nicht bei dir selbst bist? Und bist du überall gewesen, was hast du bei Vernachlässigung deiner selbst gewonnen? Sollst du Frieden und wahre Eintracht haben, mußt du alles hintansetzen und dich allein vor Augen haben. Du wirst sehr gut voranschreiten, wenn du dich von aller zeitlichen Sorge trennst. Und viel wirst du verlieren, wenn du den Erdendingen zuviel Wert beilegst.

3. Nichts sei dir groß, nichts erhaben, nichts angenehm und willkommen als Gott allein und was von Gott kommt. Erachte alles für eitel, was ein Geschöpf dir an Trost bietet. Eine Seele, die Gott liebt, verschmäht alles, was weniger ist als Gott. Gott allein, der Ewige, Unermeßliche, der alles erfüllt, ist der Seele Trost und des Herzens wahre Freude.

KAPITEL 6

Die Freude eines guten Gewissens

1. Das gute und das schlechte Gewissen.
2. Dein gutes Gewissen: dein wahrer, innerer Wert.
3. Das gute Gewissen gründet uns in Gott.

1. „Der Ruhm eines guten Menschen ist das Zeugnis eines guten Gewissens" (2 Kor 1, 12). Sorge für ein gutes Gewissen, und du wirst immer Freude haben. Ein gutes Gewissen kann sehr viel ertragen und ist mitten im Ungemach voller Freude. Ein böses Gewissen ist immer furchtsam und unruhig. Sanft wirst du ruhen, wenn „dein Herz dir keine Vorwürfe macht" (vgl. 1 Joh 3, 21). Freue dich nur dann, wenn du Gutes getan hast. Die Bösen verkosten niemals wahre Freude, sie kennen keinen inneren Frieden; denn, so spricht der Herr: „Es gibt keinen Frieden für die Frevler" (Jes 48, 22; 57, 21). Und wenn sie sagen: „Wir haben Frieden (vgl. 1 Thess 5, 3), es wird kein Unglück über uns kommen" (Mi 3, 11), und: Wer will es wagen, uns zu schaden? glaub es ihnen nicht. Denn plötzlich wird der Zorn Gottes hereinbrechen, ihre Taten werden zu nichts, und

„ihre Gedanken werden vergehen“ (Ps 146, 4).

2. In der Trübsal sich rühmen fällt dem, der die Liebe hat, nicht schwer; denn das ist nichts anderes als ein „sich Rühmen im Kreuze des Herrn“ (vgl. Gal 6, 14). Kurz währt der Ruhm, den Menschen geben und empfangen. Dem Ruhm der Welt ist stets die Trauer als Begleiterin gegeben. Die Ehre der Guten ruht in ihrem Gewissen, nicht im Munde der Menschen. Die Freude der Gerechten ist aus Gott und in Gott, und ihre Fröhlichkeit quillt aus der Wahrheit. Wen es nach dem wahren, ewigen Ruhm verlangt, kümmert sich nicht um den zeitlichen. Wer aber zeitlichen Ruhm sucht oder ihn nicht von Herzen verachtet, ist der Geringschätzung des himmlischen Ruhmes überführt. Eine große Ruhe des Herzens besitzt, wer sich weder aus dem Lobe noch aus dem Tadel etwas macht. Leicht zufrieden und beruhigt ist, wer ein reines Gewissen hat. Du bist nicht heiliger, wenn du gelobt, und nicht schlechter, wenn du getadelt wirst. Wie du bist, so bist du, und kein Wort macht dich größer, als du nach dem Zeugnis Gottes bist. Wenn du darauf achtest, was du innerlich bist, wird es dich nicht kümmern, was die

Menschen über dich reden. „Der Mensch sieht ins Gesicht, Gott aber ins Herz“ (vgl. 1 Sam 16, 7).[2] Der Mensch achtet auf die Taten, Gott aber wägt die Absichten. Immer recht handeln und wenig von sich halten ist das Kennzeichen einer demütigen Seele. Von keinem Geschöpf Trost empfangen wollen ist das Merkmal großer Lauterkeit und innerer Zuversicht.

3. Wer für sich kein äußeres Zeugnis begehrt, gibt zu verstehen, daß er sich gänzlich Gott allein anheimgegeben hat. Denn „nicht, wer sich selbst empfiehlt, ist bewährt, sondern wen Gott empfiehlt“, sagt der hl. Paulus (2 Kor 10, 18). Im Inneren mit Gott wandeln und im Äußern keinem Trieb verhaftet sein: das macht den innerlichen Menschen aus.

KAPITEL 7

Die uneingeschränkte Liebe zu Jesus

1. Die ungeteilte Liebe zu Jesus ist dein festester Halt im Leben.
2. Auf die Liebe der Menschen ist kein Verlaß.

1. Selig, wer begreift, was es ist um die Liebe zu Jesus und um die Verachtung seiner selbst um Jesu willen. Man muß das, was man liebt, verlassen um dessentwillen, den man einzig liebt; denn Jesus will allein über alles geliebt sein. Die Liebe zum Geschöpf ist trügerisch und unstet, die Liebe zu Jesus treu und unerschütterlich. Wer dem Geschöpfe anhängt, fällt mit dem Hinfälligen, wer aber Jesus umfängt, bleibt stark in Ewigkeit. Liebe den wie deinen Freund, der, wenn sich alle von dir zurückziehen, dich nicht verläßt. Er duldet nicht, daß du am Ende zugrunde gehst. Von allem mußt du dich einmal trennen, ob du willst oder nicht. Halte dich im Leben und im Sterben an Jesus und überlaß dich seiner Treue, der, wenn alle versagen, dir allein helfen kann. Es ist die Art deines Geliebten, daß er keinen anderen duldet; er will dein Herz allein

besitzen und wie ein König auf seinem ihm eigenen Throne herrschen. Wenn du es verständest, dich von jedem Geschöpf loszulösen, würde Jesus gern bei dir wohnen wollen.

2. Du kannst fast alles als verloren betrachten, was immer du nicht auf Jesus, sondern auf Menschen gebaut hast. Setz dein Vertrauen doch nicht auf ein schwankes Rohr und stütze dich nicht darauf. Jeder Mensch gleicht dem Grase, wie eine Grasblüte fällt all seine Herrlichkeit ab (Jes 40, 6.7). Du siehst dich bald betrogen, wenn du die Menschen nur nach ihrer äußeren Erscheinung beurteilst. Wenn du nämlich deinen Trost und Vorteil nur in anderen suchst, wirst du oft nur Schaden erleiden. Suchst du in allem Jesus, so wirst du ihn auch sicher finden. Suchst du aber dich selbst, so wirst du dich selbst finden, doch zu deinem Verderben. Denn wenn der Mensch nicht Jesus sucht, schadet er sich selbst weit mehr, als die ganze Welt und alle Feinde es vermögen.

KAPITEL 8

Vertraute Freundschaft mit Jesus

1. *Jesu gnadenvolle Gegenwart in dir: dein Trost, deine Kraft.*
2. *Die Kunst, mit ihm verbunden und vertraut zu bleiben.*
3. *Liebe ihn allein und die anderen nur in ihm.*
4. *Um das zu können, lös dich mit Gottes Gnade von allem los.*

1. Ist Jesus da, ist alles gut, und nichts erscheint schwierig; ist er aber fern, so ist alles hart. Spricht Jesus nicht in uns, ist aller Trost nichts wert. Spricht Jesus aber nur ein Wort, so empfinden wir tiefen Trost. Stand Maria Magdalena nicht sofort auf von der Stelle, wo sie weinte, als Martha ihr sagte: „Der Meister ist da und ruft dich" (Joh 11, 28)? Glückselige Stunde, wenn Jesus von den Tränen weg zur Freude des Geistes ruft! Wie trocken, wie hart bist du ohne Jesus! Wie töricht und eitel, wenn du außer Jesus noch etwas verlangst! Ist das nicht ein größerer Schaden, als büßtest du die ganze Welt ein? Was kann die Welt dir bieten ohne Jesus? Ohne Jesus sein ist eine entsetzli-

che Hölle, mit Jesus sein ein liebliches Paradies. Wenn Jesus mit dir ist, kann kein Feind dir schaden. Wer Jesus findet, findet einen wertvollen Schatz, ja ein Gut über alle Güter. Wer Jesus verliert, verliert allzuviel, ja mehr als die ganze Welt. Bettelarm ist, wer ohne Jesus lebt, überaus reich hingegen, wer gut mit ihm steht.

2. Eine große Kunst ist es zu verstehen, wie man mit Jesus umgeht, und eine große Klugheit ist es zu wissen, wie man ihn an sich fesselt. Sei demütig und friedfertig, und Jesus wird mit dir sein. Sei hingegeben und ruhig, und Jesus wird bei dir bleiben. Du kannst ihn schnell verjagen und seine Gnade verlieren, du brauchst dich nur ins Äußere zu verlieren. Bist du ihm aber entflohen und hast du ihn verloren, wohin willst du dich dann flüchten, wen zum Freunde erwählen? Ohne Freund kannst du nicht wohl leben; und wenn Jesus nicht dein Freund vor allen Freunden ist, wirst du tieftraurig und trostlos. Du begehst eine Torheit, wenn du auf einen anderen vertraust und bei ihm Freude suchst. Eher mache dir die Welt zum Feinde, als daß du Jesus beleidigst. Unter allen, die dir lieb sind, sei Jesus allein der, den du mit Vorzug liebst.

3. Alle soll man lieben um Jesu willen, Jesus aber um seiner selbst willen. Jesus Christus allein darf man in einzigartiger Weise lieben; denn er allein übertrifft alle Freunde an Gutheit und Treue. Um seinetwillen und in ihm sind dir alle Freunde und Feinde teuer. Für sie alle bete, daß jeder ihn erkennt und liebt. Wünsche niemals, besonders gelobt und geliebt zu werden; denn das kommt Gott allein zu, der seinesgleichen nicht hat. Entsage auch dem Wunsche, daß sich einer mit dir in seinem Herzen beschäftige, und auch du gib dem liebevollen Gedanken an einen anderen nicht zuviel Raum, sondern Jesus sei in dir und in jedem guten Menschen.

4. Sei innerlich rein und frei und laß dich von keinem Geschöpf gefangennehmen. Biete Gott allein ein von allem losgelöstes, reines Herz dar, dann „wirst du Ruhe finden und schauen, wie lieb der Herr ist" (Ps 34, 9; 46, 11). Aber niemals wirst du das erreichen, wenn seine Gnade dir nicht zuvorkommt und dich einwärts zieht, damit du, aller Dinge ganz und gar ledig, allein mit dem Alleinen verbunden seiest. Denn sobald sich die Gnade Gottes dem Menschen mitteilt, vermag er alles. Verläßt sie ihn aber, dann ist er

arm und schwach und wie den Geißelhieben überantwortet. Das darf ihn allerdings nicht niederwerfen und zur Verzweiflung bringen, vielmehr muß er gleichmütig zum Willen Gottes stehen und alles, was ihn überkommt, zur Ehre Jesu ertragen. Denn auf den Winter folgt der Sommer, auf die Nacht der Tag, auf den Sturm die große heitere Stille.

KAPITEL 9

Wenn du trostlos und verlassen bist

1. Der ruhige Verzicht auf den Trost ist etwas Großes.
2. Der Verzicht auf den Trost ist schwierig, aber ein Zeichen echter Christusliebe.
3. Trost und Entbehrung des Trostes fehlen in keinem Heiligenleben.
4. Beides formt den wahren Christen.

1. Es ist nicht schwer, menschlichen Trost zu verachten, wenn uns der göttliche gegeben ist. Groß ist es, ja sehr groß, auf menschlichen und göttlichen Trost verzichten zu kön-

nen und zur Ehre Gottes gern die Verbannung des Herzens zu ertragen, in keiner Weise sich selbst zu suchen und auf die eigenen Verdienste zu sehen. Was ist es Großes, heiter und andächtig zu sein beim Kommen der Gnade? Alle begrüßen diese Stunde. Wirklich, eine angenehme Fahrt, wenn die Gnade Gottes uns trägt! Was Wunder, wenn der, der vom Allmächtigen getragen und vom höchsten Führer geleitet wird, gar keine Last spürt? Wir haben gern etwas Trost, und nur schwer entäußert sich der Mensch seiner selbst. Der heilige Märtyrer Laurentius siegte mit seinem Presbyter über die Welt[3], weil er den Reiz der Welt verachtete und um der Liebe Christi willen gern ertrug, daß ihm Papst Sixtus, den er über alles liebte, genommen wurde. Mit der Liebe zum Schöpfer überwand er die Liebe zum Menschen, und dem irdischen Trost zog er das göttliche Wohlgefallen vor. So lern auch du den Verzicht auf einen unentbehrlichen, lieben Freund und nimm es nicht gar zu schwer, wenn er dich im Stich läßt. Du weißt, daß wir uns alle einmal voneinander trennen müssen.

2. Viel und lange muß der Mensch mit sich selbst kämpfen, bis er lernt, sich selbst völlig

zu besiegen und seine ganze Liebe auf Gott zu lenken. Solang der Mensch auf sich selbst baut, gibt er leicht seinem Verlangen nach Menschentrost nach. Wer aber Christus wahrhaft liebt und eifrig nach Tugend strebt, verfällt nicht auf Tröstungen und verlangt nicht nach solchen fühlbaren Andachtszuständen. Lieber nimmt er um Christi willen neben strengen Übungen noch harte Arbeiten auf sich. Wenn Gott dir aber geistlichen Trost gewährt, so nimm ihn mit Dank an. Sieh aber in ihm ein Geschenk Gottes, nicht dein Verdienst. Überhebe dich nicht, freue dich nicht zu sehr und hüte dich vor eitler Anmaßung. Sei vielmehr um der Gabe willen um so demütiger, vorsichtiger und gewissenhafter in allen deinen Handlungen; denn jene Stunde geht vorüber, und die Versuchung wird folgen. Ist der Trost dir entzogen, verzweifle nicht gleich. Ertrage es in Demut und Geduld und warte auf die himmlische Heimsuchung. Denn Gott hat die Macht, dir noch mehr Trost wiederzuschenken.

3. Denen, die Gottes Wege kennen, ist das nicht neu noch fremd. Selbst die großen Heiligen und die alten Propheten haben einen solchen Wechsel erfahren. Darum

sprach einer, den die Gnade trug, das Wort: „Ich sprach, als ich von der Gnade überfloß, das Wort: Ich werde in Ewigkeit nicht wanken“ (Ps 30, 7). Was er aber in sich erlebte, als ihn die Gnade verlassen hatte, fügte er mit den Worten hinzu: „Du hast dein Antlitz von mir abgewendet, und ich geriet in Verwirrung“ (Ps 30, 8). Gleichwohl verzweifelte er in dieser Lage nicht, er bat Gott nur um so inständiger und sprach: „Zu dir, o Herr, zu meinem Gott flehe ich“ (Ps 30, 9). Endlich erntet er die Frucht seiner Bitten und bezeugt, daß er erhört ist: „Der Herr hat mich erhört und sich meiner erbarmt; der Herr ist mein Helfer geworden“ (Ps 30, 11). Aber worin? „Du hast meine Trauer in Freude verwandelt und mich mit Freude umgürtet“ (Ps 30, 12). Wenn es so den großen Heiligen erging, dann sollten wir arme und schwache Menschen nicht verzweifeln, falls wir bald in Glut, bald in Kälte stehen. Denn der Geist Gottes kommt und geht, wie er will. Deshalb sprach der selige Ijob: „Du kommst über ihn beim Morgengrauen und stellst ihn plötzlich auf die Probe“ (Ijob 7, 18). Worauf kann ich also bauen? Auf wen darf ich mein Vertrauen setzen, wenn nicht einzig und allein auf die große Barmherzigkeit Gottes und die Erwartung der Gnade des Himmels? Denn mögen auch gute Menschen um mich sein, fromme Brüder und treue Freunde, heilige Bücher und schöne Schriften, traute Lieder und Hymnengesänge, alles dieses hilft mir nur wenig und schmeckt mir nicht recht, wenn ich von der Gnade verlassen und meiner eigenen inneren Armut überlassen bin. Dann gibt es kein besseres Heilmittel als Geduld und Selbstverleugnung im Willen Gottes.

4. Ich habe noch nie einen so frommen, innerlichen Menschen gefunden, der nicht zuweilen die Entziehung der Gnade oder eine Abnahme des glühenden Eifers erfahren hätte. Kein Heiliger wurde so hoch erhoben und so hell erleuchtet, der nicht früher oder später Versuchungen erlitten hätte. Denn keiner ist würdig, in die erhabene Beschauung Gottes einzutreten, der nicht von Gott durch Trübsale geprüft wäre. Die Versuchung pflegt das Vorzeichen einer nachfolgenden Tröstung zu sein. „Wer siegt", heißt es, „dem werde ich zu essen geben vom Baume des Lebens" (Offb 2, 7). Die geistliche Tröstung wird gegeben, daß der Mensch mehr Kraft zum Ertragen der Leiden erhalte. Und es folgt wieder die Versuchung, da-

mit sich der Mensch nicht des Guten wegen überhebe. Der Teufel schläft nicht, und der Leib ist noch nicht tot; deshalb rüste dich ständig zum Kampfe; denn zu deiner Rechten und Linken stehen die Feinde, die nimmer ruhen.

KAPITEL 10

Dankbarkeit für Gottes Gnade

1. Hasche nicht nach ihr.
2. Danke für sie.
3. Führe sie auf Gott zurück und bleibe demütig.
4. Sei auch für die kleinste Gabe dankbar.

1. Warum suchst du Ruhe, wo du doch zur Arbeit geboren bist? (vgl. Ijob 5,7). Mache dich mehr auf die Übung der Geduld als auf Tröstungen, mehr auf das Kreuztragen als auf Freude gefaßt. Wer in der Welt nähme nicht gern Tröstungen und geistliche Freuden entgegen, wenn er sie immer haben könnte? Die geistlichen Tröstungen übertreffen alle Freude der Erde und alle Sin-

nenfreuden. Denn alle weltlichen Vergnügungen sind eitel oder unedel. Die geistigen Freuden allein beglücken und adeln. Sie entsprießen den Tugenden und sind den reinen Seelen von Gott eingegossen. Doch diese geistlichen Tröstungen kann niemand ständig nach seinem Belieben genießen, da die Zeit der Versuchung schnell wiederkehrt.

2. Ganz stark aber stehen der himmlischen Heimsuchung die falsche Freiheit des Geistes und das große Selbstvertrauen entgegen. Gott handelt gut, indem er uns die Gnade der Tröstung schenkt, der Mensch aber handelt schlecht, wenn er nicht mit Dank alles Gott zurückerstattet. Deshalb können die Ströme der Gnade uns nicht zufließen: wir wissen dem Spender keinen Dank und lassen nicht alles zum Urquell zurückfließen. Die Gnade ist nämlich immer dem zugedacht, der in würdiger Weise für sie dankt, dem Hochmütigen aber wird genommen, was dem Demütigen geschenkt zu werden pflegt. Ich will keinen Trost, der mir die Zerknirschung nimmt. Ich begehre nicht nach einer Beschauung, die zum Hochmut führt. Denn nicht alles Hohe ist heilig, nicht alles Angenehme gut, nicht jedes Verlangen rein, und nicht alles, was als wertvoll gilt, ist Gott

wohlgefällig. Aber gern nehme ich die Gnade an, die mich demütiger und gottesfürchtiger macht und bereiter, mich selbst zu verlassen.

3. Wer durch das Geschenk der Gnade und durch die Zuchtrute der Entziehung der Gnade belehrt wurde, wird nicht wagen, sich irgend etwas Gutes zuzuschreiben, vielmehr wird er seine Armut und seine Blöße offen eingestehen. „Gib Gott, was Gottes ist" (Mt 22, 21), und schreibe dir zu, was dein ist, d. h.: danke Gott für die Gnade, dir allein aber sprich die Schuld und die dafür verdiente Strafe zu. Setz dich immer zuunterst, und du wirst den obersten Platz erhalten; denn das Oberste besteht nicht ohne das Unterste. Die größten Heiligen vor Gott sind in ihren Augen die Geringsten. Je herrlicher ihr Ruhm, um so demütiger sind sie in ihren eigenen Augen. Voll von Wahrheit und himmlischer Glorie, „begehren sie keinen eitlen Ruhm" (Gal 5, 26). In Gott gegründet und gefestigt, können sie sich nicht überheben. Die alles, was sie Gutes empfangen haben, Gott zuschreiben, suchen von anderen keinen Ruhm. Sie wollen einzig nur die Ehre, die von Gott kommt, und wünschen, daß Gott in ihnen und in allen Heili-

gen über alles gelobt werde; nur dieses eine Begehren kennen sie.

4. Sei also dankbar auch für das Kleinste, und du wirst des Größeren gewürdigt. Das Geringste gelte dir für ein Größtes, und das meist Verachtete sei dir eine besondere Gabe. Wenn du auf die Würde des Gebers siehst, wird dir kein Geschenk geringfügig und wertlos erscheinen. Was Gott, der Allerhöchste, dir schenkt, kann nicht gering sein. Auch wenn er Strafen und Schläge austeilt, muß man ihm danken, da er alles, was er über uns kommen läßt, zu unserem Heile wendet. Wer Gottes Gnade behalten will, sei dankbar für die empfangene Gnade und bleibe geduldig, wenn sie ihm entzogen wird. Er bete, daß sie zurückkehre, sei behutsam und demütig, daß er sie nicht verliere.

KAPITEL 11

Nur wenige lieben das Kreuz Christi

1. Christusliebe ohne Kreuzesliebe.
2. Christusliebe ohne Eigenliebe.

1. Jesus hat jetzt viele, die sein himmlisches Reich lieben, aber wenige, die sein Kreuz tragen wollen; viele, die nach seinem Trost verlangen, wenige, die Leiden begehren. An seinem Tische findet er Gäste genug, bei seinem Fasten aber nur wenige. Alle möchten sich mit ihm freuen, wenige nur wollen etwas für ihn leiden. Viele folgen Jesus bis zum Brechen des Brotes, wenige bis zum Trinken des Leidenskelches. Viele verehren seine Wunder, wenige teilen sich mit ihm in die Schmach des Kreuzes. Viele lieben Jesus, solange ihnen nichts Widriges begegnet. Viele loben und preisen ihn, solange sie einige Tröstungen von ihm empfangen. Wenn sich aber Jesus verbirgt und sich nur ein wenig von ihnen zurückzieht, verfallen sie in Klagen oder in große Trauer. Die aber Jesus um Jesu willen lieben und nicht, um selber Tröstungen zu empfangen, preisen ihn ebenso in jeder Not und inneren Verlassen-

heit als in der erquickendsten Tröstung. Ja, wenn er ihnen niemals Trost spenden sollte, sie würden ihn dennoch allezeit loben und ihm immer danksagen wollen. Wieviel vermag doch die reine Liebe zu Jesus, die keinen Eigennutz und keine Eigenliebe kennt! Müssen sie nicht alle als Lohnknechte angesehen werden, die immer nach Tröstungen haschen? Und wenn sie immer auf ihren Vorteil und Gewinn bedacht sind, beweisen sie nicht, daß sie mehr sich selbst als Christus suchen?

2. Wo findet man einen Menschen, der Gott unentgeltlich dienen möchte? Selten wird einer so innerlich erfunden, daß er von allem entblößt wäre. Denn einen Menschen, der wahrhaft arm im Geiste und von allem Geschöpflichen losgelöst ist, wer wird ihn finden? „Weither und von den äußersten Grenzen ist sein Wert" (Spr 31, 10). „Gäbe der Mensch all sein Vermögen, es wäre nichts" (vgl. Hld 8, 7), und übte er große Buße, es wäre noch nicht viel; wenn er sich ein umfassendes Wissen erwürbe, so wäre er noch weit vom Ziele, und hätte er große Tugendkraft und besonders glühende Hingabe erreicht, es fehlt ihm noch viel, nämlich das Eine, was ihm am allermeisten nottut. Und

das ist? Daß, nachdem er alles verlassen hat, er nun auch sich selbst verlasse und ganz aus sich herausgehe und nicht einmal einen Rest von Eigenliebe zurückbehalte. Und wenn er alles getan hat, was er als seine Pflicht erkannt hat, möge er sich vorkommen, als habe er nichts getan. Er denke bescheiden von dem, was etwa hoch eingeschätzt werden könnte und bekenne ehrlich, daß er nach dem Wort der ewigen Wahrheit nur ein unnützer Knecht ist. „Wenn ihr alles getan habt, was euch geboten war, so sprecht: Wir sind unnütze Knechte“ (Lk 17, 10). Dann kann er, wahrhaft arm und entblößt im Geiste, mit dem Propheten sprechen: „Ich bin einsam und arm“ (Ps 25, 16). Dennoch ist niemand reicher, niemand mächtiger, niemand freier als der, der es versteht, sich selbst und die ganze Welt zu verlassen und sich zuunterst zu setzen.

KAPITEL 12

Der königliche Weg des heiligen Kreuzes

1. *Ein hartes Wort, aber ein Segenswort.*
2. *Der einzige sichere Weg zum Leben und Frieden.*
3. *Ein Leid, dem du nicht entrinnen kannst.*
4. *Die Quelle der Annahme des Leidens und vieler Gnaden.*
5. *Der Aufruf zum tapferen Dulden.*
6. *Dein Paradies auf Erden.*
7. *Die Mahnung: Stirb dir selbst.*

1. „Hart" erscheint vielen „das Wort" (vgl. Joh 6, 61): „Verleugne dich selbst, trag dein Kreuz und folge Jesus nach" (Mt 16, 24). Aber weit härter wird sich jenes letzte Wort anhören: „Weichet von mir, ihr Verfluchten, in das ewige Feuer" (Mt 25, 41)! Wer nämlich jetzt das Wort vom Kreuz willig anhört und befolgt, braucht nicht zu fürchten, daß er einmal das Wort von der ewigen Verdammnis zu hören bekommt. Dieses Zeichen des Kreuzes wird am Himmel sein, wenn der Herr zum Gericht kommt. Dann werden alle Diener des Kreuzes, die sich

dem Gekreuzigten im Leben gleichförmig gemacht haben, mit großer Zuversicht vor Christus, dem Richter, erscheinen. Was fürchtest du also, das Kreuz auf dich zu nehmen, durch das man in den Himmel eingeht? Im Kreuz ist Heil, im Kreuz ist Leben, im Kreuze Schutz vor den Feinden, Mitteilung himmlischen Trostes, Stärke des Geistes, seelische Kraft, Freude des Geistes, im Kreuze liegt der Inbegriff der Tugend, die vollendete Heiligkeit. Es gibt kein Heil der Seele und keine Hoffnung ewigen Lebens außer im Kreuze. Trag also dein Kreuz, folge Jesus, und du wirst ins ewige Leben eingehen. Er ging dir mit dem Kreuze voran und starb für dich am Kreuze, damit auch du dein Kreuz tragest und am Kreuze zu sterben verlangest. Denn „wenn du mit ihm gestorben bist, wirst du auch mit ihm leben" (Röm 6, 8), und wenn du teil hattest an der Pein, wirst du auch teilhaben an seiner Herrlichkeit.

2. Siehe, alles gründet im Kreuze, und am Sterben ist alles gelegen. Es gibt keinen anderen Weg zum Leben und zum wahren inneren Frieden als den Weg des heiligen Kreuzes und der täglichen Selbstüberwindung. Wo du auch gehst, und was immer du

suchst, du wirst weder oben einen Weg finden, der vollkommener wäre, noch unten einen Weg, der sicherer wäre als der Weg des heiligen Kreuzes. Ordne und regele alles, wie du es gern hast und wie du für gut findest, du wirst sehen, daß du immer etwas leiden mußt, ob es dir recht ist oder nicht. Immer wirst du das Kreuz finden. Denn entweder hast du körperlich zu leiden, oder du fühlst dich seelisch bedrängt. Einmal weißt du dich von Gott verlassen, ein andermal vom Nächsten geplagt, und – was noch mehr bedeutet – oft bist du dir selber zur Last. Trotzdem gibt es kein Heilmittel und keinen Trostgedanken, der dich davon befreien oder dir die Last erleichtern könnte. Du mußt es schon tragen, solange Gott will. Gott will nämlich, daß du lernst, Trübsal ohne Trost zu ertragen. Du sollst dich ihm ganz unterwerfen und durch das Leid in der Demut wachsen. Niemand geht so tief empfindend in das Leiden Christi ein als der, dem ein ähnliches Leid beschieden ist.

3. Das Kreuz steht also immer bereit. Es erwartet dich überall. Du kannst ihm nicht entfliehen, wohin immer du gehst. Wo du auch bist, du bringst dich immer selbst mit und wirst dich selbst finden. Wende dich

nach oben, wende dich nach unten, wende dich nach außen, wende dich nach innen, in allem findest du das Kreuz. Und überall mußt du die Geduld bewahren, wenn du inneren Frieden haben und dir die ewige Krone verdienen möchtest. Trägst du das Kreuz gern, dann trägt es dich und wird dich zum ersehnten Ziel führen, dorthin, wo das Leiden ein Ende hat. Das ist freilich hienieden nicht der Fall. Trägst du das Kreuz ungern, so belastest du dich noch mehr, und aushalten mußt du trotzdem. Wirfst du ein Kreuz ab, wird dir ohne Zweifel ein anderes begegnen, das vielleicht noch schwerer zu tragen ist. Glaubst du, du könntest ihm entgehen? Noch kein Sterblicher hat es fertig gebracht. Welcher Heilige hat in dieser Welt ohne Kreuz und Leid gelebt? Nicht einmal Jesus Christus, unser Herr, war zeitlebens auch nur eine Stunde ohne Schmerz und Leid. „Christus“, sagt die Schrift, „mußte leiden, von den Toten auferstehen und so in seine Herrlichkeit eingehen“ (Lk 24, 26.46). Wie kannst du einen anderen Weg suchen als diesen Königsweg des heiligen Kreuzes? Das ganze Leben Christi war Kreuz und Martyrium, und du suchst Ruhe für dich und Freude? Du irrst, ja du irrst, wenn du etwas anderes suchst als Leid und Trübsal; denn dieses ganze sterbliche Leben ist voll des Elends und ringsum mit Kreuzen bezeichnet. Und je weiter einer im Leben des Geistes voranschreitet, um so schwerer sind oft die Kreuze, die ihm begegnen, weil die Pein seiner Verbannung mit seiner Liebe wächst.

4. Gleichwohl lebt der so vielfach geprüfte Mensch nicht ohne den erleichternden Trost. Er sieht, daß ihm das ruhig getragene Kreuz einen sehr reichen Gewinn einbringt. Indem er sich ihm willig unterwirft, wandelt sich die ganze Last der Trübsal in die Zuversicht, daß ihm der göttliche Trost geschenkt werde. Je mehr der Leib durch die Heimsuchung geschwächt wird, um so mehr wird der Geist von innen durch die Gnade gestärkt. Ja, manchmal zieht er aus den Leiden und Kreuzen eine solche Kraft, daß er, um dem gekreuzigten Christus in der Liebe gleichförmig zu werden, nicht mehr ohne Schmerz und Trübsal sein möchte. Er ist nämlich überzeugt, daß Gott ihn um so lieber hat, je mehr und je Schwereres er für ihn ertragen konnte. Doch ist das nicht die Kraft des Menschen, sondern die Gnade Christi, die in einem gebrechlichen Ge-

schöpf solche Leistungen zustandebringt. Wovor er von Natur aus zurückschreckt und was er flieht, an das macht er sich in der Glut des Geistes heran und umfängt es mit Liebe. Es liegt dem Menschen nicht, ein Kreuz zu tragen, das Kreuz zu lieben, den Leib zu züchtigen und in „Dienstbarkeit zu bringen“ (1 Kor 9, 27), die Ehre zu fliehen und Beleidigungen gern hinzunehmen, sich selbst zu verachten und zu wünschen, daß man verachtet werde, alles Widrige mit seinen nachteiligen Folgen zu erdulden und in dieser Welt kein Verlangen nach Glück und Wohlergehen zu tragen. Wenn du auf dich selbst zählst, wirst du nichts von alledem zustande bringen. Vertraust du aber auf Gott, dann wird die Kraft des Himmels dir zuströmen, und du wirst Herr werden über die Welt und den Leib. Ja selbst den teuflischen Feind wirst du nicht zu fürchten haben, wenn du die Waffenrüstung des Glaubens trägst und mit dem Kreuze Christi bezeichnet bist.

5. Rüste dich, das Kreuz deines Herrn, der sich aus Liebe zu dir hat kreuzigen lassen, „wie ein guter und getreuer Knecht“ Christi (Mt 25, 21.23) mannhaft zu tragen. Bereite dich, in diesem elenden Leben viel Leid und

vielerlei Drangsal zu ertragen. Denn das wird dein Los sein, wo du auch weilst, und das wirst du finden, wo du dich auch verbirgst. Es muß so sein, und es gibt kein Mittel, der Drangsal des Elends und dem Schmerz zu entrinnen, als sich zu gedulden. Trinke den Kelch des Herrn mit Freuden, wenn du sein Freund sein und mit ihm Gemeinschaft haben willst. Die Tröstungen überlaß Gott. Er mag es mit ihnen halten, wie es ihm gefällt. Du aber bereite dich, Trübsale zu erdulden und diese als ganz erquickende Tröstungen anzusehen. Denn die Leiden dieser Zeit reichen nicht aus, die künftige Herrlichkeit mit ihnen zu verdienen, (vgl. Röm 8, 18) auch dann nicht, wenn du allein das ganze Leid auf dich nehmen könntest.

6. Hast du es einmal so weit gebracht, daß du die Trübsal um Christi willen als eine willkommene, schmackhafte Gabe empfindest, dann sei überzeugt, daß es gut um dich steht, dann hast du den Himmel auf Erden gefunden. Solange dir aber das Leiden schwer fällt und du ihm zu entfliehen suchst, solange steht es schlecht um dich. Die Flucht vor der Trübsal wird dir überallhin folgen. Bist du bereit zum Leiden und

Sterben, wie es deine Aufgabe ist, wird es schnell besser mit dir, und du wirst Frieden finden. Wärest du auch mit Paulus in den dritten Himmel entrückt (2 Kor 12, 2), so würdest du deshalb nicht vor jedem Leid bewahrt bleiben. „Ich“, spricht Jesus, „werde ihm zeigen, wieviel er um meines Namens willen leiden muß“ (Apg 9, 16). Das Leid bleibt also dein Anteil, wenn du Jesus lieben und ihm allezeit dienen willst. Daß du doch würdig wärst, für den Namen Jesu etwas zu leiden! Welche Ehre brächte es dir! Welche Freude allen Heiligen Gottes! Und welche Erbauung dem Nächsten! Denn alle empfehlen die Geduld, aber nur wenige wollen sie üben. Es ist nicht mehr als recht, daß du gern etwas für Christus leidest, da viele weit schwereres Leid für die Welt auf sich nehmen.

7. Sei fest überzeugt: du mußt deinen Lebensweg als ein Sterbender gehen. Je mehr einer sich selbst stirbt, desto mehr beginnt er für Gott zu leben. Niemand ist befähigt, himmlische Dinge zu fassen, der sich nicht demütig entschließt, für Christus ein Kreuz zu tragen. Nichts ist Gott wohlgefälliger, nichts dir heilsamer in dieser Welt, als willig für Christus zu leiden. Wenn du die Wahl

hättest, solltest du eher wünschen, Widriges für Christus zu leiden, als mit vielen Tröstungen erquickt zu werden. So wärest du Christus ähnlicher und allen Heiligen gleichförmiger. Unser Verdienst und der Fortschritt in unserem Stande bestehen nicht in lauter Annehmlichkeiten und Tröstungen, sondern in vielem Ungemach und Leid, das wir tragen. Gäbe es für die Menschen einen besseren und vorteilhafteren Weg zum Heile als Leiden zu tragen, Christus hätte ihn sicher durch Wort und Beispiel gezeigt. Denn sowohl seine Jünger, die ihm folgten, als alle jene, die ihm folgen wollen, mahnt er laut und verständlich: „Wer mir nachfolgen will, verleugne sich selbst, trage sein Kreuz, und dann folge er mir“ (Mt 16, 24; Lk 9, 23). Nachdem wir also alles überdacht und erwogen haben, ist dies der Worte letzter Sinn, „daß wir durch viele Trübsale eingehen müssen in das Gottesreich“ (Apg 14, 22).

DRITTES BUCH

Kampf und Trost

KAPITEL 1

Christus spricht im Innern zur gläubigen Seele

1. Horche gern auf die inneren göttlichen Anregungen; sie bedeuten Seligkeit für dich.
2. Den irdischen Dingen gegenüber sei weniger aufgeschlossen; sie verführen und enttäuschen.

1. „Ich will hören, was Gott, der Herr, in mir spricht" (Ps 85, 9). Selig die Seele, die Gottes Stimme in sich vernimmt und aus seinem Munde ein Wort des Trostes empfängt. Selig die Ohren, die offen sind „für das leise göttliche Flüstern" (vgl. Ijob 4, 12), von den Geräuschen dieser Welt aber nichts auffangen. Ja, selig die Ohren, die sich der Stimme von draußen nicht öffnen, dafür aber nach innen lauschen, wo die Wahrheit lehrt. Selig die Augen, die, dem Äußeren verschlossen, ihre Blicke nach innen richten. Selig, die da eindringen in die innere Welt und täglich in wachsendem Eifer bemüht sind, die himmlischen Geheimnisse zu erfassen, indem sie sich durch Übungen dazu bereiten. Selig, die alles, was sie an die Welt fesselt, ab-

schütteln, um sich dann ganz Gott hinzugeben.

2. Bedenke das, meine Seele, und schließe die Tore deiner Sinne, damit du zu hören vermagst, was der Herr, dein Gott, in dir spricht. Dein Geliebter spricht: „Dein Heil bin ich“ (Ps 35, 3), dein Friede und dein Leben. Halte dich an mich, und du wirst Frieden finden. Laß alles Vergängliche, suche das Ewige! Was sind alle zeitlichen Dinge anders als eine Verführung? Und was nützen alle Geschöpfe, wenn du vom Schöpfer verlassen bist? Lös dich also von allem los, und schenke dich willig und treu deinem Schöpfer, und du wirst imstande sein, zur wahren Glückseligkeit zu gelangen.

KAPITEL 2

Die Wahrheit spricht im Inneren ohne laute Worte

1. Die rechte Einsicht in die Offenbarung gibt Gott.
2. Das äußere Wort der Schrift tut es allein nicht.
3. Gott selber muß durch das geoffenbarte Wort gnadenhaft zum Herzen reden.

1. *(Der Knecht:)* „Rede, Herr, dein Diener hört" (1 Sam 3, 10). „Dein Knecht bin ich. Gib mir Einsicht, daß ich deine Zeugnisse verstehe" (Ps 119, 125). „Gib meinem Herzen das Verlangen zu hören, was du sprichst" (Ps 79, 1). „Wie Tau möge deine Rede träufeln" (Dtn 32, 2).

2. Einst sprachen die Kinder Israels zu Moses: „Sprich du zu uns, und wir wollen hören. Nicht der Herr spreche zu uns, damit wir nicht etwa sterben" (Ex 20, 19). So bitte ich nicht, nein, Herr, so nicht, vielmehr beschwöre ich dich mit dem Propheten Samuel in Demut und voll Sehnsucht: „Rede, Herr, dein Diener hört." Nicht Mose rede zu mir oder einer der Propheten, du vielmehr sprich, Herr und Gott, der Geist und das Licht aller Propheten. Du kannst mich allein und ohne sie vollkommen belehren, sie aber vermögen ohne dich nichts.

Mit Worten zwar können sie dienen, den Geist geben sie nicht. Sie bringen das Wort zum Klingen, doch das Herz entzünden sie nicht, solange du schweigst. Sie überliefern Buchstaben, „du aber deutest ihren Sinn" (Lk 24, 45). Sie künden Geheimnisse, du hast den Schlüssel für das Verständnis der Zeichen. Gebote verkünden sie, du gibst die

Kraft, sie zu halten. Sie weisen den Weg, du gibst die Kraft, ihn zu gehen. Sie wirken nur nach außen, du belehrst und erleuchtest die Herzen. Sie begießen von außen, du gibst die Fruchtbarkeit (vgl. 1 Kor 3, 7). Sie machen laute Worte, du gibst den Zuhörern das Verstehen.

3. Also nicht Moses spreche zu mir, sondern du, mein Herr und Gott, die ewige Wahrheit, damit ich nicht etwa sterbe und keine Frucht bringe, wenn ich nur äußerlich ermahnt und innerlich nicht entzündet wurde. Damit mir das Wort nicht zur Verurteilung gereiche, wenn ich es nur gehört, aber nicht befolgt, nur gekannt, aber nicht geliebt, nur geglaubt, aber nicht gehalten habe. Sprich also, Herr, dein Diener hört. „Du hast Worte des ewigen Lebens“ (Joh 6, 69). Sprich zu mir, damit meine Seele ein wenig getröstet, mein ganzes Leben gebessert, dir aber Lob und Ehre und ewige Verherrlichung gezollt werde.

KAPITEL 3

Gottes Worte muß man in Demut hören

1. Öffne dich dem Wort Gottes in Demut, Stille und Verlangen.
2. Folge nicht den vielen, die lieber auf die Welt als auf Gott hören.
3. Gottes Worte sind dir nötig, wenn du versucht wirst, auch wenn er dich tröstet.
4. Bete in Demut um Kraft und Trost.

1. *(Der Herr:)* Mein Sohn, höre auf meine Worte. Sie sind reich an köstlicher Kraft und übertreffen das gesamte Wissen der Weisen und Gelehrten dieser Welt. „Meine Worte sind Geist und Leben" (Joh 6, 63). Man soll sie nicht an menschlichen Begriffen messen; auch dürfen sie nicht der eitlen Ergötzung dienen. „Still höre man sie an" (vgl. Koh 9, 17), und in aller Demut und mit großer Inbrunst nehme man sie entgegen.
(Der Knecht:) Da sprach ich: „Selig, den du unterweisest, Herr, und den du über dein Gesetz belehrst, um ihm Trost zu bieten für böse Tage" (Ps 94, 12), und daß er auf Erden nicht so verlassen sei.
2. *(Der Herr:)* Ich, spricht der Herr, habe die

Propheten von Anbeginn belehrt und spreche unablässig zu allen bis heute, doch viele sind taub für mein Wort und harten Herzens. Ein großer Teil hört lieber die Welt als Gott und folgt lieber den persönlichen Wünschen als dem Willen Gottes. Die Welt verspricht nur geringfügige Dinge, die wieder vergehen, aber man dient ihr mit großer Gier. Ich verspreche Höchstes und Ewiges, und das Herz der Sterblichen bleibt kalt. Wer dient und gehorcht mir in allem mit soviel Sorgfalt, wie man der Welt und ihren Herren dient? „Erröte, Sidon, spricht das Meer“ (Jes 23, 4), und fragst du, warum? so höre! Für eine kleine Pfründe macht man weite Wege, für das ewige Leben heben viele kaum den Fuß von der Erde. Man jagt nach kleinen Gewinnen, um einen einzigen Groschen zankt man sich in unwürdiger Weise, für eine unbedeutende Sache und eine versprochene Kleinigkeit schreckt man vor keiner Anstrengung zurück, nicht bei Tage und nicht bei Nacht. Aber, o Schande, für das unwandelbare Gut, für den unschätzbaren Preis, für die höchste Ehre und endlose Herrlichkeit sich auch nur ein wenig anzustrengen, ist man zu bequem. Erröte, du fauler, mürrischer Knecht, jene sieht man bereiter zum Verderben als dich zum Leben. Sie haben mehr Freude an eitlen Dingen als du an der Wahrheit. Sie sehen sich öfters in ihren Hoffnungen betrogen, während meine Verheißung niemanden täuscht und keinen, der mir vertraut, leer ausgehen läßt. Was ich versprochen, werde ich geben, was ich gesagt, werde ich erfüllen, so einer nur treu bis zum Ende in meiner Liebe verharrt. Ich belohne alle Guten und prüfe in Strenge alle Frommen.

3. Schreibe meine Worte in dein Herz, und überdenke sie immer wieder. In Zeiten der Versuchung hast du sie sehr nötig. Was du beim Lesen nicht verstehst, wirst du am Tage der Heimsuchung begreifen. Ich pflege meine Auserwählten zwiefach heimzusuchen: in der Versuchung und im Trost. Und zwei Lektionen erteile ich ihnen Tag für Tag: ich rüge ihre Fehler und ermuntere sie zum Fortschreiten in der Tugend. „Wer meine Worte hat und sie mißachtet, wird seinen Richter haben am Jüngsten Tage“ (vgl. Joh 12, 48).

4. Gebet um die Gnade der Hingabe

(Der Knecht:) Herr, mein Gott, all mein Gut bist du. Und wer bin ich, daß ich wage, mit dir zu reden? Ich bin dein ganz armer Knecht, ein verwerflicher Wurm, viel ärmer und verächtlicher, als ich es weiß und zu sagen wage. Dennoch, Herr, gedenke, daß ich nichts bin, nichts habe und nichts vermag. Du allein bist gut, gerecht und heilig. „Du kannst alles“ (Ijob 42, 2), „du gibst alles“ (vgl. 1 Tim 6, 17), du erfüllst alles, nur den Sünder läßt du leer ausgehen. „Gedenke deiner Erbarmungen“ (Ps 25, 6) und erfülle mein Herz mit deiner Gnade, da du „nicht willst, daß deine Werke unbenutzt bleiben“ (Weish 14, 5). Wie kann ich es aushalten in diesem elenden Leben, wenn deine erbarmende Liebe und Gnade mich nicht stärken? Wende dein Antlitz nicht von mir, warte nicht länger mit deinem Kommen, entziehe mir nicht deinen Trost, damit meine Seele nicht werde „wie ein Land ohne Wasser“ vor dir (Ps 143, 6). Herr, „lehre mich deinen Willen tun“ (Ps 143, 10), lehre mich, würdig und demütig vor dir zu wandeln. Denn du bist meine Weisheit, du kennst mich in Wahrheit und kanntest mich, bevor die Welt

wurde und bevor ich geboren ward auf Erden.

KAPITEL 4

Lebe in Wahrheit und Demut vor Gott

1. Wandle in Wahrheit; das ist Gottes Erziehungsgrundsatz.
2. Die Wahrheit gibt dir Einblick in deine Schwäche und Sündigkeit.
3. Die ewige Wahrheit bewahrt vor Überheblichkeit.
4. Sie schenkt uns die Sehnsucht nach dem Himmel.

1. *(Der Herr:)* Mein Sohn, „wandle vor mir in der Wahrheit“ (1 Kön 2, 4), und suche mich stets „in der Einfalt deines Herzens“ (Weish 1, 1). Wer in Wahrheit vor mir wandelt, ist vor bösen Anfällen beschützt. „Die Wahrheit wird ihn befreien“ (Joh 8, 32) von den Versuchern und den Verleumdungen der Ungerechten. „Wenn die Wahrheit dich befreit hat, wirst du wahrhaft frei sein“ (Joh 8, 36) und dich um das eitle Gerede der Menschen nicht kümmern.

(Der Knecht:) Herr, es ist wahr. Wie du sagst, so möge es, ich bitte dich, an mir geschehen. Deine Wahrheit belehre mich, sie beschütze und bewahre mich bis zum seligen Ende. Sie befreie mich von jeder schlechten Neigung und ungeordneten Liebe, und ich werde wandeln mit dir in großer innerer Freiheit.

2. *(Der Herr:)* Ich will dich lehren, spricht die Wahrheit, was recht und wohlgefällig vor mir ist. Gedenke mit großem Abscheu und Schmerz deiner Sünden und glaube nie, du wärest etwas wegen deiner guten Werke. In Wirklichkeit bist du ein Sünder, von vielen Leidenschaften geknechtet und umstrickt. Von dir selbst aus neigst du nur zum Nichts. Du fällst und unterliegst schnell, und schnell bist du verwirrt und zerstreut. Nichts hast du, dessen du dich rühmen könntest, aber vieles, weshalb du dich gering schätzen solltest. Du bist weit schwächer, als du begreifen kannst. Nichts von allem, was du tust, erscheine dir groß. Nichts halte für bedeutend, nichts für kostbar und bewunderungswürdig und des Lobes wert, nichts für erhaben, lobens- und wünschenswert außer dem Ewigen. Über alles gefalle dir die ewige Wahrheit, und stets mißfalle dir deine über-

große Nichtswürdigkeit. Nichts fürchte, tadle und fliehe so sehr als deine Fehler und Sünden; sie sollen dir mehr mißfallen als jedweder Verlust an Gütern.

3. Manche „wandeln nicht aufrichtig vor mir“ (vgl. Tob 3, 5). Geleitet von einer gewissen Neugier und Anmaßung, wollen sie meine Geheimnisse ergründen und Gottes erhabene Tiefen begreifen, während sie sich und ihr Heil vernachlässigen. Diese fallen oft in große Versuchungen und Sünden, weil ich ihrer Hoffahrt und Neugier widerstehe. Fürchte die Gerichte Gottes, zittere vor dem Zorn des Allmächtigen. Hüte dich, die Werke des Allerhöchsten zu ergründen, erforsche vielmehr deine Sünden und denke nach, wie sehr du gefehlt und wieviel Gutes du vernachlässigt hast. Manche stellen ihre Frömmigkeit nur in Büchern zur Schau, andere in Bildern, wieder andere in äußeren Zeichen und Gestalten. Manche führen mich im Munde, in ihrem Herzen aber kaum.

4. Andere gibt es, die, im Geiste erleuchtet und von ihren Leidenschaften geläutert, „ständig nach dem Ewigen trachten“.[1] Sie hören nur ungern von irdischen Dingen und unterwerfen sich nur mit Widerstreben den

Bedürfnissen der Natur. Sie sind es, die vernehmen, was der Geist der Wahrheit in ihnen redet. Denn er lehrt sie das Irdische gering zu werten, das Himmlische zu lieben, die Welt abzutun und nach dem Himmel Tag und Nacht zu verlangen.

KAPITEL 5

Die wunderbare Wirkung der göttlichen Liebe

1. *Ich bete um die göttliche Liebe.*
2. *Die Liebe erleichtert alles und treibt zum Höchsten an.*
3. *Das Wesen der Liebe ist dem Wesen Gottes ähnlich, aus dem sie quillt.*
4. *Die Liebe kennt keine Hindernisse; sie bricht sich überall Bahn.*
5. *Ich singe das Hohelied der Liebe.*
6. *Die Liebe ist der Inbegriff aller Tugenden.*

1. *(Der Knecht:)* Ich preise dich, himmlischer Vater, Vater meines Herrn Jesus Christus, daß du dich herabgelassen hast, an mich Armen zu denken. „Vater der Erbar-

mungen und Gott allen Trostes“ (2 Kor 1, 3), ich sage dir Dank, daß du mich, jeden Trostes Unwürdigen, zuweilen mit deiner Tröstung erquickst. Ich preise dich immerfort und verherrliche dich mit deinem eingeborenen Sohn und dem Heiligen Geiste, dem Tröster, in alle Ewigkeit. Ja, mein Herr und Gott, mein heiliger Liebhaber, wenn du in mein Herz kommst, frohlockt mein ganzes Inneres. Du bist mein Ruhm, du der Jubel meines Herzens. Du meine Hoffnung, „meine Zuflucht am Tage meiner Trübsal“ (Ps 59, 17). Doch weil ich so arm bin an Liebe und so unvollendet in der Tugend, benötige ich deine Stärkung und deinen Trost. Darum kehre öfter bei mir ein, und unterweise mich in deinen heiligen Lehren. Befreie mich von meinen üblen Leidenschaften und heile mein Herz von allen ungeordneten Neigungen, daß ich, innerlich geheilt und ganz geläutert, fähig werde zum Lieben, stark zum Dulden, standhaft zum Beharren.

2. *(Der Herr:)* Etwas Großes ist es um die Liebe; sie ist ein überaus großes Gut. Sie allein macht alles Schwere leicht und nimmt mit Gleichmut jedes Leiden hin. Sie trägt die Lasten mühelos und macht alles Bittere

süß und schmackhaft. Die edle Liebe Jesu treibt zu großen Taten und weckt das Verlangen nach immer größerer Vollkommenheit. Die Liebe drängt zur Höhe und will nicht an die niedrigen Dinge gefesselt sein. Liebe will frei sein, frei von allem Weltsinn, damit ihr innerer Aufblick nicht behindert werde, damit zeitliches Glück sie nicht gefangennehme oder ein Unglück sie zu Boden beuge.

3. Nichts im Himmel und auf Erden ist lieblicher, mächtiger, erhabener, nichts umfassender und wohltuender, nichts vollkommener und besser; denn die Liebe ist aus „Gott geboren“ (1 Joh 4, 7); sie kann über allem Geschaffenen nur in Gott ruhen. Der Liebende fliegt, läuft und jubelt; er ist frei und läßt sich nicht halten. Er gibt alles für alles und hat alles in allem; denn er ruht in dem einen über allem Höchsten, aus dem alles Gute quellend fließt. Er sieht nicht auf die Gaben, sondern er wendet sich über alle Gaben an den Geber.

4. Die Liebe kennt oft kein Maß, sondern sie gerät über alle Maßen in Glut. Die Liebe fühlt keine Last, scheut keine Mühe, erstrebt mehr, als sie vermag, schützt keine Unmöglichkeit vor, weil sie glaubt, ihr sei alles

möglich und gestattet. Sie ist zu allem tüchtig, leistet viel und hat Erfolge, wo der kraftlos versagt, der keine Liebe hat. Die Liebe wacht, und auch im Schlafe schläft sie nicht. Ist sie erschöpft, so erschlafft sie nicht, ist sie in Not, so fühlt sie sich nicht bedrängt, ist sie erschreckt, gerät sie nicht in Verwirrung. Wie eine lebendige Flamme und brennende Fackel bricht sie zur Höhe durch und nimmt sicher ihren Weg. Wer liebt, kennt den Klang dieses Wortes: „Laut vernehmbar in den Ohren Gottes ist die glühende Liebe einer Seele", die da betet: Mein Gott, meine Liebe! Du bist ganz mein und ich ganz dein.

Gebet um die Liebe Gottes

5. *(Der Knecht:)* Laß mich wachsen in der Liebe, damit ich in der Tiefe meines Herzens verkosten lerne, wie erquickend es ist zu lieben, ganz in Liebe aufzugehen und in ihr zu schwimmen. Ich möchte ergriffen werden von der Liebe, möchte über mich selbst hinausgehen im Übermaß glühender Bewunderung. Singen will ich das Lied der Liebe und dir, meinem Geliebten, zur Höhe folgen, will in deinem Lobe jubelnd vor Liebe vergehen. Lieben möchte ich dich mehr

als mich und mich nur deinetwillen und alle, die dich wahrhaft lieben, in dir, wie das Gesetz der Liebe es gebietet, das aus dir leuchtet.

6. *(Der Herr:)* Die Liebe ist beschwingt, aufrichtig, fromm, wohltuend, lieblich, stark, geduldig, treu, klug, langmütig, mannhaft und selbstlos. Sobald einer sich selbst sucht, fällt er von der Liebe ab. Die Liebe ist umsichtig, demütig und gerade, nicht weichlich und leichtfertig, nicht auf eitle Dinge bedacht, nüchtern, keusch, standhaft, ruhig, ihr Sinnesleben beherrschend. Die Liebe ist unterwürfig und den Vorgesetzten gehorsam; vor sich selbst wohlfeil und verächtlich, gottergeben und dankbar, stets bauend und hoffend auf Gott, auch wenn Gott sich ihr entzieht; denn ohne Leiden lebt man nicht in der Liebe. Wer nicht bereit ist, alles zu leiden und zum Willen des Geliebten zu stehen, verdient es nicht, daß man ihn einen Menschen der Liebe nennt. Wer liebt, muß schon alles Harte und Bittere um des Geliebten willen gern annehmen; er wird sich auch bei eintretenden Schwierigkeiten nicht von ihm abwendig machen lassen.

KAPITEL 6

Die Erprobung dessen, der wahrhaft liebt

1. *Die Liebe sucht mehr den Geber als die Gabe.*
2. *Sie bleibt ruhig beim Kommen und Gehen der Tröstung.*
3. *Sie wird mit tiefer Sammlung und mit Zerstreuung gleich gut fertig.*
4. *Sie kämpft sich durch gegen den Teufel, vertraut auf Gott und betet.*

1. *(Der Herr:)* Mein Sohn, deine Liebe ist noch nicht klug und stark genug.
(Der Knecht:) Weshalb, Herr?
(Der Herr:) Weil du schon bei einer geringen Widerwärtigkeit von dem gerade Begonnenen abstehst. Auch bist du gierig auf den Trost bedacht. Die starke Liebe steht in den Versuchungen fest und traut der List und Überredungskunst des Feindes nicht. Wie ich ihm in heiteren Tagen gefalle, so mißfalle ich ihm nicht in bösen Tagen. Wer klug ist in der Liebe, achtet weniger auf die Gabe dessen, der liebt, als auf die Liebe dessen, der gibt. Er sieht mehr auf die Gesinnung als auf das Geschenk und stellt den Geliebten über alle Gaben. Die edle Liebe ruht

nicht in der Gabe, sondern über alle Gaben in mir.

2. Darum ist nicht alles verloren, wenn du zuweilen weniger gut von mir oder meinen Heiligen denkst, als du möchtest. Jene gute und angenehme Empfindung aber, die du manchmal verspürst, ist eine Wirkung gegenwärtiger Gnade und ein gewisser Vorgeschmack der himmlischen Heimat. Man soll sich nicht zu sehr darauf stützen, sie kommt und geht. Der Kampf aber gegen einbrechende böse Herzensregungen und das Zurückdrängen der Einflüsterungen des Teufels ist ein Zeichen von Tugend und großem Verdienst.

3. Laß dich also nicht verwirren durch fremdartige Phantasiebilder, ganz gleich, woher sie kommen. Halte tapfer an deinem Vorsatz fest und an der reinen, auf Gott zielenden Absicht. Es ist keine Täuschung, wenn du zuweilen plötzlich in hohe Betrachtung gehoben wirst und gleich darauf in die gewohnten Torheiten des Herzens zurückfällst; denn diese führst du ja nicht freiwillig herbei, du erleidest sie vielmehr. Solange sie dir mißfallen und du ihnen widerstehst, bedeuten sie ein Verdienst, nicht einen Verlust.

4. Wisse, daß der alte Feind bestrebt ist, deiner Sehnsucht nach Wachstum im Guten auf jede Weise hindernd entgegenzutreten und dich von jeder frommen Übung fernzuhalten: von der Verehrung der Heiligen, von der liebevollen Versenkung in mein Leiden, von der heilsamen Erwägung deiner Sünden, von der Wachsamkeit über dein eigenes Herz und von dem festen Willen zum Fortschreiten in der Tugend. Er flüstert dir viele böse Gedanken ein, um dir Ekel und Überdruß zu verursachen und dich vom Gebete und heiliger Lesung abzulenken. Die demütige Beichte erregt sein Mißfallen. Wenn er könnte, würde er dich von der Kommunion zurückhalten. Glaube ihm nicht und kümmere dich nicht um ihn, mag er dir auch immer wieder verführerische Schlingen legen. Ihm lege es ganz zur Last, wenn er dir Schlechtes und Unsauberes einflößt. Sprich zu ihm: Geh, unreiner Geist, erröte, Elender! Wie schmutzig mußt du sein, daß du mir solche Dinge einflüsterst. Hinweg von mir, du abscheulicher Verführer! Du sollst keinen Teil an mir haben, sondern „Jesus wird mit mir sein wie ein starker Kämpfer" (Jer 20, 11), und du wirst bestürzt dastehen. Lieber will ich sterben und jede Strafe erdul-

den, als dir zustimmen. „Schweige und verstumme!" (Mk 4, 39) Ich will weiter nichts von dir hören, magst du mich auch immer wieder belästigen. „Der Herr ist meine Leuchte und mein Heil; wen soll ich fürchten?" (Ps 27, 1). „Wenn auch Heerlager wider mich aufstehen, mein Herz kennt keine Furcht" (Ps 27, 3). „Der Herr hilft mir, er ist mein Erlöser" (Ps 19, 15). „Kämpfe wie ein guter Soldat!" (2 Tim 2, 3)! Wenn du zuweilen vor Gebrechlichkeit fällst, so raffe deine Kräfte stärker noch als zuvor zusammen und erwarte von mir zuversichtlich ein größeres Maß von Gnaden. Hüte dich aber vor eitler Selbstgefälligkeit und Hoffart. Gerade das ist es, was viele in Irrtum führt, so daß sie bisweilen wie mit einer fast unheilbaren Blindheit geschlagen werden. Dieser Sturz der Stolzen, die so töricht von sich eingenommen sind, mahne dich zur Vorsicht und steter Demut.

KAPITEL 7

Die Gnade unter der Obhut der Demut verbergen

1. *Schweige darüber, die Gnade der Hingabe ist nicht die größte, und sie bleibt auch nicht.*
2. *Vermeide Ungeduld und Trägheit, wenn sie ausbleibt, Überheblichkeit, wenn sie zu hoher Aszese drängt.*
3. *Laß dir in den inneren Gnadenwegen raten.*
4. *Die Klippen, an denen die Andacht zerschellt, sind: Sorglosigkeit und Hoffnungslosigkeit.*
5. *Die Entziehung der Gnade liegt in Gottes weisen Plänen.*

1. *(Der Herr:)* Mein Sohn, es ist nützlicher und sicherer für dich, die Gnade der Hingabe geheimzuhalten, statt dich zu überheben, viel davon zu reden und großes Gewicht darauf zu legen. Achte vielmehr dich selbst gering und fürchte, die Gnade sei einem Unwürdigen gegeben worden. Man darf diesem Gefühl nicht zu sehr verhaftet sein, da es schnell ins Gegenteil umschlagen kann. Trägt dich die Gnade, so bedenke, wie arm und elend du gewöhnlich ohne die Gnade bist. Der Fortschritt im geistlichen Leben

liegt nicht darin, daß du die Gnade der Tröstung hast, sondern darin, daß du die Entziehung der Gnade demütig, entsagend und geduldig erträgst, indem du im Eifer des Gebetes nicht erlahmst und deine übrigen Werke, die dir nach Gewohnheit zu tun obliegen, nicht gänzlich aufgibst. Verrichte sie, soweit es an dir liegt, nach bestem Können und Wissen und tue sie gern. Hast du das Empfinden, daß dein Geist dürre und ängstlich ist, dann gib dich nicht gänzlich auf.

2. Es gibt nämlich viele, die, wenn es bei ihnen nicht gut vonstatten geht, sogleich die Geduld verlieren und untätig werden. „Der Weg des Menschen liegt nicht immer in seiner Macht“ (vgl. Jer 10, 23). Es ist Gottes Sache, zu geben und zu trösten, wann er will, wieviel er will und wem er will, so, wie es ihm gefällt, und nicht mehr. Manche haben sich in ihrer Unbesonnenheit um der Gnade der Andacht willen selbst zugrunde gerichtet. Sie wollten mehr tun, als sie konnten. Ohne ihre große Schwäche in Betracht zu ziehen, folgten sie mehr dem Zuge des Herzens als dem Urteil der Vernunft. Weil sie sich Größeres zutrauten, als es Gott wohlgefällig war, gingen sie schnell ihrer Gnade verlustig. Sie, die sich „ein Nest in den Him-

mel hineinbauten“ (vgl. Obd 4), wurden arm und elend. Gedemütigt und verarmt sollten sie lernen, nicht mit eigenen Flügeln zu fliegen, sondern „unter meinen Fittichen Hoffnung zu schöpfen“ (Ps 91, 4).

3. Neulinge und Unerfahrene in den Wegen des Herrn unterliegen leicht der Täuschung und dem Truge, wenn sie sich nicht von erfahrenen Ratgebern leiten lassen. Wollen diese lieber nach ihrem eigenen Gutdünken vorgehen als der Erfahrung anderer Glauben schenken, so wird das für sie ein schlimmes Ende nehmen, falls sie sich von ihrer eigenen Meinung nicht abbringen lassen. Die sich selbst weise dünken, lassen sich nur selten in Demut von anderen leiten. Besser ist ein bescheidenes Wissen mit Demut und geringer Begabung, als große Schätze von Wissen mit eitler Selbstüberhebung. Besser ist es für dich, weniger zu besitzen, als vieles; denn das viele könnte dich zum Hochmut verleiten.

4. Wer sich gänzlich der Freude überläßt, handelt unbesonnen. Er vergißt seiner früheren Dürftigkeit und jener keuschen Furcht des Herrn, die ihn den Verlust der verliehenen Gnade fürchten läßt. Auch der offenbart wenig Tugend, der zur Zeit der Prüfung

oder irgendwelcher Schwierigkeit allzu mutlos wird und in seinem Denken und Empfinden weniger Vertrauen zu mir hegt, als er sollte. Wer sich zur Zeit des Friedens allzu sicher fühlen möchte, wird zur Zeit des Krieges oft viel zu gebrochen und verängstigt befunden werden. Verstündest du es, in dir selber demütig und maßvoll zu bleiben und deinen Geist recht zu beherrschen und zu zügeln, du würdest nicht so schnell in Gefahr und Sünde geraten.

5. Es ist ein guter Rat, darüber nachzudenken, was wohl eintreten wird, wenn die Glut des Geistes, der eben Feuer gefangen hat, wieder erlischt. In diesem Falle bedenke, daß sich das Licht wieder einstellen kann, das ich dir zur Warnung und mir zur Ehre vorübergehend entzogen habe. Eine solche Prüfung ist oft nützlicher, als wenn es immer nach deinem Wunsch und Willen ginge. Denn die Verdienste bemessen sich nicht danach, ob einer mehr Schauungen und Tröstungen empfing oder ob er in den Schriften bewandert war und einen höheren Rang bekleidete, sondern danach, ob er in wahrer Demut begründet und von göttlicher Liebe erfüllt ist, ob er stets lauter und rein die Ehre Gottes sucht, sich selbst geringschätzt

und von anderen lieber mißachtet und gedemütigt als auf den Schild erhoben werden möchte.

KAPITEL 8

Unter den Augen Gottes sich selbst niedrig einschätzen

1. *Die geringe Selbsteinschätzung ist ein Quell großer Gnaden.*
2. *Gott gibt seine Gnade denen, die sich unbedeutend vorkommen und sogar – den undankbaren Sündern.*

1. *(Der Knecht:)* „Ich will zu meinem Herrn sprechen, ob ich gleich Staub und Asche bin“ (Gen 18, 27). Wenn ich mich höher einschätze, siehe, dann „stehst du wider mich“ (vgl. Num 22, 34), und auch meine Sünden bezeugen den wahren Tatbestand, und ich kann nicht widersprechen. Achte ich mich aber gering und komme ich mir wie ein Nichts vor, lasse ich alle Selbstgefälligkeit fahren und erniedrige ich mich bis zum Staube, der ich ja auch bin, dann wird deine

Gnade mir beistehen und dein Licht mein Innerstes treffen. Und auch der geringste Selbstdünkel wird im Abgrund meiner Nichtigkeit versinken und für immer untergehen. Dort läßt du mich sehen, was ich bin, was ich war und wohin ich gekommen bin, daß ich nämlich, ohne es zu wissen, ein Nichts gewesen bin. Bleibe ich mir selbst überlassen, siehe, dann bin ich ein Nichts und lauter Schwäche. Wenn du mich aber plötzlich anschaust, strömt mir sogleich Kraft zu, und ein neuer Frohsinn erfüllt mich. Es gibt zu staunen und zu denken, daß ich so unversehens erhoben und so liebevoll von dir umfangen werde, wo mich doch die Erdenschwere ständig in die Tiefe reißt.

2. Das tut deine Liebe, die mir ohne mein Verdienst zuvorkommt, die mir in so vielen Nöten Hilfe leistet, mich auch in schweren Gefahren beschützt und, um die Wahrheit zu sagen, mich vor unzähligen Übeln bewahrt. Indem „ich mich sündhaft liebte, habe ich mich selbst verloren“ (vgl. Joh 12, 25). Indem ich dich allein suchte und lauteren Herzens liebte, habe ich mich und dich zugleich gefunden und mich in Liebe noch tiefer in mein Nichts versenkt. Denn du, die Güte selbst, tust weit mehr für mich, als ich

es je verdiente und ich je zu hoffen und zu erbitten wage. Gepriesen seist du, mein Gott! Ich bin zwar aller Güter unwürdig, aber deine edle, unbegrenzte Güte hört nie auf, sogar denen Wohltaten zu spenden, die keine Dankbarkeit kennen und weit von dir in der Ferne wandeln. Gib uns die Wende zu dir, daß wir dankbar, demütig und fromm sind; denn unsere Rettung und unsere ganze Kraft bist du.

KAPITEL 9

Alles auf Gott als das letzte Ziel beziehen

1. *Gott ist Ziel und Quelle aller geschaffenen Dinge.*
2. *Der Mensch, der diese Ordnung stört, wird freudlos, eng und gehemmt.*
3. *Wer diese Weltordnung anerkennt, wird frei von jeglicher Enge und Eigenliebe.*

1. *(Der Herr:)* Mein Sohn, ich muß dein höchstes und letztes Ziel sein, wenn du wahrhaft glücklich sein willst. Diese Absicht

läutert deine Triebe, die sich so oft in sündhafter Weise dir selbst und den Geschöpfen zuwenden. Wenn du dich selbst in irgendeinem Dinge suchst, versagst und verdorrst du. Beziehe in erster Linie alles auf mich, ich bin der Geber aller Gaben. Betrachte das höchste Gut als den Urquell aller Einzelwesen, und leite deshalb alles zu mir als seinem Ursprunge zurück.

2. Aus mir schöpft klein und groß, arm und reich wie aus einer lebendigen Quelle „lebenspendendes Wasser" (vgl. Joh 4, 10). Wer mir willig und gerne dient, empfängt Gnade um Gnade. Wer aber seinen Ruhm außer mir sucht oder in irgendeinem Eigengut sich erfreuen möchte, steht nicht auf dem Boden der wahren Freude. Er fühlt die Enge seines Herzens und sieht sich in vielfacher Weise behindert und gehemmt. Du darfst dir aber nichts Gutes zuschreiben, noch irgendeinem Menschen Tugend beimessen, sondern gib alles Gott, ohne den der Mensch nichts hat.

3. Ich habe alles gegeben, ich will auch alles zurückhaben, ich fordere mit aller Strenge den Dank. Dies ist die Wahrheit; sie treibt die eitle Ehrsucht in die Flucht. Wo die Gnade des Himmels und die wahre Liebe

Einkehr halten, da wohnen weder der Neid noch die Engherzigkeit; auch die Eigenliebe wird dort keinen Platz behaupten. Die Gottesliebe besiegt alles, sie beschwingt alle Kräfte der Seele. Wenn du klug bist, wirst du dich in mir allein erfreuen und auf mich allein hoffen. „Niemand ist gut als Gott allein“ (Lk 18, 19). Er verdient über alles und in allem Lob und Preis.

KAPITEL 10

Gott dienen ist angenehm

1. *Gott lieben ist angemessen und eine Quelle der Freude.*
2. *Gott dienen ist nicht mehr als unsere Pflicht.*
3. *Gott dienen bringt Gnade, Tröstung, Freiheit und ewige Freude.*

1. *(Der Knecht:)* Nun muß ich wieder reden, Herr. Ich kann nicht schweigen. Ich will reden zum Ohre meines Gottes, meines Herrn und Königs, der in den Höhen wohnt. „Wie groß ist doch die Fülle deiner Liebe, Herr! Du hältst sie verborgen für jene, die dich

fürchten“ (Ps 31, 20). Was aber bist du erst für jene, die dich lieben und dir mit ganzem Herzen dienen. Wahrhaft unaussprechlich ist die Freude, dich zu schauen, wie sie denen zuteil wird, die dich lieben. Darin hast du mir am meisten deine gütige Liebe gezeigt, daß du, als ich noch nicht war, mich erschufst, und als ich fern von dir umherirrte, mich heimholtest zu deinem Dienste und mir auftrugst, dich zu lieben. Quell ewiger Liebe! Was soll ich von dir sagen? Wie könnte ich deiner vergessen, nachdem du meiner so gnädig gedacht hast, auch als ich schon ganz verdorben und verloren war. Weit über alles Hoffen warst du barmherzig mit deinem Diener, und über alles Verdienst hast du ihm Gnade und Freundschaft geschenkt. Was soll ich dir vergelten für diese Gnade? Jedem ist es nicht gegeben, alles zu verlassen, der Welt zu entsagen und das Leben im Kloster auf sich zu nehmen.

2. Ist es nicht etwas Großes, daß ich dir diene, dir, dem jedes Geschöpf zu dienen gehalten ist? Nicht daß ich dir diene, darf mir groß vorkommen, sondern das erscheint mir groß und wunderbar, daß du mich armen, unwürdigen Menschen huldvoll zum Knechte nimmst und mich deinen geliebten

Knechten zugesellst. Siehe, dein ist alles, was ich besitze und womit ich dir diene. Ja, eigentlich dienst du in höherem Maße mir als ich dir. Siehe, Himmel und Erde sind „für den Dienst des Menschen von dir erschaffen“, sind deines Wirkens gewärtig und tun täglich, was du geheißen. Doch nicht genug – selbst die Engel hast du in den Dienst des Menschen gestellt (vgl. Hebr 1, 14) und, was weit mehr als dieses alles bedeutet: Du selbst hast dich herabgelassen, dem Menschen zu dienen, und hast versprochen, dich selbst ihm hinzugeben. Was soll ich dir für alle deine tausendfachen Wohltaten geben? Könnte ich dir doch alle Tage des Lebens dienen! Könnte ich dir doch nur einen einzigen Tag meines Lebens so dienen, wie es deiner würdig ist! Wahrhaftig, du bist jeden Dienstes würdig, jeder Ehre und ewigen Lobes. Du bist wahrhaftig mein Herr und mein Gott, und ich bin dein armer Knecht. Ich bin gehalten, dir mit allen Kräften zu dienen, und sollte niemals müde werden, dich zu loben. So will ich es, und danach verlange ich. Ersetze gnädig, was mir daran noch gebricht.

3. Eine große Ehre ist es, ein großer Ruhm, dir zu dienen und alles um deinetwillen zu

verschmähen. Eine große Gnade werden empfangen, die sich aus freien Stücken deinem Dienste unterstellen. Den erquickenden Trost des Heiligen Geistes werden finden, die aus Liebe zu dir aller sinnenhaften Lust entsagen. Große Freiheit des Geistes werden erlangen, die um deines Namens willen die rauhe Straße gehen und sich aller weltlichen Sorgen entschlagen. Du angenehme, erquikkende Knechtschaft Gottes, durch die der Mensch wahrhaft frei und heilig wird! Heiliger Stand des geistlichen Dienstes! Er macht den Menschen den Engeln gleich, Gott wohlgefällig, den Teufeln furchtbar und allen Gläubigen liebenswert. Willkommener, allzeit begehrenswerter Dienst! Du erwirkst uns das höchste Gut und eine endlos währende Freude.

KAPITEL 11

Prüfe und mäßige die Sehnsüchte deines Herzens

1. Gottes Wille und Gottes Ehre seien das Ziel aller deiner Wünsche.
2. Prüfe darum deine Wünsche und zügele sie.
3. Unterwirf das leibliche Begehren dem Geiste.

1. *(Der Herr:)* Mein Sohn, du mußt noch vieles hinzulernen, was du bisher nur ungenügend gelernt hast.
(Der Knecht:) Was ist das, Herr?
(Der Herr:) Daß du dein Verlangen ganz nach meinem Wohlgefallen richtest und nicht in Eigenliebe verfällst, sondern eifrig bestrebt bist, meinen Willen zu erfüllen. Oft wirst du von Wünschen ergriffen und mächtig bewegt, denke aber nach, ob meine Ehre oder mehr dein Vorteil dich treibt. Bin ich die Ursache, dann wirst du gern mit meinen Anordnungen zufrieden sein, ganz gleich, wie ich sie treffe. Ist aber etwas versteckte Eigenliebe dabei, sieh, dann quält und beschwert dich das.
2. Hüte dich also, einem vorgefaßten Wunschgedanken allzusehr nachzugeben,

ohne vorher meinen Rat einzuholen. Nachher könnte es dich gereuen oder dir mißfallen, was dir vorher gefiel und was du mit Eifer als das Bessere anstrebtest. Man darf nicht jeder Neigung, die gut zu sein scheint, sogleich folgen, wie man auch nicht jede gegenteilige Neigung von vornherein ablehnen soll. Es ist zuweilen gut, sich Zügel anzulegen, auch bei guten Zielen und Wünschen, sonst fällt dein Geist infolge des inneren ungestümen Drängens der Verwirrung anheim. Anderen könntest du durch ein unbeherrschtes Wesen Ärgernis geben, oder du verlörest durch den Widerstand dieser und jener den Kopf und kämst zu Falle.

3. Manchmal aber muß man Gewalt gebrauchen, dem sinnlichen Begehren beherzt entgegentreten und gar nicht darauf achten, was das leibliche Begehren will oder ablehnt, vielmehr dahin arbeiten, daß es sich dem Geiste auch wider seinen Willen unterwirft. Züchtigen soll man es und sich gefügig machen, bis es zu allem bereit ist, sich mit wenigem zu begnügen lernt, an schlichten Dingen Freude empfindet und bei Unbehaglichkeiten das Murren unterdrückt.

KAPITEL 12

Die Schule der Geduld und der Kampf gegen die Begierden

1. *Ohne Geduld in den Kämpfen des Lebens kein Friede.*
2. *Die Erdenleiden sind das kleinere Übel.*
3. *Die Weltkinder kosten ihre Freuden nicht ohne Bitterkeit.*
4. *Deine Freude liegt in der Weltüberwindung und im Verzicht auf niedere Gelüste.*

1. *(Der Knecht:)* Mein Herr und Gott! Geduld ist mir sehr vonnöten – ich sehe es ein –, denn mir begegnet in diesem Leben viel Widriges. Was immer ich auch unternehme, um Frieden zu haben – Kampf und Schmerz bleiben mir in meinem Leben nicht erspart.
(Der Herr:) Ganz recht, mein Sohn. Aber es ist auch gar nicht mein Wille, daß du einen Frieden suchst, der keiner Versuchung ausgesetzt ist und keine Widerstände kennt. Gerade dann glaube den Frieden gefunden zu haben, wenn du durch vielerlei Trübsale und Prüfungen geläutert und erprobt wirst.
2. Wenn du sagst, du könntest nicht soviel

leiden, wie willst du später das Fegfeuer ertragen? Von zwei Übeln soll man immer das geringere wählen. Um also dem kommenden ewigen Strafgericht zu entgehen, suche das gegenwärtige Leid gleichmütig um Gottes willen zu tragen. Oder meinst du, die Menschen dieser Welt hätten nichts oder nur wenig zu tragen? Das wirst du nicht finden, und wenn du auch bei den Verwöhntesten Nachfrage hältst.

3. *(Der Knecht:)* Aber, sagst du, sie genießen doch viel Freude und leben nach ihrem eigenen Willen; darum nehmen sie ihre Leiden nicht gar so schwer.

(Der Herr:) Gesetzt, es wäre so, sie hätten also, was sie wünschen, wie lange, glaubst du, wird das dauern? Siehe, „wie Rauch werden die Reichen dieser Welt vergehen“ (vgl. Ps 37, 20), und kein Nachempfinden der vergangenen Freuden wird ihnen bleiben. Aber auch, wenn sie noch leben, werden sie in ihren Freuden vor Bitterkeit, Ekel und Angst keine Ruhe finden. Denn dieselbe Quelle, aus der sie ihre Lebensgenüsse schöpfen, wird ihnen oft zur Quelle schmerzlicher Pein. Es geschieht ihnen recht; denn da sie wider alle Ordnung die eitlen Freuden suchen und ihnen nachlaufen, können sie die-

se auch nicht ohne Unruhe und Bitterkeit auskosten. Wie kurz, wie trügerisch, wie ordnungswidrig und schändlich sind alle diese Gelüste! Dennoch, sie sehen es nicht ein, so berauscht sind sie und so blind. „Wie unvernünftige Tiere" (Jud 10) rennen sie für „einige wenige Freuden des vergänglichen Lebens" (vgl. 2 Makk 6, 25) in den Tod der Seele.

4. Darum, mein Sohn, „jage nicht deinen Begierden nach und wende dich ab von deinen Gelüsten" (Sir 18, 30). „Erfreue dich im Herrn, und er wird dir geben, was dein Herz verlangt" (Ps 37, 4). Willst du wahre Freude finden und im Übermaß von mir getröstet werden, dann siehe: Aus der Geringschätzung alles Irdischen und aus dem Verzicht auf alle niedrigen Gelüste erwächst dir der Segen und ein überreicher Trost. Je mehr du dich von allem Trost der Geschöpfe zurückziehst, um so erquickender und wirksamer wird der Trost sein, den du bei mir findest. Doch im Anfange wirst du nicht ohne Mühsal, Trauer und Kampf dahin gelangen. Die eingewurzelte Gewohnheit wird dir im Wege stehen, sie kann aber durch die bessere Gewohnheit überwunden werden. Der Leib zeigt sich zwar rebellisch, die Glut des Gei-

stes aber zügelt ihn. Die „alte Schlange" (Offb 12,9) wird dich zum erbitterten Kampfe reizen, das Gebet jedoch verscheucht sie. Auch die nützliche Arbeit wird ihr den Hauptzugang versperren.

KAPITEL 13

Gehorsam und Demut nach dem Beispiel Jesu Christi

1. Sei gern demütig und bescheiden.
2. Lerne vom Sohne Gottes; er ist das ergreifende Vorbild demütigen Gehorsams.
3. Laß die Klage gegen Ankläger beiseite und danke Gott, daß er deiner geschont hat.

1. *(Der Herr:)* Mein Sohn, wer sich dem Gehorsam zu entziehen sucht, entzieht sich der Gnade, und wer nur sein Eigenes sucht, verliert das Gemeinsame. Wer nicht gern und willig seinem Oberen gehorcht, zeigt damit, daß seine sinnliche Natur ihm noch nicht vollkommen gehorcht, sondern, daß sie oft widerspenstig ist und murrt. Lerne also schnell deinem Oberen gehorchen, wenn du

deine Eigennatur unter das Joch bringen willst. Denn schneller wird der äußere Feind überwunden, wenn der innere Mensch in Ordnung geblieben ist. Es gibt keinen lästigeren und gefährlicheren Feind deiner Seele als dich selbst, wenn dein Wesen und dein Geist nicht harmonieren. Du mußt die Verachtung deiner selbst unbedingt ernst nehmen, wenn du über deinen leiblichen Menschen die Oberhand behalten willst. Du liebst dich noch allzu unordentlich, und deshalb zögerst du, dich dem Willen eines anderen vollkommen zu unterwerfen.

2. Aber was ist es Großes, wenn du, der du Staub und ein Nichts bist, dich um Gottes willen einem Menschen unterwirfst? Habe ich, der Allmächtige und Allerhöchste, der aus dem Nichts das Weltall schuf, mich nicht um deinetwillen demütig Menschen unterworfen? Ich bin von allen der Demütigste und Niedrigste geworden, damit du imstande wärest, deinen Stolz mit meiner Demut zu besiegen. „Lerne gehorchen, du Staub! Lerne dich demütigen, du Erde und Lehm“[2] und dich beugen unter die Füße aller! Lerne deinen Willen brechen und gänzlich gehorsam sein! Entbrenne wider dich selbst, und laß keinen Stolz in dir hochkommen. Zeige dich so de-

mütig und klein, daß alle über dich hinwegschreiten und dich „wie Straßenkot“ (Ps 18, 43) zertreten können.

3. Was hast du zu klagen, du eitler Mensch? Was kannst du unreiner Sünder denen erwidern, die dich lästern? Hast du nicht wer weiß wie oft deinen Gott beleidigt und vielfach die Hölle verdient? Doch „mein Auge hat dich verschont“ (vgl. Ez 20, 17), denn „deine Seele war kostbar in meinen Augen“ (vgl. 1 Sam 26, 21). Du solltest erkennen, daß ich dich wirklich liebe, solltest mir dankbar sein für meine Wohltaten, dich in wahrer Demut und wahrem Gehorsam fügen und die Verachtung deiner selbst geduldig ertragen.

KAPITEL 14

Im Guten nicht überheblich werden, sondern Gottes verborgene Gerichte bedenken

1. *Das Gericht über die Engel erfülle dich mit heiliger Furcht.*
2. *Die Heiligkeit ist ohne Gnade Gottes nicht von Dauer.*

3. Was ist dann der Mensch ohne die Hilfe von oben?

1. *(Der Knecht:)* Herr, du läßt deine Gerichte wie Donner über mich dahinrollen, mein Gebein ist von Furcht und Zittern befallen, und meine Seele erschauert gewaltig. Erschüttert stehe ich da und bedenke, daß die „Himmel nicht rein sind vor deinem Angesichte“ (Ijob 15, 15). Wenn du „an den Engeln Sünde gefunden und ihrer nicht geschont hast“ (vgl. Ijob 4, 18), was wird mit mir geschehen? „Sterne sind vom Himmel gefallen“ (Offb 6, 13), und ich Staub, was nehme ich mir heraus? Deren Werke lobenswert erschienen, stürzten in die Tiefe. Die „das Brot der Engel“ (Ps 78, 25) aßen, sah ich die „Treber der Schweine mit Behagen verzehren“ (vgl. Lk 15, 16).
2. Es gibt keine Heiligkeit, wenn du, Herr, deine Hand zurückziehst. Keine Weisheit nützt, wenn du aufhörst, sie zu leiten; keine Tapferkeit hilft, wenn du sie nicht mehr trägst; keine Keuschheit ist gesichert, wenn du sie nicht behütest; kein Achthaben auf sich selbst ist von Erfolg, wenn dein heiliges Auge nicht wacht. Sind wir uns selbst überlassen, dann sinken wir und gehen wir zu-

grunde; suchst du uns aber heim, dann richten wir uns wieder auf und leben. Wir sind unbeständig, aber durch dich werden wir wieder stark, wir sind lau, aber in dir fangen wir Feuer.

3. Wie niedrig und verächtlich muß ich von mir selber denken! Wie nichtig muß mir vorkommen, was ich Gutes zu haben scheine! Wie tief, o Herr, muß ich mich deinen „unergründlichen Gerichten“ (Ps 36, 7) unterwerfen, da ich finde, daß ich nichts anderes bin als nichts, als ein reines Nichts. Unermeßliche Last, undurchschwimmbares Meer, wo ich von mir nichts entdecke als nur ein Nichts. Wo wäre noch ein Schlupfwinkel für Ruhm, wo noch Raum für Vertrauen auf eigene Tugend? Verschlungen ist alles eitle Rühmen im Abgrund deiner Gerichte, die über mich kommen. Was ist doch der Mensch vor deinen Augen? „Rühmt sich etwa der Ton gegen seinen Töpfer?“ (Jes 29, 16). Kann der wohl mit hohlem Geschwätz so wichtig tun, dessen Herz in Wahrheit Gott unterworfen ist? Nicht die ganze Welt wird den zum Hochmut verleiten, den die Wahrheit überwunden hat. Das Lob aller Menschen genügt nicht, den zum Wanken zu bringen, der seine ganze Hoff-

nung auf Gott gegründet hat. Denn die da reden, sind alle nichts; sie verschwinden mit dem Schalle ihrer Worte. „Die Treue des Herrn aber bleibt in Ewigkeit“ (Ps 117, 2).

KAPITEL 15

Verhalten bei allen Anliegen im Handeln und Reden

1. Unterwirf deine Wünsche dem Willen Gottes.
2. Dein Bittgebet sei ein Gebet der Hingabe an den Willen Gottes.
3. Gebet der bittenden Seele.

1. *(Der Herr:)* Mein Sohn, in jeder Sache sprich: Herr, wenn es dir gefällt, dann geschehe es so, Herr; wenn es zu deiner Ehre gereicht, so geschehe es in deinem Namen, Herr; wenn du siehst, daß es mir zuträglich und nützlich ist, schenke es mir. Ich will es dann zu deiner Ehre gebrauchen. Wenn du aber erkennst, daß es mir Schaden bringen und dem Heile meiner Seele nicht dienlich sein wird, so nimm dies Verlangen von mir. Denn nicht jedes Verlangen ist vom Heili-

gen Geiste, auch wenn es dem Menschen recht und gut erscheint. Es ist schwierig, der Wahrheit gemäß zu beurteilen, ob ein guter oder böser Geist dich zu diesem oder jenem Verlangen treibt oder ob dein eigener Geist die Triebfeder ist. Viele, die sich anfangs von einem guten Geist geleitet glaubten, sahen sich am Ende betrogen.

2. Was immer also dem Geist als wünschenswert begegnet, muß man stets in gottesfürchtiger, bescheidener Gesinnung wünschen und erbitten. Vor allem verzichte auf den eigenen Willen, stelle die ganze Sache mir anheim und sprich: Herr, du weißt, wie es am besten ist. Es geschehe also dies und jenes, wie du willst. Gib, was du willst, wieviel du willst und wann du willst. Tue mit mir, wie du es für richtig hältst, wie es dir am besten gefällt und zu deiner größeren Ehre gereicht. Stelle mich, wohin du willst, und schalte frei mit mir in allen Dingen. Ich bin in deiner Hand, drehe und wende mich nur in jeder Richtung. Siehe, dein Knecht bin ich, bereit zu allem. Nicht mir, sondern dir zu leben ist mein ganzes Verlangen. Könnte ich es nur würdig und vollkommen!

3. Gebet um die Gnade, Gottes Willen zu vollbringen

(Der Knecht:) Schenke mir, gütigster Jesus, deine Gnade, daß sie „mit mir sei und mit mir arbeite“ (Weish 9, 10) und bei mir bleibe bis ans Ende. Gib, daß ich immer das begehre und wünsche, was dir besonders genehm und wohlgefällig ist. Dein Wille sei der meine, und mein Wille folge stets dem deinen und stimme ganz mit ihm überein. Ich möchte mit dir ein und dasselbe wollen und nicht wollen; ich möchte gar nicht imstande sein, etwas anderes zu wollen oder nicht zu wollen als eben das, was du willst und was du nicht willst. Laß mich allem Irdischen absterben und um deinetwillen gern verachtet und unbekannt sein in dieser Welt. Gib, daß ich über alles Wünschen hinaus in dir ruhe und daß mein Herz in dir seinen Frieden finde. Du bist der wahre Friede des Herzens, du seine einzige Ruhestätte; außer dir ist alles Qual und Unruhe. In diesem Frieden, das ist in dir, dem einen höchsten, ewigen Gute, werde ich „schlafen und ruhen“. Amen (vgl. Ps 4, 9).

KAPITEL 16

Der wahre Trost ist allein in Gott zu suchen

1. Er liegt in Gott und in den Gütern des Himmels.
2. Irdische Güter werden deinen Hunger nach Trost niemals stillen.
3. Gottes Wohnen in dir, sein Wille und seine Prüfungen seien dein höchster Trost.

1. *(Der Knecht:)* Was immer ich mir zu meinem Troste wünschen oder erdenken kann, erwarte ich nicht hier, sondern künftig. Hätte ich allen Trost der Welt allein für mich, könnte ich alle Freuden genießen, eines ist sicher: sie werden unmöglich von langer Dauer sein. Darum, meine Seele: den ganzen Trost und die vollkommene Erquickung kannst du nur in Gott finden, der die Armen tröstet und sich der Demütigen annimmt. Gedulde dich ein wenig, meine Seele, harre der Verheißung Gottes, und ein Übermaß an allen Gütern wird dir im Himmel zufallen.
2. Wenn du den irdischen Gütern allzu begierig nachjagst, verlierst du die ewigen und himmlischen. Die zeitlichen magst du gebrauchen, die ewigen seien das Ziel deiner

Sehnsucht.[3] Kein zeitliches Gut kann dich sättigen, denn du bist nicht zum Genuß des Zeitlichen erschaffen. Hättest du auch alle erschaffenen Güter, unmöglich würdest du in ihnen glücklich und zufrieden. In Gott, dem Schöpfer aller Dinge, liegt deine ganze Seligkeit und dein ganzes Glück. Nicht so, wie die törichten Liebhaber der Welt sie sehen und werten, sondern wie gute Christgläubige sie erwarten und wie geisterfüllte und herzensreine Menschen, deren Wandel im Himmel ist, sie bisweilen schon hier verkosten.

3. Eitel und flüchtig ist aller Menschentrost, beglückend aber und wirklich tröstend ist, was wir im Innern von der Wahrheit vernehmen. Der fromme Mensch hat Jesus, seinen Tröster, überall bei sich und spricht zu ihm: Herr Jesus, stehe mir bei, an jedem Orte, zu jeder Zeit. „Das sei mein Trost" (Ijob 6, 10) und mein Wille, auf allen menschlichen Trost gern zu verzichten. Und sollte deine Tröstung ausbleiben, dann gelte mir dein Wille und deine gerechte Prüfung als höchster Trost. Denn „du zürnst nicht für immer und drohst auch nicht ewig" (Ps 103, 9).

KAPITEL 17

Alle Sorgen leg in Gottes Hand

1. Halte dich immer an Gott; er will nur dein Bestes.
2. Nimm in Gleichmut an, was immer Gott kommen läßt.

1. *(Der Herr:)* Mein Sohn, laß mich mit dir tun, was ich will. Ich weiß, was dir frommt. Du denkst wie ein Mensch, du urteilst in vielen Dingen, wie dein menschliches Empfinden es dir eingibt.
(Der Knecht:) Herr, was du sagst, ist wahr. Deine liebende Sorge um mich ist größer als alle Sorge, die ich für mich selbst aufbringen kann. Denn auf sehr schwankendem Boden steht, wer „nicht alle seine Sorgen auf dich wirft" (vgl. 1 Petr 5, 7). Herr, wenn mein Wille nur gerade und fest auf dich gerichtet ist, dann verfahre mit mir, wie es dir gefällt. Es kann ja nur gut sein, was immer du über mich beschließest. Willst du, daß ich im Finstern irre, so sei gepriesen! Willst du, daß ich im Lichte wandle, so sei wiederum gepriesen! Würdigst du mich des Trostes, so sei gepriesen, willst du, daß Leid über mich

komme, so sei gleichfalls immerdar geprie-
sen!

2. *(Der Herr:)* Mein Sohn, so muß es um dich stehen, wenn du mit mir wandeln möchtest. Du mußt ebenso bereitwillig sein zum Leiden wie zur Freude, ebenso gern in Dürftigkeit und Armut leben wie in Fülle und Reichtum.

(Der Knecht:) Herr, für dich will ich gern leiden, was immer du über mich willst kommen lassen. Ohne Unterschied will ich das Gute und das Böse, das Angenehme und das Bittere, Frohes und Trauriges gleichmütig aus deiner Hand annehmen und für alles, was mir widerfährt, Dank sagen. Bewahre mich vor aller Sünde, dann fürchte ich weder Tod noch Hölle. Wenn du mich nur nicht „auf ewig verwirfst" (Ps 77, 8) und nicht „aus dem Buche des Lebens streichst" (Offb 3, 5), dann wird mir keine Trübsal schaden, mag, was immer, über mich kommen.

KAPITEL 18

Irdisches Leid nach Christi Beispiel mit Gleichmut ertragen

1. *Jesus hat seine vielen Leiden deinetwegen mit Geduld ertragen.*
2. *Die Nachahmung seiner Geduld wird den Menschen des Neuen Bundes leichter als denen des Alten.*
3. *Ohne Jesu Vorbild brächten wir den Mut zur geduldigen Nachfolge nicht auf.*

1. *(Der Herr:)* Mein Sohn, ich bin um deines Heiles willen vom Himmel gestiegen und habe dein Elend angenommen, nicht etwa weil ich es mußte, sondern weil ich dich liebte. Du solltest lernen, geduldig zu sein und die Trübsale des Erdenlebens willig zu tragen. Denn von der Stunde meiner Geburt bis zum Tode am Kreuze hatte ich immerfort Leiden zu erdulden. An zeitlichen Gütern litt ich großen Mangel. Oft habe ich gehört, daß viele sich über mich beklagten. Schmach und Schande ertrug ich in Güte. Für mein Wohltun erntete ich Undank, meine Wundertaten vergalt man mir mit Lästerungen, meine Lehre wies man spottend zurück.

2. *(Der Knecht:)* Herr, dein Leben war eine einzige Geduld, eine vollkommene Erfüllung des Willens deines Vaters. Es ist darum nicht mehr als billig, daß ich armer Sünder deinem Willen gemäß in Geduld ausharre und, solange du es willst, die Bürde des vergänglichen Lebens zu meinem Heile trage. Denn wenn auch das gegenwärtige Leben als Last empfunden wird, so ist es doch durch deine Gnade hochverdienstlich geworden und dank deinem Beispiel und dem Wandel deiner Heiligen auch weit erträglicher und lichtvoller für uns wegmüde Menschen, als dies einst im Alten Bunde der Fall war. Damals war das Tor des Himmels noch verschlossen. Der Weg zum Himmel erschien so dunkel. Nur wenige waren bemüht, das Himmelreich zu suchen. Selbst die damaligen Gerechten, die das Heil erlangen sollten, konnten vor deinem Leiden und deinem heiligen Sühnetod nicht in das Himmelreich eingehen.

3. Wie innig muß ich dir danken, daß du in deiner Liebe mir und allen Gläubigen die gerade, gute Bahn zu deinem Himmelreich gewiesen hast! Dein Leben ist unser Weg, und mit heiliger Geduld wandern wir dir, unserer Krone, entgegen. Wärest du uns

nicht vorangegangen und hättest du uns nicht belehrt, wer brächte den Mut zur Nachfolge auf? Wie viele blieben leider weit zurück, wenn sie dein leuchtendes Beispiel nicht vor Augen hätten! Siehe, noch jetzt stehen wir fast unbeeindruckt vor deinen vielen Wundern und Lehren. Was würde erst geschehen, wenn wir dein strahlend helles Licht auf dem Wege der Nachfolge entbehren müßten?

KAPITEL 19

Ertragen von Unrecht und: Wer sich wahrhaft als geduldig erweist

1. Mach nicht soviel Wesens von deinem Leiden. Andere haben mehr gelitten. Der kluge Mensch klagt nicht.
2. Denke nicht an die Menschen, die dir wehe tun, sondern an Gott, der deine Geduld krönen wird.
3. Kämpfe und bete um die Krone der Geduld.

1. *(Der Herr:)* Mein Sohn, was redest du da? Höre auf zu klagen und bedenke einmal, was ich und andere Heilige gelitten haben.

„Noch hast du nicht bis aufs Blut widerstanden“ (Hebr 12, 4). Deine Leiden sind gering; sie können den Vergleich nicht aushalten mit denen, die soviel ausgestanden haben, so stark versucht, so schwer bedrängt, so vielfach geprüft und erprobt wurden. Denke also an die schweren Leiden der anderen; es ist schon notwendig. Dann wirst du deine so kleine Bürde leichter tragen. Erscheint sie dir aber nicht so leicht, so untersuche einmal, ob nicht etwa deine Ungeduld dahinter steckt. Mögen nun deine Leiden klein oder groß sein, suche alles in Geduld zu ertragen. Je besser du dich zum Leiden bereitest, um so klüger handelst du und um so größer wird dein Verdienst sein. Du wirst auch leichter damit fertig, wenn du dich zielbewußt, praktisch und eifrig auf das Ziel einstellst.

2. Sage nicht: Ich kann das von einem solchen Menschen nicht ertragen; ich brauche mir derartige Dinge nicht bieten zu lassen. Er hat mich schwer geschädigt und wirft mir Dinge vor, an die ich nie gedacht hatte. Von einem andern will ich es mir gern gefallen lassen, soweit es mir tragbar erscheint.

Wer so denkt, ist ein Tor. Er beachtet nicht, welche Werte in der Geduld liegen, und übersieht den, der sie einmal krönen wird. Ihm stehen fast nur die Menschen vor Augen, die ihn beleidigt haben. Der hat nicht die wahre Geduld, der nur so viel leiden will, wie ihn gut dünkt, und nur von dem, der ihm dafür paßt. Der wahre Dulder sieht nicht darauf, von wem ihm zugesetzt wird, ob von einem Vorgesetzten oder einem Gleichgestellten oder einem Untergebenen, ob von einem guten und heiligen Menschen oder von einem gemeinen und nichtswürdigen. Das Üble, das die geschöpfliche Welt ihm zufügt, nimmt er unterschiedslos und restlos mit Dank aus Gottes Hand an, ganz gleich, ob er heftig bedrängt wird und ob es sich oft wiederholt. Er sieht eben den ungeheuren Gewinn. Denn nichts, was für Gott gelitten wird, sei es auch noch so klein, bleibt bei Gott ohne Verdienst.

3. Sei also gerüstet zum Kampfe, wenn du den Sieg erringen willst. Ohne Kampf kannst du die Krone der Geduld nicht gewinnen. Wer nicht leiden will, weist die Krone zurück. Begehrst du aber gekrönt zu werden, dann kämpfe mutig und halte geduldig aus. Ohne Mühe keine Ruhe, ohne Kampf kein Sieg.

(Der Knecht:) Herr, deine Gnade mache mir

möglich, was meiner Natur unmöglich erscheint. Du weißt, daß ich nur wenig leiden kann und schon bei geringen Schwierigkeiten schnell außer Fassung gerate. Möge mir alles Leid und Weh um deines Namens willen lieb und teuer sein. Denn für dich leiden und geplagt werden wirkt auf meine Seele wie heilende Arznei.

KAPITEL 20

Das Eingeständnis der eigenen Schwachheit und das Elend dieses Lebens

1. *Die Schwäche des Menschen ist groß; sie führt zur Mutlosigkeit.*
2. *Der Versuchungen sind so viele, daß wir unsere ganze Ohnmacht zu fühlen bekommen.*
3. *Wer die Welt mit ihren Verführungen kennt, liebt sie nicht, aber viele kennen sie nicht.*
4. *Wer die Welt ungeordnet liebt, weiß nichts von den erquickenden Tröstungen Gottes.*

1. *(Der Knecht:)* „Bekennen will ich wider mich meine Ungerechtigkeit" (Ps 32, 5), be-

kennen will ich dir, o Herr, meine Schwäche. Oft ist es nur eine Kleinigkeit, die mich umwirft und traurig macht. Ich nehme mir vor, entschlossen zu handeln, aber schon bei einer geringen Versuchung gerate ich in große Verwirrung. Eine ganz unbedeutsame Sache führt mich bisweilen in schwere Versuchung. Kaum fühle ich mich ein Weilchen sicher, da finde ich mich bisweilen unversehens wie durch einen leisen Windhauch fast umgeworfen.

2. Herr, siehe auf meine Ohnmacht und Gebrechlichkeit; sie ist dir ja kein Geheimnis. Hab' Erbarmen und „entreiße mich dem Schlamm, daß ich nicht versinke" (Ps 69, 15) und nicht für immer vollends mutlos bleibe. Das ist es, was mich häufig quält und vor dir beschämt, daß ich im Kampfe gegen die Leidenschaften so wankelmütig bin und so schwach. Wenn ich auch gerade nicht einwillige, so ist es mir doch lästig und beschwerlich, von ihnen angefochten zu werden. Täglich im Kampfe zu leben wird man leid; es ekelt einen an. Daran erkenne ich meine Schwäche, daß die abscheulichen Phantasiebilder viel leichter eindringen als zurückweichen. Starker Gott Israels, schaue in deinem Eifer für die Rettung der gläubi-

gen Seelen auf die Mühen und Leiden deines Knechtes herab und stehe ihm bei in allem, was er beginnt. Stärke mich mit himmlischer Kraft, daß nicht der alte Mensch die Oberhand gewinne, jener elende Triebmensch, der dem Geist nicht gänzlich unterworfen ist, gegen den man zu kämpfen haben wird, solange man atmet in diesem wahrhaft armen Leben.

3. Welch ein Leben, wo Trübsal und Ungemach auf uns warten, wo allüberall die Fallstricke und Feinde lauern! Sowie die eine Bedrängnis oder Versuchung weicht, tritt eine andere an ihre Stelle. Während der erste Kampf noch andauert, brechen schon mehrere andere unverhofft über uns herein. Wie kann man ein Leben lieben, das so viele Bitterkeiten in sich birgt und so vielem Leid und Elend unterworfen ist? Wie kann man nur von Leben reden, wenn es immer wieder Tod und Pest erzeugt? Dennoch, es wird geliebt, und viele suchen in ihm ihre Freude. Oft wird die Welt als trügerisch und eitel hingestellt. Trotz allem, man läßt sie nicht leicht fahren, weil das Begehren des Leibes allzuviel Macht besitzt.

4. Das eine ist es, was zur Weltliebe, ein anderes, was zur geringeren Wertung der Welt

treibt. Zur Weltliebe treiben „Fleischeslust, Augenlust und Hoffart des Lebens“ (1 Joh 2, 16). Die Strafen aber und das Elend, das ihnen gerechterweise folgen wird, erzeugen Haß und Ekel an der Welt. Doch leider trägt die böse Lust den Sieg über das Weltkind davon. In Dornen zu liegen scheint ihm eine Wonne, weil er die Lieblichkeit Gottes und die innere Schönheit der Tugend weder erkannt noch verkostet hat. Die aber die Welt in vollkommenem Sinne geringer werten und in heiliger Zucht nur für Gott zu leben suchen, kennen den göttlichen Trost, der denen verheißen ist, die den ganzen Verzicht leisten. Diese sehen klarer, wie schwer sich die Welt irrt und wie vielfach sie der Täuschung verfällt.

KAPITEL 21

Mehr als alle Güter und Gaben muß man die Ruhe in Gott suchen

1. Ruhe findest du nur in Gott, denn nur in ihm ist alles, was du suchst.
2. Sehne dich nach ihm aus dem Dunkel und Leid dieser Welt.
3. Komm, Herr Jesus, komme bald.
4. Freue dich seiner Gegenwart in tiefer Demut.

1. *(Der Knecht:)* Meine Seele, über alles und bei allem suche stets im Herrn Ruhe; denn er ist die ewige Ruhe der Heiligen. O Jesus, du bist die Freude und die Liebe selbst. Verleihe, daß ich in dir über allem Erschaffenen ruhe. Du gehst über Glück und Schönheit, Herrlichkeit und Ehre, Macht und Würde, Wissenschaft und Scharfsinn, über alle Reichtümer und Künste, über Freude und Frohlocken, Ruhm und Lob, Erquickung und Trost, Hoffnung und Verheißung, Verdienst und Verlangen, über alle Gaben und Geschenke, die du mir in Fülle zu geben vermagst, über alle Lust und Freude, die der Geist fassen und empfinden kann, endlich über alle Engel und Erzengel, über das gan-

ze Himmelsheer, über alles Sichtbare und Unsichtbare, und über alles, was du, mein Gott, nicht bist. Denn du, o Herr, mein Gott, bist über allem der Beste, du allein der Höchste, du allein der Mächtigste, du allein der Reichste und Begütertste. Du bist die unausschöpfliche Fülle von Lieblichkeit und Trost, du allein der Schönste und Liebenswürdigste, der Edelste und Herrlichste, mehr als alles andere. In dir ist alles Gute vollkommen vereinigt. So war es immer, so wird es bleiben. Daher ist alles gering und unzureichend, was du mir außer dir selbst schenkst oder über dein Wesen offenbarst. Was du mir verheißest, ist alles gering, wenn ich dich nicht schaue und vollkommen besitze. Denn die wahre Ruhe und den ganzen Frieden kann ich nur finden, wenn ich in dir ruhe und mich über alle Gaben und Geschöpfe hinaus emporschwinge.

2. Jesus Christus, du mein geliebtester Bräutigam, in der Liebe so ganz rein, du Beherrscher der gesamten Schöpfung, wer gibt mir die Schwingen wahrer Freiheit, daß ich auffliege und „ruhe in dir?“ (Ps 55, 7)! Wann wird es mir gegeben sein, völlig unbehindert „zu sein und zu schauen, wie gütig du bist, Herr, mein Gott“ (Ps 34, 9)? Wann werde

ich mich ganz in dir sammeln können, daß ich vor Liebe zu dir mich selbst gar nicht mehr fühle, sondern über jedes Maß des Empfindens hinaus nur noch dich kenne: ein Zustand, der freilich vielen unbekannt ist. Jetzt aber bin ich oft so traurig und trage in Schmerzen mein elendes Los. Denn es begegnen mir in diesem Tale der Leiden viele Übel, die mich oft verwirren, betrüben und umdunkeln, nicht selten auch behindern und zerstreuen, anlocken und umgarnen. So habe ich dann keinen freien Zutritt zu dir und kann die beglückenden Umarmungen nicht genießen, deren die seligen Geister sich allezeit erfreuen. Möchten meine Flehrufe und meine trostlose Verlassenheit dich rühren!

3. Jesus, „du Abglanz der ewigen Herrlichkeit" (Hebr 1,3), du Trost der pilgernden Seele! Vor dir verstummt mein Mund, mein Schweigen aber redet zu dir. Wie lange noch zögert mein Herr zu kommen? Komme er doch zu mir, zu seinem armen Kinde, daß es sich freue! Er reiche mir seine Hand und rette mich Hilflosen aus aller Drangsal! Komm! Komm! Ohne dich gibt es für mich keinen frohen Tag, keine frohe Stunde; denn du bist meine Freude, und ohne dich

ist mein Tisch leer. Hilflos bin ich, wie eingekerkert und eingefesselt, bis du mich mit dem Lichte deiner Gegenwart erquickst, mir die Freiheit wiedergibst und dein freundliches Antlitz zeigst. Mögen andere statt deiner suchen, was immer sie wünschen, mir gefällt nichts, auch in Zukunft nicht, als du, mein Gott, meine Hoffnung, mein ewiges Heil. Ich werde nicht schweigen und nicht aufhören zu flehen, bis deine Gnade zurückkehrt und du innerlich zu mir redest.

4. *(Der Herr:)* „Siehe, da bin ich" (Jes 58, 9). „Siehe, ich komme zu dir, du hast mich gerufen!" (1 Sam 3, 6.9) Deine Tränen und das Verlangen deiner Seele, deine Demut und die Zerknirschung deines Herzens haben mich gewonnen und dir zugeführt.

(Der Knecht:) Da sprach ich: Herr, voll Verlangen nach dem Genuß deiner Gegenwart habe ich dich gerufen. Ich bin bereit, um deinetwillen alles zu verschmähen. Der mich aber zuvor anregte, dich zu suchen, der warst du. Sei darum gepriesen, mein Herr, daß du deinem Diener in dieser Weise gut warst. So entspricht es der Fülle deiner erbarmenden Liebe. Was hat dein Diener dir sonst noch zu sagen? Doch wohl nur dieses eine, daß er sich tief vor dir demütigen will,

eingedenk der eigenen Schuld und Unzulänglichkeit. Denn kein Wesen unter allen Wundern des Himmels und der Erde ist dir gleich. Deine Werke sind sehr gut, „deine Gerichte gerecht“ (Ps 19, 10), und deine Vorsehung leitet die ganze Welt. Lob sei Dir und Herrlichkeit, o Weisheit des Vaters! Dich lobe und preise mein Mund, meine Seele und alles Geschaffene insgesamt.

KAPITEL 22

Sich an die vielfachen Wohltaten Gottes erinnern

1. *Danke Gott für seine vielen Wohltaten, aber danke in Demut.*
2. *Alle dir geschenkten Güter sind von Gott; darum sei weder überheblich noch traurig.*
3. *Wer nach der Auffassung der Welt nur kärglich beschenkt ist, hat Grund zur Freude.*
4. *Die wertvollste Wohltat: ganz eins zu sein mit dem Willen Gottes.*

1. *(Der Knecht:)* „Herr, öffne mein Herz deinem Gesetze“ (2 Makk 1, 4) und lehre mich

nach deinen Geboten wandeln. Gib, daß ich deinen Willen erkenne und mit tiefer Ehrfurcht, eifrig und aufmerksam die Wohltaten betrachte, die du mir im allgemeinen und im besonderen erwiesen hast, damit ich dir würdig dafür danken kann. Ich weiß allerdings und bekenne, daß ich nicht imstande bin, dir auch nur für die geringste Wohltat gebührend Dank zu sagen. Ich bedeute zu wenig gegenüber all dem Guten, das du mir geschenkt hast. Wenn ich an dein hohes, edles Wesen denke, erscheinst du mir so groß, daß mein Geist vor dir versagt.

2. Alles, was wir an Leib und Seele haben und was immer wir äußerlich oder innerlich, natürlich oder übernatürlich besitzen, sind Wohltaten, die du uns gespendet hast, Gaben, die von der Güte und Liebe des Wohltäters erzählen, aus dessen Hand wir alle Güter empfangen haben. Wenn auch der eine mehr, der andere weniger erhalten hat, so ist doch alles dein, und ohne dich können wir nicht das Mindeste besitzen. Wer mehr empfangen hat, kann sich seiner Verdienste nicht rühmen, noch sich über andere erheben oder des Ärmeren spotten. Der ist der Größere und Bessere, der sich selbst wenig zuschreibt und mit tiefer Demut und Innig-

keit dankt. Wer sich für geringer und unwürdiger als alle achtet, der ist auch fähiger, Größeres zu empfangen. Wer weniger empfangen hat, darf darob nicht traurig oder unwillig werden und den Reicheren beneiden. Er soll vielmehr zu dir aufblicken und deine Liebe in hohen Weisen besingen, weil du so reichlich, freigebig und gern, ohne Ansehen der Person, deine Gaben spendest. Alles kommt von dir, deshalb gebührt dir in allem der Lobpreis.

3. Du weißt, welche Gabe jedem frommt, warum dieser weniger, jener mehr besitzt. Das zu bestimmen, ist nicht unsere, sondern deine Sache. Du hast den einzelnen die Verdienste zugewogen. Darum, mein Herr und Gott, halte ich es für eine große Wohltat, wenig zu besitzen an Dingen, die uns nur äußerlich und in den Augen der Menschen Lob und Ehre eintragen. Wer zu der Erkenntnis kommt, daß er mit seiner Person etwas Armes und Unansehnliches darstellt, möge er darob nicht mißmutig, traurig oder mutlos werden. Vielmehr möge ihm das eine Quelle des Trostes und der Freude sein, weil du, o Gott, dir gerade die Armen, Erniedrigten und Verachteten dieser Welt zu Vertrauten und Hausgenossen erkoren hast. Zeugen

dessen sind deine Apostel, die du „zu Fürsten über die ganze Welt gesetzt hast“ (Ps 45, 17). Sie wandelten ohne Klage in dieser Welt, so demütig und einfältig, so ohne alle Bosheit und Arglist, daß sie „sich freuten, für den Namen Jesu Schmach zu leiden“ (Apg 5, 41), und das, wovor die Welt zurückschreckt, mit großer Liebe umfingen.

4. Nichts also soll den, der dich liebt und dein Wohltun kennt, so sehr erfreuen, als daß dein Wille an ihm geschieht und deine ewigen Absichten sich an ihm gemäß den Plänen der Vorsehung erfüllen. Darin soll er soviel an Beruhigung und Trost finden, daß er ebenso gern der Kleinste sein möchte wie ein anderer der Größte, daß er sich auf dem letzten Platz ebenso gelassen und zufrieden fühlt wie auf dem ersten und daß er ebensogern ohne Namen und Ruf verachtet und verworfen sein möchte wie vor den anderen ehrenwert und groß in der Welt. Denn dein Wille und der Eifer für deine Ehre muß ihm über alles gehen, muß ihm mehr Trost bringen als alle Wohltaten, die er bereits empfangen hat oder noch empfangen könnte.

KAPITEL 23

Vier Quellen großen Friedens

1. Die Quellen des Friedens sind: Gehorsam, Demut, Armut, Gleichförmigkeit mit dem Willen Gottes.
2. Wer aus diesen Quellen zu wenig schöpft, gerät in Verwirrung.
3. Zwei Gebete um den Frieden der Seele.

1. *(Der Herr:)* Mein Sohn, nun will ich dich den Weg zum Frieden und zur wahren Freiheit lehren.

(Der Knecht:) Tu, Herr, was du sagst; ich höre es gern.

(Der Herr:) Mein Sohn, sei bestrebt, lieber den Willen eines anderen zu tun als den deinen. Ziehe stets den geringeren Besitz dem größeren vor. Setze dich immer unten an und sei allen untertan. Dies sei allezeit dein Wunsch und dein Gebet, daß Gottes Wille vollkommen an dir geschehe. Sieh, wer so lebt, geht in das Land des Friedens und der Ruhe ein.

2. *(Der Knecht:)* Herr, deine Rede ist kurz, aber sie bietet viel an Vollendung. Es sind nur wenige Worte, aber ihr Sinn ist tief und

reich an Gedanken. Könnte ich sie treu befolgen, ich würde wohl nicht so leicht in Verwirrung geraten. Denn sooft ich mich beunruhigt und beschwert fühle, finde ich, daß ich von dieser Lehre abgewichen bin. Du aber, der du alles kennst und stets den Fortschritt der Seele liebst, spende mir ein größeres Maß von Gnaden, daß ich imstande bin, dein Wort zu erfüllen und mein Heil zu wirken.

3. Gebet wider böse Gedanken

(Der Knecht:) „Herr, mein Gott, entferne dich nicht von mir. Mein Gott, schaue herab auf mich und hilf mir" (Ps 71, 12). Denn vielerlei Gedanken und schreckliche Ängste haben sich in mir erhoben und quälen mein Inneres. Wie soll ich durchkommen, ohne Schaden zu nehmen? Wie ihrer Herr werden?

„Ich", so spricht der Herr, „werde vor dir hergehen und die Großen der Erde erniedrigen. Ich werde die Kerkertüren öffnen und die Tiefen der Geheimnisse dir offenbaren" (Jes 45, 2).

(Der Knecht:) Herr, tu, wie du sagst. Vor deinem Angesichte sollen alle bösen Gedanken

fliehen. Das ist meine Hoffnung, das mein einziger Trost, daß ich in aller Betrübnis zu dir meine Zuflucht nehmen, auf dich vertrauen, aus der Tiefe meines Wesens zu dir rufen und in Geduld deinen Trost erwarten darf.

Gebet um Erleuchtung des Geistes

(Der Knecht:) Guter Jesus, „erleuchte mich durch die Klarheit“ inneren Lichtes (Joh 17, 5) und verscheuche alle Finsternis aus der Kammer meines Herzens. Wehre den vielen Zerstreuungen, und verjage die Versuchungen, die mir Gewalt antun. Kämpfe du mit Macht für mich und bezwinge die wilden Tiere, ich meine die lüsternen Begierden, „daß Friede werde in deiner Kraft“ (Ps 122, 7) und dein Lob laut widerhalle im heiligen Raum des reinen Gewissens. Gebiete den Winden und Stürmen, sprich zum Meer: Sei ruhig! und zum Nordwind: Schweige! Und es wird große Stille sein (vgl. Mk 4, 39). „Sende aus dein Licht und deine Wahrheit“ (Ps 43, 3), daß sie über der Erde leuchten, denn ich bin „Erde, wüst und leer“ (v. Gen 1, 2), bis du mich erleuchtest. Laß deine Gnade strömen, netze mein Herz mit himm-

lischem Tau, öffne die Quellen der Andacht, daß sie „das Antlitz der Erde bewässern“ (Gen 2, 6) und gute, ja beste Früchte hervorbringen. Richte mein von der Last der Sünden gebeugtes Gemüt wieder auf und ziehe all mein Sehnen zum Himmlischen empor, daß ich die Wonnen der überirdischen Seligkeit verkoste und mir die Freude vergehe, an Irdisches zu denken. Entziehe mich, ja entreiße mich allem vergänglichen Trost der Geschöpfe; denn nichts Geschaffenes ist imstande, meinen Hunger ganz zu stillen und mir zu einer Quelle des Trostes zu werden. Verbinde mich dir durch das unlösliche Band der Liebe; denn du allein genügst dem, der liebt. Außer dir ist alles ohne Reiz.

KAPITEL 24

Nicht neugierig im Leben eines anderen herumforschen

1. *Kümmere dich nicht unnötig um das Tun und Lassen anderer.*
2. *Jage nicht nach der Gunst der Menschen, sondern sehne dich nach dem stillen Kommen Gottes.*

1. *(Der Herr:)* Mein Sohn, sei nicht neugierig und mache dir keine unnötigen Sorgen. „Was kümmert dich dieses oder jenes? Du folge mir" (Joh 21, 22). Was geht es dich an, ob dieser so oder anders ist, ob jener so oder so handelt und spricht? Du hast nicht nötig, für andere zu antworten, über dich selbst aber wirst du Rechenschaft ablegen. Weshalb also mengst du dich ein? Siehe, ich kenne sie alle, und ich sehe alles, was unter der Sonne geschieht. Ich weiß, wie es mit einem jeden steht, was er denkt, was er will und wohin seine Absicht zielt. Überlaß darum alles mir, bewahre dir selbst den rechten Frieden und laß den Menschen treiben, was er will. Was immer er tut oder sagt, wird über ihn kommen. Täuschen kann er mich nicht.

2. Sorge dich also nicht um den Schatten eines großen Namens[4], nicht um die Freundschaft vieler Menschen noch um die besondere Liebe einzelner. Denn das verursacht nur Zerstreuung und große Verfinsterung des Herzens. Ich würde gern mein Wort an dich richten und dir von meinen Geheimnissen mitteilen, wenn du nur sorgsam auf mein Kommen achten und mir das Tor zu deinem Herzen öffnen wolltest. Sei darum behutsam, wache, bete und „demütige dich in allem" (Sir 3, 20; 1 Petr 4, 7).

KAPITEL 25

Das Geheimnis von innerem Frieden und Fortschritt

1. *Der Geduldige, der auf Gott hört und nichts sucht als Gott, hat den Frieden.*
2. *Einen Frieden ohne jedes Leid gibt es auf Erden nicht.*
3. *Achte auf Gottes Willen, sei selbstlos, leidbereit, bescheiden, und dein Friede und Fortschritt sind echt.*

1. *(Der Herr:)* Mein Sohn, ich habe gesagt: „Den Frieden hinterlasse ich euch, meinen Frieden gebe ich euch; nicht, wie die Welt ihn gibt, gebe ich ihn euch“ (Joh 14, 27). Jeder sehnt sich nach Frieden, aber nicht jeder bemüht sich um das, was zum wahren Frieden gehört. Mein Friede wohnt bei denen, „die demütigen und sanftmütigen Herzens sind“ (Mt 11, 29). Sei ganz geduldig, und der Friede ist dein. Wenn du auf mich hörst und meiner Stimme folgst, kannst du tiefen Frieden genießen.
(Der Knecht:) Was soll ich denn tun?
(Der Herr:) Achte in allen Dingen auf dich selbst, auf das, was du tust und was du sprichst. Richte deine Absicht nur auf das eine: daß du mir allein gefällst und außer mir nichts begehrst oder suchst. Was andere tun oder reden, wolle nicht leichtfertig beurteilen. Misch dich auch nicht in Dinge ein, die dich nichts angehen. So kann die Unruhe kaum oder gar nicht an dich heran.
2. Niemals eine Beunruhigung empfinden und keinerlei seelische oder körperliche Beschwerde erleiden, das gehört nicht der gegenwärtigen Zeit an, sondern dem Stande der ewigen Ruhe. Glaube also nicht, du hättest den wahren Frieden gefunden, wenn

dich nichts mehr bedrückt, oder dann sei alles gut, wenn du keinen Gegner zu ertragen hast, oder das sei schon Vollkommenheit, wenn alles nach deinen Wünschen geht.

3. Komme dir auch nicht groß oder besonders begnadet vor, wenn du einmal große Andacht und Wonne verspürst. Denn daran erkennt man den wahren Freund der Tugend nicht. Der Fortschritt und die Vollkommenheit des Menschen bestehen nicht in diesen Dingen.

(Der Knecht:) Worin denn, Herr?

(Der Herr:) Darin, daß du dich mit ganzem Herzen dem göttlichen Willen anbietest, daß du nicht das Deinige suchst, weder im Kleinen noch im Großen, weder in der Zeit noch in der Ewigkeit und daß du im Glück und Unglück gleichmütig und dankbar ausharrst, alles mit gleicher Waage messend. Wenn du ein so starkes, anhaltendes Vertrauen hast, daß du nach Entziehung des inneren Trostes bereit bist, noch größere Beschwerden zu ertragen, wenn du dich nicht beklagst, als hätten diese großen Leiden nicht über dich kommen dürfen, wenn du mich in allen meinen Anordnungen rechtfertigst und mein heiliges Tun im Lobe besingst, dann wandelst du auf dem wahren

und geraden Wege zum Frieden. Dann darfst du sicher hoffen, daß du wieder „mein Antlitz mit Frohlocken schauen wirst“ (v. Ijob 33, 26). Bist du zur vollen Selbstverachtung gelangt, dann wisse, daß du einen überreichen Frieden genießen wirst, soweit das bei einem Pilger dieser Erde möglich ist.

KAPITEL 26

Von der überragenden Würde des freien Geistes, die eher durch demütiges Gebet als durch Lektüre erreicht wird

1. *Der Geist erhebt sich frei und leicht zum Himmlischen, wenn er sich der Welt, den ängstlichen Lebenssorgen und den Folgen der Erbsünde möglichst entzieht.*
2. *Diese innere Freiheit erwirbt man besonders durch Gebet.*

1. *(Der Knecht:)* Herr, das ist wohl das vollkommene Leben des Menschen, wenn sein Geist nie ermattet in der Betrachtung himmlischer Dinge und er sich mitten in den vie-

len Sorgen gleichsam sorgenlos bewegt. Nicht nach der Weise eines Gleichgültigen, sondern nach einem gewissen Vorrecht, das der freie Geist besitzt, indem dieser keinem Geschöpfe in ungeordneter Zuneigung anhängt. Ich bitte dich, mein guter Gott, bewahre mich vor den Sorgen dieses Lebens, daß ich nicht allzusehr in sie verstrickt, vor den vielen Nöten des Leibes, daß ich nicht von der Genußsucht erfaßt werde, vor all den Hemmnissen der Seele, daß ich nicht unter der Last der Mühen erliege. Ich bitte nicht gerade um Schutz vor jenen Dingen, auf die weltliche Eitelkeit ihr ganzes Begehren richtet. Aber vor jenem Elend schütze mich, das dem allgemeinen Fluch der Sterblichkeit zufolge die Seele deines Dieners als Strafe beschwert und behindert. Ich bin sonst nicht imstande, mich nach Belieben zur Freiheit des Geistes aufzuschwingen.

2. Mein Gott, meine Wonne, für die es keine Worte gibt! Verwandle mir in Bitterkeit allen irdischen Trost, alles, was mich von der Liebe zum Ewigen ablenkt. Laß mir bitter werden alle zeitlichen schillernden Güter, die mein Auge trügerisch fesseln. Mein Gott, verhüte, daß Fleisch und Blut über mich siegen, daß die Welt und ihre kurze

Herrlichkeit mich täuscht, und daß der Teufel mit seiner Arglist mich zu Fall bringt. Gib mir Kraft zum Widerstehen, Geduld zum Ertragen, Festigkeit zum Ausharren! Statt aller Tröstungen der Welt schenke mir die wohltuende Salbung deines Geistes, und statt aller sinnlichen Liebe gieße mir die Liebe zu deinem Namen ein. Siehe, Speise, Trank, Kleidung und was sonst zur Erhaltung des Leibes gehört, sind dem geistentbrannten Menschen lästig. Laß mich dieses alles mit Maß gebrauchen, ohne Gier, ohne mich in ihnen zu verstricken. Alles einfach abtun darf man nicht, denn die Natur will erhalten werden. Aber den Überfluß suchen und das, was mehr der Genußsucht dient, verbietet ein heiliges Gesetz; denn sonst würde sich der Leib gegen den Geist erheben. Deine Hand geleite mich auf allen diesen Wegen und belehre mich; das ist meine Bitte. Lehre mich rechte Maßhaltung.

KAPITEL 27

Die Eigenliebe hindert den Fortschritt zum höchsten Gut hin

1. Kennzeichen der Eigenliebe sind: Habsucht, Ehrsucht, Ruhmsucht, Ausgegossenheit.
2. Ich bete um seelische Läuterung und um die Weisheit des Himmels.

1. *(Der Herr:)* Mein Sohn, du mußt dich ganz für das Ganze hingeben und in nichts dir selbst gehören. Wisse, daß die Selbstliebe dir mehr schadet als irgend etwas in der Welt. Je nach der Liebe und Neigung, die du hegst, hängt dir jedes Ding mehr oder weniger an. Ist deine Liebe rein, einfältig und wohlgeordnet, werden die Dinge dich nicht gefangen halten. Begehre nicht, was du nicht haben darfst, und wolle niemals haben, was dich behindern und dir die innere Freiheit rauben kann. Es ist zu wundern, daß du dich mir nicht aus der ganzen Tiefe deines Herzens anvertraust samt allem, was du begehren oder besitzen kannst. Warum verzehrst du dich in nutzloser Qual? Was mühst du dich ab mit unnützen Sorgen? Suche mein Wohlgefallen, und du wirst keinen

Schaden erleiden. Begehrst du dieses oder jenes und möchtest du einmal hier, einmal dort sein, um es besser und annehmlicher zu haben, so wirst du nie zur Ruhe kommen und auch nie ohne Sorgen sein. Allen Dingen haftet irgendein Mangel an, und überall findet sich ein Widersacher. Es hat wenig Bedeutung, irgendeinen äußeren Wert zu erwerben oder zu vergrößern. Besser ist es, ihn zu verachten und ihn samt seinen Wurzeln aus dem Herzen zu reißen. Das gilt nicht nur von Geld und Gut, sondern auch von der Ehrsucht und Ruhmsucht. Alles dieses vergeht mit der Welt. Der Ort schützt wenig, wenn es dir am Feuer des Geistes gebricht, und der Friede, den du draußen suchst, ist nicht von langer Dauer. Sein festes Fundament ist die innere Verfassung des Herzens. Das will sagen: Wenn du nicht in mir stehst, kannst du dich zwar verändern, aber nicht bessern. Denn sobald sich dir ein willkommener Anlaß bietet, findest du wieder, wovor du geflohen bist, ja noch mehr.

2. Gebet um Reinigung des Herzens und um himmlische Weisheit

(Der Knecht:) Stärke mich, o Gott, durch die Gnade des Heiligen Geistes. „Gib mir Kraft,

daß ich stark werde dem inneren Menschen nach" (Eph 3, 16), daß mein Herz alle unnütze Sorge und Angst abwirft und daß ich kein Spielball meiner vielen Begierden werde, die heute nach wertlosen Dingen, morgen nach Kostbarkeiten verlangen. Öffne mir die Augen für die Vergänglichkeit alles Irdischen, auch dafür, daß ich selber wie alle Dinge nur ein vorübergehendes Dasein habe. Nichts ist ja von Dauer unter der Sonne. „Alles ist Eitelkeit und Drangsal des Geistes" (Koh 1, 14). Wie weise ist, wer so denkt! Herr, schenke mir die himmlische Weisheit, daß ich lerne, dich über alles zu suchen, zu finden, zu verkosten und zu lieben, alles andere aber so zu werten, wie es deiner weisen Ordnung entspricht. Gib, daß ich dem Schmeichler ausweiche und die Widersacher geduldig ertrage. Denn das ist hohe Weisheit, sich nicht von jedem Winde der Worte bewegen zu lassen, noch der sündhaft schmeichelnden Rede das Ohr zu öffnen. Nur so schreitet man auf dem eingeschlagenen Wege sicher vorwärts.

KAPITEL 28

Wider die Zungen der Verleumder

1. *Halte dich für noch schlechter und betrachte das Geschwätz im übrigen als bedeutungslos.*
2. *Erwidere alles mit Schweigen.*
3. *Begehre niemandem zu gefallen.*

1. *(Der Herr:)* Mein Sohn, nimm es nicht so schwer, wenn manche schlecht von dir denken, wenn sie von dir erzählen, was du nicht gern hörst. Du mußt selber noch schlechter von dir denken und keinen für schwächer halten als dich selbst. Wenn du ein innerliches Leben führst, wirst du den Worten, die da flüchtig hingeworfen werden, kein Gewicht beimessen.

2. Es ist keine geringe Klugheit, in bösen Tagen zu schweigen und sich nach innen zu mir zu kehren, ohne sich durch ein Menschenurteil verwirren zu lassen. Dein Friede gründe nicht auf dem Geschwätz der Menschen. Ob sie dich gut oder schlecht beurteilen, so bist du deshalb kein anderer Mensch. Wo ist wahrer Friede, wahrer Ruhm? Sind sie nicht in mir allein zu Hause?

3. Wer nicht begehrt, den Menschen zu ge-

fallen, und nicht fürchtet, ihnen zu mißfallen, genießt einen tiefen Frieden. Aus ungeordneter Liebe und unbegründeter Furcht entspringt alle Unruhe des Herzens und Zerstreuung der Sinne.

KAPITEL 29

Wie Gott im Leid anzurufen und zu preisen ist

1. Die Leiden kommen von Gott und dienen zu seiner Verherrlichung.
2. Halte in Geduld aus! Gott hilft dir.

1. *(Der Knecht:)* „Herr, dein Name sei gepriesen in Ewigkeit!" (Tob 3, 11). Du hast diese Anfechtung und Bedrängnis gewollt; sie sollte über mich kommen. Ich kann ihr nicht entrinnen, doch habe ich nötig, zu dir meine Zuflucht zu nehmen. Du mußt mir helfen und die Sache zum Guten wenden. Herr, ich befinde mich augenblicklich in Not, und meinem Herzen ist nicht wohl. Ich fühle mich vom gegenwärtigen Leid hart getroffen. Und nun, geliebter Vater, „was soll

ich sagen?" (Joh 12, 27). Die Angst hat mich von allen Seiten erfaßt. „Errette mich aus dieser Stunde, doch eben deshalb kam ich wohl in diese Stunde, daß du verherrlicht würdest (Joh 12, 27). Ich sollte eine tiefe Demütigung erleiden, um dann von dir gerettet zu werden. „Möge es dir gefallen, Herr, mich zu befreien" (Ps 40, 14). Was kann ich Armer tun, und wohin soll ich gehen ohne dich? Gib Geduld, Herr, auch dieses Mal. „Hilf mir, mein Gott" (Ps 109, 26), und keine Kreuzeslast wird mich niederbeugen.

2. Was soll ich unterdessen sagen? Herr, „dein Wille geschehe" (Mt 26, 42), ich habe die Leiden und Plagen wohl verdient. Ich muß aushalten, ja ich soll in Geduld durchhalten, bis sich der Sturm gelegt hat, und es besser wird. Deine allmächtige Hand ist stark genug, auch diese Versuchung von mir zu nehmen und ihre Gewalt zu mildern, damit ich nicht völlig erliege. Wie oft schon hast du früher so an mir getan, „mein Gott, mein Erbarmer" (Ps 59, 18)! Und je schwerer sie mir wird, desto leichter ist „die Wendung durch die Rechte des Allerhöchsten" (Ps 77, 11).

KAPITEL 30

Um Gottes Hilfe beten und darauf vertrauen, die Gnade wiederzuerlangen

1. Suche die Hilfe nur bei mir.
2. Setze deine Hoffnung nicht auf die ungewisse Zukunft.
3. In Widerwärtigkeiten bin ich dir nicht fern, ich prüfe dich nur. Das ist mein Recht. Denke an die Apostel.

1. *(Der Herr:)* Mein Sohn, ich bin der Herr, „der Kraft verleiht am Tage der Not“ (Nah 1, 7). Komm nur zu mir, wenn es dir nicht gut geht. Das ist der Grund, der die Tröstungen des Himmels zumeist verhindert, daß du dich so säumig zum Gebete wendest. Denn bevor du mich ernstlich anrufst, suchst du inzwischen mancherlei anderen Trost und erquickst dich an äußeren Dingen. Und so kommt es, daß alles nur wenig nützt, bis du erkennst, daß ich es bin, der jene, die auf mich hoffen, errettet, und daß es außer mir keine nennenswerte Hilfe, keinen nützlichen Rat und für die Dauer kein Heilmittel gibt. Doch nun, da du nach dem Sturm wieder zu dir gekommen bist, fasse Mut im Blick auf

meine erbarmende, große Liebe. Denn ich bin nahe, spricht der Herr, um alles wieder herzustellen, nicht nur so, wie es gewesen, sondern sogar im Überfluß und Übermaß. „Fällt mir denn irgend etwas schwer?“ (Jer 32, 27). Oder gleiche ich einem, der spricht und sein Wort doch nicht hält“ (Num 23, 19)? Wo ist dein Glaube? Stehe fest und unerschütterlich! Sei langmütig, sei ein Held! Der Trost wird dir zur rechten Stunde zuteil. Harre meiner! Harre! „Ich werde kommen und dich heilen“ (Mt 8, 7).

2. Eine Versuchung ist es, die dich plagt, eine leere Angst, die dich erschreckt. Was bringt dir die Sorge um mögliche zukünftige Dinge anders ein als Trauer über Trauer? „Es genüge dem Tage seine Plage“ (Mt 6, 34). Töricht ist es und unnütz, sich über Künftiges, das vielleicht niemals eintritt, zu ängstigen oder zu beglückwünschen. Aber es ist menschlich, sich von derartigen Einbildungen täuschen zu lassen, und das Zeichen eines kleinen Geistes, der Einflüsterung des Bösen so leicht nachzugeben. Ihm ist es ja gleich, ob er dich mit Wahrheit oder Lüge hintergeht und irreführt, ob dich die Liebe zum Gegenwärtigen oder die Furcht vor dem Künftigen zu Fall bringt.

3. Dein „Herz zage also nicht und erschrekke nicht" (Joh 14, 1.27). Glaube an mich und vertraue meiner Barmherzigkeit. Wenn du meinst, du seiest fern von mir, bin ich dir oft um so näher. Während du fast alles für verloren hältst, steht dir oft ein größerer Lohn bevor. Es ist nicht alles verloren, wenn eine Sache ins Gegenteil umschlägt. Du darfst nicht nach deinem augenblicklichen Empfinden urteilen, noch durch eine Schwierigkeit, woher sie auch kommt, dich so beängstigen und einschüchtern lassen, als sei alle Hoffnung auf Rettung dahin. Glaube nicht, du seiest ganz verlassen, wenn ich dir zeitweise ein Leiden sende oder auch den erwünschten Trost entziehe. Denn so geht man ins Himmelreich. Es nützt dir und meinen übrigen Dienern zweifellos mehr, daß ihr durch Widerwärtigkeiten geprüft werdet, als wenn alles nach eurem Wunsche geht. Ich kenne die geheimen Gedanken, ich weiß, daß du dein Heil besser wirkst, wenn dir zuweilen die Tröstung entzogen wird. Du möchtest dich sonst bei guten Erfolgen überheben und dir selbst gefallen in dem, was du nicht bist. Was ich gegeben habe, kann ich wieder nehmen und kann es wieder zurückerstatten, wenn es mir gefällt. Wenn ich es

gebe, bleibt es mein; wenn ich es nehme, greife ich das Deine nicht an, denn mein ist „jede gute Gabe und jedes vollkommene Geschenk“ (Jak 1, 17). Schicke ich dir ein Leid oder irgendeine Widerwärtigkeit, werde nicht unwillig und mutlos. Ich kann dich schnell wieder aufrichten und alle Last in Freude verwandeln. Aber ich bin gerecht und allen Lobes wert, wenn ich so mit dir verfahre. Wenn du die rechte Einsicht hast und wahrheitsgemäß urteilst, darfst du niemals wegen einer Widerwärtigkeit niedergeschlagen und traurig werden, sollst vielmehr froh sein und danken, ja gerade das als deine einzige Freude ansehen, wenn ich „dich mit Schmerzen heimsuche, ohne deiner zu schonen“ (Ijob 6, 10). „Wie mich der Vater geliebt hat, so liebe ich euch“, sprach ich zu meinen lieben Jüngern (Joh 15, 9). Ich habe sie nicht zum Genusse zeitlicher Freuden ausgesandt, sondern zu schwerem Kampfe, nicht zu Ehrungen, sondern zu Schmähungen, nicht zum Müßiggang, sondern zur Arbeit, nicht zum Ausruhen, sondern zum „Fruchtbringen in Geduld“ (Lk 8, 15). Mein Sohn, bleib dieser Worte eingedenk!

KAPITEL 31

Sich vom Geschaffenen loslösen, um den Schöpfer finden zu können

1. Das Geschaffene hindert die Gottvereinigung; ich muß mich, soweit möglich, von ihm lösen.
2. Die ganze Loslösung ist das Werk einer großen Gnade.
3. Jeder hängt am Äußerlichen, das Äußere wird beachtet, das Innere kaum.

1. *(Der Knecht:)* Herr, ich bedarf wohl noch größerer Gnade, wenn ich dahin gelangen soll, daß kein Mensch und kein Geschöpf imstande ist, mir ein Hemmnis zu sein. Denn solange mich noch irgend etwas zurückhält, kann ich mich nicht frei zu dir emporschwingen. „Wer gibt mir Schwingen gleich der Taube? Ich möchte entfliegen und Ruhe finden" (Ps 55, 7). Der so sprach, wollte ungehemmt empor. Was ist ruhiger als ein Auge ohne Arg? Was ist freier als ein Herz, das nichts auf Erden begehrt? Man muß also die ganze geschöpfliche Welt überschreiten, sich selbst vollkommen verlassen, in tiefer Geistessammlung verharren und zu der Einsicht kommen, daß du, der Schöpfer

des Alls, mit den Geschöpfen nichts gemein hast. Wer nicht von allen Geschöpfen läßt, kann nicht in Freiheit dem Göttlichen zustreben.

2. Darum finden sich nur wenige beschauliche Menschen, weil nur wenige es verstehen, sich von allem Vergänglichen und Geschaffenen völlig zu lösen. Dazu bedarf es einer großen Gnade, welche die Seele erhebt und über sich selbst emporreißt. Ist der Mensch nicht im Geiste erhoben, hat er nicht alles Irdische abgetan und sich gänzlich mit Gott vereinigt, so mag er wissen und besitzen was immer, es ist weiter nicht von Belang. Der wird noch lange klein bleiben und an der Erde kleben, der außer dem einen, unermeßlichen, ewigen Gut noch irgend etwas für groß hält. Alles, was nicht Gott ist, ist nichts und muß für nichts gehalten werden. Es ist ein großer Unterschied zwischen der Weisheit eines erleuchteten, frommen Menschen und dem Wissen eines belesenen, eifrigen Klerikers. Weit edler ist jene Weisheit, die da von oben aus göttlicher Eingebung quillt, als das Wissen, das man sich in mühsamer Geistesarbeit erwirbt. Es gibt nicht wenige, die nach Beschaulichkeit verlangen, aber sie rühren keinen Finger, um zu tun, was dazu

erforderlich ist. Ein großes Hindernis ist, daß man bei Zeichen und sinnfälligen Dingen stehenbleibt und viel zu unabgetötet lebt.

3. Ich weiß nicht, was es ist, welcher Geist uns leitet, und was wir eigentlich wollen, daß wir, die doch, wie es scheint, für Geistesmenschen angesehen werden, so sehr viel Mühe und noch mehr Sorge an vergängliche und belanglose Dinge verschwenden und über unser inneres Leben nur selten einmal ganz gesammelt nachdenken. Wie schmerzlich zu denken! Kaum haben wir uns ein wenig gesammelt, da stürzen wir uns wieder nach außen und unterlassen es, unser Tun einer gewissenhaften Prüfung zu unterziehen. Wir beachten nicht, wo unsere Neigungen wurzeln, und für all das Unreine in uns haben wir keine Träne. „Alles Fleisch hat seinen Weg verdorben" (Gen 6, 12), und deshalb brach die große Sintflut herein. Ist unsere innere Neigung ganz verderbt, so ist notwendig auch das Tun verderbt, das aus ihr folgt; es macht deutlich, daß es an innerer Kraft gebricht und verdorben ist. Aus reinem Herzen sprießt die Frucht eines guten Lebens. Was einer leistet, das wird gefragt. Welche sittliche Kraft ihn dazu an-

treibt, darüber macht man sich weniger Gedanken. Ob einer tapfer, reich, schön, umgänglich, ob er ein guter Schreiber, ein guter Sänger, ein guter Arbeiter ist, das sucht man festzustellen. Aber wie arm im Geiste, wie geduldig, wie sanftmütig, wie fromm und innerlich er ist, darüber schweigen viele. Die Natur sieht auf das Äußere des Menschen, die Gnade wendet sich dem Inneren zu. Jene unterliegt oft der Täuschung, diese hofft auf Gott, um nicht einer Täuschung zu verfallen.

KAPITEL 32

Selbstverleugnung und Absage an alle Begierlichkeit

1. *Laß ab von allem, wozu dich die Begierde drängt.*
2. *Schrecke nicht vor dem Weg der Vollendung zurück; um ihn gehen zu können, erbitte dir meine Weisheit.*

1. *(Der Herr:)* Mein Sohn, du kannst keine vollkommene Freiheit besitzen, wenn du

nicht gänzlich dich selbst verleugnest. Sklaven sind alle, die selbstsüchtig am Eigenbesitz hängen, Sklaven sind die Habsüchtigen, die Neugierigen und Unsteten, „die immer nur das Angenehme suchen, nicht das, was Jesu Christi ist“ (Phil 2, 21), sondern oft nur auf das denken und sinnen, was keinen Bestand hat. Alles, was nicht aus Gott ist, geht zugrunde. Halte dich an das kurze, bündige Wort: Verlaß alles, und du findest alles! Gib die Begierde auf, und du wirst Ruhe haben. Das überdenke in deinem Geiste; wenn du danach lebst, wirst du alles verstehen.

(Der Knecht:) Herr, das ist nicht „das Werk eines Tages“ (Esra 10, 13) und auch kein Kinderspiel, ja in diesem kurzen Wort liegt alle Vollkommenheit religiöser Menschen beschlossen.

2. *(Der Herr:)* Mein Sohn, du darfst dich nicht gleich abschrecken und dir allen Mut nehmen lassen, wenn du von dem Wege der Vollendung hörst. Wisse dich vielmehr aufgerufen, Höheres anzustreben und zum mindesten im Verlangen danach zu entbrennen. Stände es doch so mit dir und wärst du doch soweit gekommen, daß du, statt dich selbst zu lieben, nur meines Winkes gewärtig wärest und auf den Vater sähest, den ich dir

vorgestellt habe! Dann würdest du mir sehr gefallen, und dein ganzes Leben würde in Freude und Friede dahinfließen. Noch mußt du vieles opfern, und wenn du es mir nicht restlos schenkst, wirst du nicht erlangen, was du begehrst. „Ich rate dir, im Feuer geläutertes Gold von mir zu kaufen, damit du reich werdest" (Offb 3, 18), das heißt: die himmlische Weisheit, die alles Niedrige mit Füßen tritt. Auf irdische Weisheit, auf Menschengunst und Selbstgefallen lege keinen Wert. Ich will sagen: Kaufe dir statt dessen, was unter den Menschen als kostbar und wertvoll gilt, etwas, was sie geringschätzen. Die wahre himmlische Weisheit, die nicht hoch von sich denkt und auf Erden keinen Ruhm sucht, erscheint sehr gering und unansehnlich und fast wie der Vergessenheit preisgegeben. Viele preisen sie zwar mit dem Munde, aber ihr Leben paßt ganz und gar nicht dazu. Und doch ist sie „die kostbare" der Menge unbekannte „Perle" (Mt 13, 46).

KAPITEL 33

Das Herz ist unbeständig, doch Gott muß das Endziel sein

1. Das Menschenherz ist gewöhnlich von Stimmungen beherrscht.
2. Der kluge Mensch steht über allen Stimmungen, das Geistesauge auf Gott gerichtet.
3. Die Absicht, Gott und nur Gott zu suchen, ist selten.

1. *(Der Herr:)* Mein Sohn, trau nicht der Stimmung, die dich augenblicklich beherrscht[5]; sie schlägt leicht um. Solange du lebst, bleibst du dem Wandel unterworfen, ob du willst oder nicht. Bald bist du fröhlich, bald traurig; bald ruhig, bald erregt; heute innerlich, morgen ausgegossen; jetzt voll Eifer, dann wieder nachlässig; einmal ernst, ein andermal leichtfertig.

2. Der Weise, der sich im geistlichen Leben gut auskennt, steht über dieser Wandelbarkeit. Er achtet nicht auf seine Stimmungen und fragt sich nicht, von welcher Seite der Wind der Unbeständigkeit weht. Ihm geht es um das eine, daß das ganze Sinnen und Trachten seines Geistes auf das rechte, er-

sehnte Endziel gerichtet sei. So kann er sich selbst gleich bleiben, ohne zu wanken, weil er unter all den vielen Zufälligkeiten das Auge seiner Absicht geradewegs und unablässig auf mich richtet. Je reiner das Auge der Absicht, desto sicherer schreitet er durch die mannigfachen Stürme.

3. Doch das Auge vieler ist, was ihre reine Absicht betrifft, umdunkelt. Es heftet sich leicht an irgendeine Sinnenfreude, die sich gerade darbietet. Denn nur selten findet man einen, der von dem Fehler der Selbstsucht ganz frei wäre. So kamen die Juden einst nach Bethanien zu Martha und Maria, „nicht nur um Jesu willen, sondern auch um Lazarus zu sehen" (Joh 12, 9). Man muß also das Auge des Geistes reinigen, daß es einfältig und gerade sei und über all dem bunten Wechsel an mir haften bleibe.

KAPITEL 34

Gottesliebe ist köstlicher Wohlgeschmack über alles und in allem

1. Wem Gott ein und alles ist, der entbehrt keine Freude.
2. Die Weltfreuden enttäuschen, die Freude an Gott erhebt.
3. Gebet um Läuterung des Herzens.

1. *(Der Knecht:)* Siehe, mein Gott und mein Alles![6] Was will ich mehr? Was kann ich Seligeres verlangen? Köstliches, liebliches Wort! Doch nur für den, der das „Wort" liebt, „nicht die Welt noch das, was in der Welt ist" (1 Joh 2, 15). Mein Gott und mein Alles. Für den, der es versteht, ist damit genug gesagt. Es oft zu wiederholen ist dem, der liebt, eine Freude. Wenn du zugegen bist, ist alles angenehm, bist du aber nicht zugegen, so wird einem alles zum Ekel. Du beruhigst das Herz und schenkst ihm großen Frieden und festliche Freude. Du gibst uns ein, daß wir von allen gut denken und dich in allem loben. Ohne dich kann uns auf die Dauer nichts gefallen. Soll uns etwas angenehm und bekömmlich sein, so dürfen deine

Gnade und die Würze deiner Weisheit nicht dabei fehlen. Wer an dir Geschmack findet, was sollte dem etwa unschmackhaft sein? Wer dich aber fade findet, was kann dem noch Freude bereiten?

2. Die Weisen dieser Welt und alle, die der Sinnenlust frönen, erliegen förmlich vor deiner Weisheit; denn jene sind der Eitelkeit, diese aber dem Tode verfallen. Wer aber die Weltfreuden verschmäht und seinen Leib kasteiet, wird als wahrhaft weise erfunden. Er ist von der Eitelkeit zur Wahrheit, vom Stoff zum Geiste hinaufgeschritten. Der hat Geschmack an Gott, dem wird alles, was er Gutes in den Geschöpfen findet, ein Anlaß zum Lobe des Schöpfers. Durchaus verschieden ist aber der Geschmack an Gott von dem Vergnügen an den Geschöpfen, die Freude am Ewigen von der Freude am Zeitlichen, die Wonne am ungeschaffenen Lichte von der am entzündeten Lichte.

3. Ewiges Licht, das alles erschaffene Licht überstrahlt, „laß deinen Glanz aus der Höhe blitzen“, daß es das Innerste meines Herzens tief durchdringe (Ps 144, 6). Läutere, erfreue, erhelle und belebe meinen Geist samt seinen Kräften, daß ich dir anhange in jubelndem Entzücken! Wann wird diese seli-

ge, ersehnte Stunde kommen, da du mich mit deiner Gegenwart sättigst und mir „alles in allem" bist (1 Kor 15, 28)! Solange mir das noch nicht gewährt ist, fehlt es noch an der vollen Freude. Noch lebt in mir leider der „alte Mensch", noch ist er nicht ganz gekreuzigt, noch nicht völlig tot; noch „begehrt er mächtig auf wider den Geist" (Röm 6, 6; Gal 5, 17); noch erregt er innere Kriege und läßt das Reich der Seele nicht zur Ruhe kommen. Du aber, der „die Gewalt des Meeres beherrscht und das Toben seiner Wogen mäßigt" (Ps 89, 10), erhebe dich und hilf mir! „Zerstreue die Völker, die Krieg wollen" (Ps 68, 31), zermalme sie mit deiner Kraft! Zeige bitte, was du Großes vollbringen kannst! „Verherrliche deine Rechte!" (Sir 36, 7) Denn es bleibt mir keine andere Hoffnung und Zuflucht als du, mein Herr und mein Gott.

KAPITEL 35

In diesem Leben gibt es keine Sicherheit vor der Anfechtung

1. *Dein Leben ist ein Kampf, deine Waffe sei geduldiges Gottvertrauen.*
2. *Mache dich gefaßt auf wenig Ruhe und auf viel Mühe und Leid.*
3. *Halte durch, auch ohne große Tröstungen.*

1. *(Der Herr:)* Mein Sohn, in diesem Leben bist du nie sicher. Solange du lebst, hast du geistliche Waffen nötig. Du bewegst dich unter Feinden; zur Rechten wie zur Linken wirst du bekämpft. Wenn du dich nicht allseits mit dem Schilde der Geduld wappnest, wirst du nicht lange unverwundet bleiben. Überdies, wenn dein Herz nicht fest auf mich vertraut und den aufrichtigen Willen offenbart, alles um meinetwillen zu leiden, kannst du weder des Kampfes Hitze ertragen noch die Palme der Seligen erringen. Du mußt also mutig durch alles hindurchschreiten und mit starker Hand niederzwingen, was dir entgegentritt. Denn „dem Sieger wird das Manna gegeben“ (Offb 2, 17), dem Trägen bleibt viel Elend.

2. Suchst du schon in diesem Leben Ruhe, wie willst du dann zur ewigen Ruhe gelangen? Stelle dich nicht auf viel Ruhe ein, sondern auf große Geduld. Suche den wahren Frieden nicht auf der Erde, sondern im Himmel, nicht bei den Menschen und den übrigen geschaffenen Dingen, sondern allein in Gott. Um der Liebe willen mußt du gern alles auf dich nehmen: Mühen und Leiden, Versuchungen und Qualen, Ängste, Nöte, Krankheiten, Unrecht und Widerspruch, Tadel und Demütigungen, Schmach, Zurechtweisung und Verachtung. Das leitet zur Tugend an, erprobt den Streiter Christi und wirkt die Krone des Himmels. Ich werde die kurze Mühe mit ewigem Lohn vergelten und die vorübergehende Schmach mit einer Herrlichkeit ohne Ende.

3. Meinst du etwa, du könntest immer nach Wunsch die geistlichen Tröstungen haben? Meine Heiligen hatten sie nicht immer. Sie mußten viele Beschwerden, mannigfache Versuchungen und Zustände großer Verlassenheit ertragen. Aber sie hielten in allem geduldig aus und vertrauten mehr auf Gott als auf sich, wohl wissend, „daß die Leiden dieser Zeit in keinem Verhältnis stehen zur künftigen Herrlichkeit", die mit ihnen ver-

dient werden soll (Röm 8, 18). Willst du sogleich haben, was so viele kaum nach vielen Tränen und großen Mühen erlangt haben? „Harre des Herrn, handle mannhaft und sei stark“ (Ps 27, 14). Verzage nicht, und weiche nicht! Setze Leib und Seele standhaft für Gottes Ehre ein! Ich werde es reichlichst vergelten und in aller Bedrängnis bei dir sein.

KAPITEL 36

Das eitle Menschengerede

1. *Laß die Menschen reden; du kannst es nicht allen recht machen.*
2. *Laß dich in kein Gezänk ein, es vergeht wie die Menschen.*

1. *(Der Herr:)* Mein Sohn, „richte dein Herz fest auf den Herrn“ (Ps 55, 23) und fürchte dich nicht vor dem Urteil der Menschen, wenn dein Gewissen dich rein und schuldlos erklärt. Gut ist es und heilsam, zu leiden. Einem demütigen Herzen, das mehr auf Gott als auf sich selbst vertraut, wird das nicht

schwer fallen. Viele reden viel, und darum soll man ihnen wenig Glauben schenken.[7] Es aber allen recht machen ist unmöglich. Wenn Paulus „bestrebt war, allen im Herrn zu gefallen“, wenn er „allen alles wurde“, so hielt er es doch für nichts, „von einem menschlichen Gerichtstag verurteilt zu werden“ (1 Kor 10, 33; 9, 22; 4, 3). Er wirkte für die Erbauung und Rettung anderer, was nur in seinen Kräften lag und so gut er konnte, aber er hat nicht verhindern können, daß er von anderen gelegentlich bekrittelt oder mißachtet wurde. Darum stellte er alles Gott anheim, der ja um alles wußte, und verteidigte sich mit Geduld und Demut gegen „die Menschen, die ihm Böses nachsagten“ (Ps 62, 12) oder törichte Lügen ersannen und sich allerlei nach Willkür erlaubten. Doch hat er ihnen bisweilen geantwortet, damit den Schwachen aus seinem Schweigen kein Ärgernis entstünde.

2. „Wer bist du, daß du dich fürchtest vor einem sterblichen Menschen?“ (Jes 51, 12). Heute ist er noch da, morgen erscheint er nicht mehr. Fürchte Gott, und du zitterst nicht mehr vor den Schrecken der Menschen. Was vermag auch einer gegen dich mit Worten und Kränkungen? Er schadet

sich selbst mehr als dir und kann, wer er auch sei, dem Gerichte Gottes nicht entfliehen. Habe Gott vor Augen und laß dich nicht in Wortgezänk ein. Wenn es für den Augenblick auch den Anschein hat, als wärest du unterlegen und müßtest eine unverdiente Schmach erleiden, so werde deswegen nicht unwillig und mindere nicht durch Ungeduld den Wert deiner Krone. Erhebe vielmehr deine Augen zu mir in den Himmel; ich habe die Macht, dich aller und jeder Unbill zu entreißen und „einem jeden zu vergelten nach seinen Werken“ (Mt 16, 27).

KAPITEL 37

Durch lautere und umfassende Selbstentäußerung zur Freiheit des Herzens

1. *Verzichte ganz, ohne Vorbehalt und immer auf deinen Eigenwillen.*
2. *Wer ganz verzichtet, wird Gott besitzen und mit ihm Frieden und Freiheit.*

1. *(Der Herr:)* Mein Sohn, verlasse dich, und du wirst mich finden. Sei wunschlos und selbstlos, so wirst du immer gewinnen. Denn du wirst ein größeres Maß an Gnaden erhalten, sobald du auf dich selbst verzichtest und dieses Opfer nicht zurücknimmst.
(Der Knecht:) Herr, wie oft soll ich auf mich verzichten, und in welchen Dingen mich verlassen?
(Der Herr:) Immer, zu jeder Stunde, im Kleinen wie im Großen. Ich nehme nichts aus. Von allem will ich dich entäußert finden. Wie anders könntest du mein und ich dein sein, wenn du nicht innerlich und äußerlich jede Regung des Eigenwillens aufgegeben hast? Je schneller du dies vollbringst, um so besser wird es mit dir stehen, und je gründlicher und aufrichtiger du es tust, um so wohlgefälliger wirst du mir sein, und um so mehr wirst du dabei gewinnen.
Manche entäußern sich zwar, aber nur mit einem gewissen Vorbehalt. Sie haben kein volles Gottvertrauen und sind deshalb bemüht, sich vorzusehen. Andere opfern anfänglich alles, später jedoch kehren sie unter dem Druck der Versuchung zu ihrem Eigenen zurück. So machen sie nicht den geringsten Fortschritt in der Tugend. Zur wah-

ren Freiheit des reinen Herzens und zu meiner gnadenhaften beseligenden Freundschaft werden sie nur gelangen, wenn sie gänzlich auf sich verzichten und sich täglich zum Opfer bringen. Ohne dies wird es weder heute noch in Zukunft eine segensreiche Einigung geben.

2. Ich sagte es dir schon oft und sage es wieder: Verlasse dich, opfere dich, und du wirst einen tiefen inneren Frieden genießen. Gib alles für alles, nimm nichts aus, fordere nichts zurück! Stütze dich lauter und ohne Bedenken auf mich, so wirst du besitzen, wirst innerlich frei sein, und „die Finsternisse werden dich nicht überfallen“ (Ps 139, 11). Dies eine erstrebe, erbitte und ersehne, daß du ohne jedes Eigentum arm dem armen Jesus folgen, dir selber sterben und ewig für mich leben kannst. Dann werden alle eitlen Einbildungen, alle törichten Unruhen und überflüssigen Sorgen verschwinden. Auch die übermäßige Furcht wird weichen, und die Liebe, die sich an keine Ordnung hält, wird sterben.

KAPITEL 38

Die äußeren Dinge gut in Ordnung halten, in Gefahren zu Gott seine Zuflucht nehmen

1. Stehe über dem Zeitlichen mit dem Blick auf das Ewige.

2. Bringe alle Nöte, Zweifel und Fragen vor Gott.

1. *(Der Herr:)* Mein Sohn, auf eines mußt du mit allem Eifer achten: Halte dich innerlich frei und bleibe deiner mächtig, wo du auch bist und was du auch nach außen tust und unternimmst. Stehe über den Dingen, nicht unter ihnen. Sei Herr und Lenker deiner Handlungen, nicht ihr Knecht oder Sklave, vielmehr ein freier, echter Hebräer, der in den Stand und in die Freiheit der Kinder Gottes eintritt. Diese stehen über dem Gegenwärtigen und schauen zum Ewigen hinüber. Sie sehen das Vergängliche mit dem linken Auge und mit dem rechten das Himmlische. Das Zeitliche lockt sie nicht; sie hangen ihm auch nicht an. Vielmehr stellen sie es in ihren eigenen Dienst, so wie es von Gott, dem höchsten Werkmeister, ange-

ordnet ist. Seine Schöpfung kennt keine Unordnung.

2. Wenn du bei allem, was sich ereignet, nicht am äußeren Scheine haften bleibst und das, was dir zu Gesicht oder zu Ohren kommt, nicht mit den leiblichen Sinnen betrachtest, sondern in jedem Falle alsbald mit Mose in die Stiftshütte gehst, um den Herrn zu befragen, wirst du bisweilen eine göttliche Antwort hören und, belehrt über viele Dinge der Gegenwart und Zukunft, zurückkehren. Mose nahm stets seine Zuflucht zum Zelte, wenn er Zweifel und Fragen gelöst haben wollte. Im Gebet suchte er seine Hilfe, wenn es galt, Gefahren und Anschläge von seiten der Menschen abzuwenden. So mußt auch du in das stille Heiligtum deines Herzens fliehen und inständig den Beistand Gottes erflehen. Darum wurden Josua und die Söhne Israels, wie wir lesen, von den Gibeonitern hintergangen: „sie hatten den Mund des Herrn nicht befragt" (Jos 9, 14), sondern ihrer Leichtgläubigkeit zu sehr nachgegeben und sich durch Schmeichelworte und falsche Frömmigkeit täuschen lassen.

KAPITEL 39

Der Mensch soll in seinen Unternehmungen nicht rücksichtslos sein

1. Überlege in Ruhe vor Gott.
2. Plane und handle ohne Leidenschaft.

1. *(Der Herr:)* Mein Sohn, stelle deine Sache immer nur mir anheim; ich werde zur rechten Zeit die rechte Anordnung treffen. Warte auf meine Verfügung. Du wirst den günstigen Fortgang, der sich daraus ergibt, zu spüren bekommen.
(Der Knecht:) Herr, sehr gern stelle ich dir alles anheim; denn mit meinem eigenen Überlegen kann ich nur wenig ausrichten. Wenn ich mich nur nicht soviel mit der Zukunft beschäftigte, sondern mich ohne Verzug an deinen Ratschluß hielte!
2. *(Der Herr:)* Mein Sohn, der Mensch verfolgt oft leidenschaftlich ein Ziel, das ihn reizt; hat er es aber erreicht, beginnt er schon anders zu denken. Leidenschaften gehen nicht dauernd auf dasselbe Ziel; sie treiben von einem zum anderen. Es ist also nichts Geringes, im Geringsten sich selbst zu

verleugnen. Der wahre Fortschritt des Menschen liegt darin, daß er auf sich selbst verzichtet. Tut er das, so ist er ganz frei und sicher. Doch der alte Feind, der allem Guten widerstrebt, läßt nicht ab, dich zu versuchen. Tag und Nacht sinnt er auf schwere Nachstellungen, ob er etwa den Unvorsichtigen in die täuschende Schlinge locken könne. „Wachet und betet“, spricht der Herr, „daß ihr nicht in Versuchung fallet“ (Mt 26, 41).

KAPITEL 40

Aus sich selbst hat der Mensch nichts Gutes, und er kann sich über nichts rühmen

1. *Ich bin nichts, vermag nichts und darf nichts verlangen.*
2. *In Gottes Kraft kann ich zur Beständigkeit und Ruhe kommen.*
3. *Auf Menschenlob habe ich keinen Anspruch, und das Lob zu suchen ist Torheit.*
4. *Gott kann sich rühmen wegen seiner Größe, ich nur wegen meiner Schwachheit.*

1. *(Der Knecht:)* Herr, „Was ist der Mensch, daß du seiner gedenkst, was ist des Menschen Sohn, daß du ihn besuchst?“ (Ps 8, 5). Wodurch hat der Mensch verdient, daß du ihm deine Gnade schenkst? Herr, wie kann ich mich beklagen, wenn du mich verläßt; oder was kann ich mit Recht einwenden, wenn du mir nicht gewährst, um was ich bitte? (Gen 44, 16). Dies kann ich in Wahrheit denken und sagen: Herr, ich bin nichts, ich kann nichts, ich habe von mir aus nichts Gutes, ich versage in allem, und immer geht mein Sinnen auf das Nichts. Wenn ich von dir nicht gestützt und innerlich geformt werde, bin ich ganz lau und haltlos.

2. Du aber, Herr, „bist stets derselbe“ (Ps 102, 28) und bleibst immer und ewig: gut, gerecht und heilig. Gut, gerecht und heilig wirkst und ordnest du alles in Weisheit. Ich hingegen neige mehr zum Rückschritt als zum Fortschritt und ändere meine Haltung immerfort; denn „sieben Zeiten wechseln über mir“ (Dan 4, 13). Doch schnell wird es besser, wenn es dir gefällt, mir deine helfende Hand zu reichen. Du allein kannst mir ohne menschliche Stütze beispringen und mich in einem Maße stärken, daß „sich mein Antlitz nicht mehr abkehrt“ (vgl.

1 Sam 1, 18), sondern daß mein Herz dir allein zugewandt ist und in dir ruht. Wenn ich es doch verstände, auf allen menschlichen Trost zu verzichten, um die Gabe der Andacht zu erlangen oder um dem starken Drang meiner Sehnsucht nach dir begegnen zu können! Denn niemand hat ein Wort des Trostes für mich. Dann könnte ich mit Recht auf deine Gnade hoffen und über das Geschenk einer neuen Tröstung jubeln.

3. Dank sei dir, von dem alles Gute kommt, sooft es mir wohlergeht! Ich aber bin vor dir eine Leere und ein Nichts, ein unbeständiger, schwacher Mensch. Wessen könnte ich mich rühmen? Oder weshalb verlange ich nach Ansehen? Vielleicht für das Nichts? Das wäre die größte Torheit. Wahrhaftig, die eitle Ehre ist eine schlimme Pest und eine Torheit ohnegleichen. Sie lenkt von der wahren Ehre ab und beraubt uns der Gnade des Himmels. Wenn der Mensch sich selbst gefällt, mißfällt er dir, wenn er nach Menschenlob giert, geht er der wahren Tugend verlustig. Wahre Ehre und heiliges Frohlokken ist es, sich in dir zu rühmen, nicht in sich selbst; sich deines Namens zu freuen, nicht an der eigenen Tugend und am Ge-

schöpflichen Gefallen zu finden, es sei denn zu deiner Ehre.

4. Dein Name sei gepriesen, nicht der meine; dein Werk werde verherrlicht, nicht das meine. Gebenedeit sei dein heiliger Name, mir aber werde kein Menschenlob zuteil. Du bist mein Ruhm, du der Jubel meines Herzens. In dir will ich mich rühmen, in dir den ganzen Tag frohlocken, mich selbst aber will ich höchstens „meiner Schwäche wegen rühmen“ (2 Kor 12, 5). „Mögen die Juden Ehre voneinander suchen“ (Joh 5, 44), ich suche den Ruhm, der allein von Gott kommt. Aller Menschenruhm, alle zeitliche Ehre, alle Hoheit der Welt ist, verglichen mit deiner ewigen Herrlichkeit, eitle Torheit. Meine Wahrheit, mein Erbarmen, mein Gott! Heilige Dreieinigkeit! Dir allein sei Lob, Ehre, Macht und Ruhm durch die endlose Ewigkeit.

KAPITEL 41

Die Verachtung aller zeitlichen Ehre

1. Der Herr tröstet die schlichten Leute.
2. Bekenntnis der schlichten Leute: Wegen unserer Sünden steht uns auch nichts zu.

1. *(Der Herr:)* Mein Sohn, nimm es dir nicht so zu Herzen, wenn du siehst, daß andere geehrt und erhöht werden, du aber geringgeschätzt und gedemütigt wirst. Erhebe dein Herz zu mir in den Himmel, und du wirst nicht mehr darüber traurig sein, daß die Menschen auf Erden dich nicht achten.

2. *(Der Knecht:)* Herr, wir sind mit Blindheit geschlagen und lassen uns leicht von nichtssagenden Dingen in die Irre führen. Wenn ich mich recht betrachte, ist mir noch nie von irgendeinem Geschöpf Unrecht geschehen. Darum habe ich auch keine Ursache, mich über dich zu beklagen. Da ich aber oft und schwer vor dir gesündigt habe, steht mit Recht jedes Geschöpf wider mich auf. Mir gebührt billigerweise Schmach und Schande, dir aber Lob, Ehre und Ruhm. Wenn ich nicht bereit bin, gern von aller Welt verachtet und verlassen zu sein und für nichts ge-

halten zu werden, ist an einen inneren Frieden, an Festigkeit, geistliche Erleuchtung und vollkommenes Einssein mit dir nicht zu denken.

KAPITEL 42

Auf Menschen ist kein Verlaß, wenn es um den Frieden geht

1. *Freundesliebe ist nur gut, wenn sie beiderseitig in Gott gründet.*
2. *Der bereite Verzicht auf eine besondere Liebe von seiten der Menschen führt tiefer in Gott.*

1. *(Der Herr:)* Mein Sohn, wenn du deinen Frieden auf irgendeinen Menschen gründest, der dir gefühlsmäßig oder durch das Zusammenleben nahesteht, bleibst du unstet und unfrei. Nimmst du aber deine Zuflucht zur lebendigen, bleibenden Wahrheit, wirst du nicht traurig werden, ob auch ein Freund sich zurückzieht oder stirbt. Freundesliebe muß in mir gründen, um meinetwillen mußt du lieben, wer immer dir gut und teuer scheint in diesem Leben. Ohne mich hat die

Freundschaft weder Bestand noch Dauer. Eine Liebe, deren Bande ich nicht knüpfe, ist keine wahre und reine Liebe.

2. Solchen Neigungen zu lieben Menschen mußt du so abgestorben sein, daß du, soweit an dir liegt, auf allen Umgang mit Menschen verzichten möchtest. In dem Maße, als der Mensch sich von allem irdischen Troste immer weiter zurückzieht, nähert er sich mehr und mehr Gott. Und er steigt um so höher zu Gott empor, je tiefer er in sich selber hinabsteigt und je geringer er sich vorkommt. Wer sich aber etwas Gutes zuschreibt, versperrt der Gnade den Weg zu seinem Innern; denn die Gnade des Heiligen Geistes sucht immer ein demütiges Herz. Wenn du es verständest, dich als ein reines Nichts anzusehen und alle Liebe zum Irdischen abzuwerfen, dann würde ich mich und meine vielen Gnaden dir schenken müssen. Siehst du aber auf die Kreaturen, dann wird dir der Anblick des Schöpfers entzogen. Lerne dich in allem um des Schöpfers willen überwinden, dann wird es dir gelingen, göttlich tief zu erkennen. Was immer wir gegen die Ordnung lieben, mag es auch nur eine Kleinigkeit sein, hält vom höchsten Gute zurück und entwürdigt.

KAPITEL 43

Gegen das eitle und weltliche Wissen

1. *Das wahre Wissen quillt aus Gottes Wort und Wesen.*
2. *Das wahre Wissen überstrahlt alles Menschenwissen.*
3. *Das wahre Wissen drängt zur Lebensbesserung.*
4. *Das wahre Wissen vermittelt Gott auf die verschiedenste Weise.*

1. *(Der Herr:)* Mein Sohn, laß dich nicht verwirren durch schöne, scharfsinnige Worte der Menschen. „Das Reich Gottes besteht nicht im Worte, sondern in der Kraft" (1 Kor 4, 20). Auf meine Worte aber achte. Sie entzünden das Herz und erleuchten den Geist, führen zur Reue und bringen mancherlei Trost. Lies niemals ein Wort, um gelehrter und weiser erscheinen zu können. Sei bestrebt, deine Fehler abzulegen; das wird dir mehr Nutzen bringen als die Kenntnis vieler schwieriger Fragen. Hast du vieles gelesen und erkannt, kehre immer wieder zu dem einen Urgrund zurück; das ist notwendig.

2. Ich bin es, der „die Menschen das Wissen

lehrt“ (Ps 94, 10). Ich gebe den Kleinen ein Verstehen, das heller ist, als Menschenlehre es vermitteln kann. Zu wem ich spreche, der wird schnell weise sein und viel zunehmen im Geiste. Wehe denen, die wer weiß was alles von den Menschen zu erfahren suchen und sich um die Frage, wie sie mir dienen können, kaum kümmern. Kommen wird die Zeit, da der Meister der Meister, Christus, der Herr der Engel, erscheint, um allen ihre Lektion abzuhören, d. h. um jedes Gewissen zu prüfen. Dann wird „Jerusalem mit Laternen durchsucht“ (Zef 1, 12), das „dichteste Dunkel wird offenbar werden“ (1 Kor 4, 5), und die Zungen werden keine Beweise mehr vorbringen.

3. Ich bin es, der den demütigen Geist in einem Augenblick so erhebt, daß er gründlicher in die ewige Wahrheit eindringt, als wenn einer zehn Jahre an den Schulen studiert hätte. Meine Lehre ist kein Schwall von Worten, kein Durcheinander von Meinungen, kein Suchen nach Anerkennung, keine Beweisfechterei. Ich bin es, der da lehrt, die Augen vom Irdischen abzulenken, das Gegenwärtige zu verschmähen, das Ewige zu suchen und zu kosten, die Ehren zu fliehen, Ärgernisse zu ertragen, alle Hoff-

nung auf mich zu setzen, außer mir nichts zu wünschen und mich über alles glühend zu lieben.

4. Einer, der mich innig liebte[8], wurde dadurch des Göttlichen inne und sprach wunderbare Worte. Indem er alles verließ, hat er größere Fortschritte gemacht, als wenn er hohen Studien obgelegen hätte. Doch rede ich zu diesen nur über allgemeine, zu jenen über besondere Fragen. Dem einen erscheine ich in lieblichen Zeichen und Bildern, den anderen enthülle ich die Geheimnisse in einer Fülle von Licht. Die heiligen Bücher reden mit einer Sprache, aber sie unterrichtet nicht alle in gleicher Weise. Denn ich bin innerlich als Lehrer tätig, ich, die Wahrheit. Ich „erforsche das Herz" (Weish 1, 6), ich kenne die Gedanken, ich treibe zur Tat, ich teile einem jeden zu, wie ich es für recht finde.

KAPITEL 44

Man soll äußerliche Dinge nicht an sich ziehen

1. Der Herr mahnt, Auge, Ohr und Zunge vor Berührung mit der Welt zu schützen.
2. Der Diener klagt, daß der Mensch über den Dingen der Welt so leicht seine Seele vergißt.

1. *(Der Herr:)* Mein Sohn, in vielen Dingen mußt du unwissend sein. Du magst dir vorkommen als einer, der für diese Welt schon gestorben und dem „die ganze Welt gekreuzigt ist" (Gal 6, 14). Es ist auch notwendig, daß du an vielem mit taubem Ohr vorübergehst und mehr an das denkst, was dir zum Frieden dient. Es ist besser, die Augen von mißfälligen Dingen abzuwenden und jedem seine Meinung zu lassen, als ihm mit aufgeregten Worten zu dienen. Wenn du mit Gott gut stehst und sein Gericht vor Augen hast, wird es dir leichter werden, dich für besiegt zu erklären.
2. *(Der Knecht:)* Herr, wohin ist es mit uns gekommen? Siehe, wir weinen um einen zeitlichen Verlust, wir mühen uns ab und machen Wege über Wege um eines kleinen

Gewinnes willen. Haben wir aber Schaden an der Seele erlitten, das vergessen wir, und später erinnern wir uns kaum noch daran. Was wenig oder gar keinen Vorteil bringt, das beachten wir, was uns aber so sehr not täte, übergehen wir mit Gleichgültigkeit. Denn so ist nun einmal der Mensch nach seinem ganzen Wesen: er verliert sich an die Außenwelt. Wenn er sich nicht bald besinnt, bleibt er gern dem Äußeren verhaftet.

KAPITEL 45

Man darf nicht jedem trauen, und leicht fehlt man mit seinen Worten

1. *Verlaß dich auf Gott allein, nicht auf Menschen.*
2. *Wer auf Gott vertraut, hat auch als schwacher Mensch fest gebaut.*
3. *Die Warnung Gottes vor Vertrauensseligkeit ist ein weiser Rat.*
4. *Es ist klug, vor den Menschen zu schweigen.*

1. *(Der Knecht:)* „Herr, hilf mir in meiner Not, denn auf Menschenhilfe ist kein Verlaß“ (Ps 60, 13). Wie oft habe ich dort keine

Treue gefunden, wo ich sie zu finden glaubte. Wie oft habe ich sie dort gefunden, wo ich sie kaum erwartet hatte. Die Hoffnung auf Menschen trügt, „das Heil der Gerechten ruht in dir, o Gott“ (Ps 37, 39). Gepriesen seist du, Herr, mein Gott, in allem, was uns begegnet. Wir sind schwach und unbeständig, lassen uns schnell täuschen und sind alle Augenblicke anders. Wer vermag sich in allem so vorsichtig und behutsam zu verhalten, daß er nicht ab und zu einer Täuschung erläge oder in eine Verlegenheit geriete? Wer aber auf dich, Herr, vertraut und dich aufrichtigen Herzens sucht, kommt nicht so leicht zu Fall. Sollte er einmal in Not geraten, und wäre diese noch so verwikkelt, er wird schnellstens von dir befreit und getröstet. Du lässest keinen im Stich, der auf dich vertraut. Ein treuer Freund, der in allen Leiden des Freundes aushält, ist selten. Du aber, Herr, bist in allem der ganz Getreue; außer dir ist keiner so wie du.

2. Wie recht hatte doch jene heilige Seele, die da sprach: „Mein Geist steht in einem festen Grunde: in Christus.“[9] Stünde es auch mit mir so, ich würde nicht so leicht ein Opfer der Menschenfurcht und der spitzen Reden. Wer kann auch alles vorausse-

hen, wer den kommenden Übeln begegnen? Wenn schon Vorausgesehenes uns oft so hart trifft, welche schmerzliche Wunden schlägt uns erst das unerwartete Leid![10] Aber warum habe ich Unglücklicher nicht besser für mich vorgesorgt? Warum habe ich anderen so leicht geglaubt? Doch wir sind Menschen und nichts anderes als gebrechliche Menschen, wenn uns auch viele für Engel halten und auch so nennen. Wem soll ich noch glauben, Herr? Wem außer dir? Du bist die Wahrheit, die nicht täuscht und keiner Täuschung erliegen kann. Und nochmals: „Jeder Mensch ist verlogen" (Ps 116, 11), schwach, unbeständig und wankelmütig, vor allem in Worten, so daß man kaum sofort glauben darf, was zunächst glaubwürdig klingt.

3. Wie weise war es von dir, uns zeitig zu ermahnen, daß wir „vor den Menschen auf unserer Hut sein sollen" (Mt 10, 17), „daß die Hausgenossen des Menschen dessen Feinde sind" (Mt 10, 36) und „daß wir dem keinen Glauben schenken, der etwa sagt: Siehe, hier ist er oder dort" (Mt 24, 23). Durch Schaden bin ich klug geworden, hoffentlich zu meiner größeren Vorsicht und nicht zu meiner Beschämung. Sei still, sagt

einer, sei still, behalte für dich, was ich dir sage. Und während ich nun schweige und glaube, daß es geheimgehalten werde, kann jener nicht für sich behalten, was er verschwiegen wissen wollte, und geht hin und verrät mich und sich. Vor derartigem Geschwätz und solchen Menschen beschütze mich, Herr! Laß mich nicht in ihre Hände fallen und ähnliche Torheiten begehen! Lege mir ein wahres, verlässiges Wort in den Mund, die verschlagene Zunge aber halte fern von mir. Was ich selber nicht erleiden möchte, muß ich auf alle Weise vermeiden.

4. Wie gut ist es und wie sehr dient es dem Frieden, über andere zu schweigen, nicht vorbehaltlos alles zu glauben und das Gehörte leichtfertig weiterzutragen. Wie gut, wenn man sich nur wenigen offenbart, dich als „den Wächter des Herzens" (Spr 24, 12) befragt, und sich nicht „von jedem Winde der Worte hin und her bewegen läßt" (Eph 4, 14), sondern alles, die Heimlichkeiten des Herzens und die äußeren Dinge, nach deinem Wunsch und Willen zu regeln wünscht. Wie sicher ist es für die Bewahrung der himmlischen Gnade, nicht vor Menschen aufzutreten! Wie klug, dem zu entfliehen, was nach außen Bewunderung zu erregen

scheint! Strebe vielmehr mit Eifer danach, dein Leben zu bessern und es mit Liebe zu erfüllen. Wie vielen hat es geschadet, daß ihre Tugend vor der Zeit bekannt und gelobt wurde! Und wie heilsam war es, die Gnade in Schweigen zu hüllen in diesem gebrechlichen Leben, das, wie es heißt, nur „Kampf und Versuchung“ ist (Ijob 7, 1).

KAPITEL 46

Man soll auf Gott vertrauen, wenn einen Worte verletzen

1. *Wenn immer wider dich gesprochen wird, vertraue auf Gott.*
2. *Deine Aufregung über die Worte der Menschen ist verletzte oder bedrohte Eigenliebe.*
3. *Fürchte die Kritik nicht; denn sie geschieht nicht ohne Gottes Zulassung.*
4. *Gebet um die Kraft, menschliche Kritik ertragen zu können.*

1. *(Der Herr:)* Mein Sohn, stehe fest und vertraue auf mich. Was sind Worte anders als Worte? Sie fliegen durch die Luft, verletzen

aber keinen Stein. Bist du schuldig, so denke daran, dich bereitwillig zu bessern. Bist du dir keines Fehlers bewußt, so sieh zu, daß du es um Gottes willen gern erträgst. Es ist wenig genug, daß du nur bisweilen einige Worte zu ertragen hast, der du stärkere Schläge noch nicht auszuhalten vermagst.

2. Und warum greifen dich ganze Kleinigkeiten so sehr an? Doch wohl nur, weil der alte Mensch noch in dir lebt und weil du mehr als nötig auf die Mitwelt achtest. Da du fürchtest, verachtet zu werden, willst du wegen deiner Fehltritte keinen Tadel über dich ergehen lassen und verbirgst dich im Schattendunkel der Entschuldigungen. Doch prüfe dich einmal genauer, und du wirst erkennen, daß die Welt noch in dir lebt und die törichte Sucht, den Menschen zu gefallen. Indem du dich zurückziehst, um für deine Fehler nicht erniedrigt und beschämt zu werden, wird offenbar, daß du weder wahrhaft demütig noch der Welt abgestorben bist, noch daß die Welt dir gekreuzigt ist. Aber höre auf mein Wort, und du wirst dich um zehntausend Menschenworte nicht kümmern. Siehe, wenn alles, was an Schlechtigkeit nur ersonnen werden kann, gegen dich ausgesagt würde, was würde es

dir schaden, wenn du es gänzlich hingehen ließest und ihm nicht mehr Beachtung schenktest als etwa einem Strohhalm. Könnte dir das auch nur ein Haar ausreißen? Wer jedoch nicht innerlich ist, noch Gott vor Augen hat, kommt leicht durch ein Tadelwort aus der Fassung.

3. Wer aber auf mich vertraut und sich nicht auf sein eigenes Urteil versteifen will, wird keine Menschenfurcht kennen. Denn ich bin der Richter, ich „kenne alle Geheimnisse“ (Dan 13, 42). Ich weiß, wie die Sache verlief, ich kenne den Täter und den Dulder. Von mir ging jenes Wort aus, mit meiner Zulassung ist es gefallen, „damit die Gedanken vieler Herzen offenbar würden“ (Lk 2, 35). Ich werde den Schuldigen und den Unschuldigen richten, zuvor aber wollte ich jeden im geheimen Gericht prüfen. Das Zeugnis der Menschen täuscht oft, mein Urteil hingegen ist wahr. Es bleibt bestehen und wird nicht umgestoßen. Es ist zumeist verborgen, nur wenigen enthüllt es sich im einzelnen. Doch irrt es nie und kann nicht irregehen, auch wenn es den Augen der Toren falsch erscheint. An mich also soll man sich wenden, wenn es um ein Urteil geht, und sich nicht auf seine eigene Meinung verlassen. „Der

Gerechte wird nicht aus der Fassung geraten, was auch immer Gott über ihn kommen läßt" (Spr 12, 21). Selbst wenn ungerechterweise etwas gegen ihn vorgebracht würde, es kümmert ihn wenig. Allerdings wird er auch nicht nach Weltart frohlocken, wenn andere ihn mit guten Gründen verteidigen. Er bedenkt nämlich, daß ich „Herz und Nieren durchforsche" und daß ich nicht „nach dem Ansehen und dem äußeren Schein urteile" (Offb 2, 23; Joh 7, 24). Denn oft wird in meinen Augen als schuldhaft erfunden, was nach dem Urteil der Menschen für lobenswert gehalten wird.

4. *(Der Knecht:)* Herr, „Gott, gerechter, starker, geduldiger Richter" (Ps 7, 12) du kennst die Hinfälligkeit und Bosheit der Menschen. Sei meine Kraft, meine ganze Zuversicht; denn das Zeugnis meines Gewissens genügt mir nicht. Du weißt, was ich nicht weiß; deshalb hätte ich mich bei jedem Tadel demütigen und gelassen ausharren sollen. Verzeihe mir gnädig, sooft ich anders gehandelt habe, und schenke mir wieder die Gnade größerer Geduld. Es ist besser für mich, deine reiche Barmherzigkeit anzurufen, um Nachsicht zu finden, als meine vermeintliche Gerechtigkeit, um mein Gewissen zu rechtfertigen,

das mir selbst ein Geheimnis ist. „Wenn ich mir auch gar keiner Schuld bewußt bin, so kann ich mich damit doch nicht rechtfertigen" (1 Kor 4, 4); denn ohne deine Barmherzigkeit „wird kein Lebender in deinen Augen gerecht erfunden" (Ps 143, 2).

KAPITEL 47

Alles Schwere muß um des ewigen Lebens willen ertragen werden

1. *Trage des Lebens Mühen mit dem Blick auf den unvergänglichen Lohn.*
2. *Das Erbe des Himmels ist wahrlich der Mühe wert.*

1. *(Der Herr:)* Mein Sohn, laß dich durch die Mühen, die du um meinetwillen auf dich genommen hast, nicht niederbeugen, noch durch die Trübsale dich dauernd entmutigen. Was immer dir begegnet, meine Verheißung stärke und tröste dich. Ich bin imstande, dir über alle Weise und über alles Maß zu vergelten. Nicht lange wirst du dich hier abmühen, und nicht ohne Ende wirst du lei-

den müssen. Warte nur eine Weile, und du wirst sehen, wie schnell das Leid vorübergeht. Kommen wird die Stunde, da alle Mühsal und Unruhe vergeht. Unbedeutend und kurz ist alles, was mit der Zeit vergeht. Tu, was dir zu tun obliegt; arbeite treu in meinem Weinberg. Ich selber bin dein Lohn. Schreibe, lies, singe, verlange nach mir, schweige, bete, trage männlich, was dir quer kommt; denn all dieser und noch größerer Kämpfe ist das ewige Leben wert. Kommen wird der Friede an einem Tage, der dem Herrn bekannt ist. Da gibt es nicht mehr Tag und Nacht wie in dieser Zeit, sondern immerwährendes Licht, endlose Klarheit, dauerhaften Frieden und ungestörte Ruhe. Dann wirst du nicht mehr sagen: „Wer befreit mich vom Leibe dieses Todes?“ (Röm 7, 24). Noch wirst du rufen: „Wehe mir, daß meine Pilgerschaft verlängert wurde!“ (Ps 120, 5). Denn der Tod wird getötet werden, und deinem Heil wird nichts mehr mangeln. Alle Angst ist geschwunden. Es gibt nur noch selige Freude und ein köstliches, liebes Beisammensein.

2. Könntest du doch die unvergänglichen Kronen der Heiligen im Himmel sehen! Könntest du schauen, wie groß die Herrlich-

keit ist, in der sie jetzt frohlocken, sie, die einst der Welt so verächtlich und gewissermaßen des Lebens selbst unwert erschienen. Fürwahr du würdest dich gleich bis zur Erde beugen und lieber allen untergeben als einem vorgesetzt sein. Es würde dich nicht mehr gelüsten nach den fröhlichen Tagen dieses Lebens, vielmehr würdest du dich freuen, um Gottes willen Leiden zu ertragen, und es für den größten Gewinn betrachten, unter den Menschen so gut wie nichts zu gelten. Wenn das in seiner Köstlichkeit tief in dein Herz einginge, ob du es wohl wagen würdest, auch nur einmal zu klagen? Muß man nicht für das ewige Leben alle Mühen auf sich nehmen? Es ist keine Kleinigkeit, das Reich Gottes zu verlieren oder zu gewinnen. Erhebe deine Augen zum Himmel! Siehe, ich und alle Heiligen mit mir, die in dieser Welt einen schweren Kampf zu bestehen hatten, jetzt freuen sie sich, jetzt werden sie getröstet. Jetzt sind sie in Sicherheit, genießen der Ruhe und bleiben ohne Ende bei mir im Reiche meines Vaters.

KAPITEL 48

Der Tag der Ewigkeit und die Bedrängnisse dieses Lebens

1. Meine Seele frohlockt im Blick auf den Himmel.
2. An die Erde gefesselt sehne ich mich nach dem Himmel.
3. Gebet um die Überwindung des Irdischen und um das heiße Verlangen nach dem Himmlischen.

1. *(Der Knecht:)* O selige Bleibe in der Stadt des Himmels! Du lichter Tag der Ewigkeit, den keine Nacht verdunkelt, den die Wahrheit immerfort in Fülle durchstrahlt! Du immer froher, sicherer Tag, der nie ins Gegenteil umschlägt! Daß er doch aufstrahlte! Daß doch alles Zeitliche schon vorüber wäre! Zwar leuchtet er den Heiligen ununterbrochen in nie getrübter Klarheit, den Pilgern auf Erden aber nur von weitem und wie „in einem Spiegel" (1 Kor 13, 12). Die Bürger des Himmels wissen, wie freudenreich jener Tag ist; „die verbannten Kinder Evas"[11] leiden des Lebens Bitterkeit und Ekel.

2. Die Tage dieser Zeit sind „kurz und böse"

(Gen 47, 9), voller Schmerzen und Ängste. Da ist der Mensch von den vielen Sünden verunreinigt, von vielen Leidenschaften umstrickt, von großer Furcht gefangen, von vielen Sorgen gehetzt, von starker Neugier abgelenkt, in viele Torheiten verwickelt, von vielen Irrtümern umstrickt, von vieler Arbeit erschöpft, mit Versuchungen belastet, von den Lüsten entnervt und an das Kreuz der Armut geheftet. Wann wird das Ende dieser Übel kommen, wann werde ich aus der elenden Knechtschaft der Laster befreit werden? Wann werde ich nur mehr deiner gedenken, Herr, wann vollkommen froh sein in dir? Wann werde ich ohne jedes Hindernis, in der wahren Freiheit sein, ohne Beschwerden des Geistes und des Leibes? Wann wird der dauerhafte, unzerstörbare, gesicherte Friede kommen, der Friede im Innern und nach außen, der Friede, der auf ganz festem Grunde ruht? Guter Jesus, wann werde ich eine dauernde Stätte haben, dich zu schauen, wann die Herrlichkeit deines Reiches genießen, wann wirst du mir alles in allem sein? Wann bin ich bei dir in deinem Reiche, das du deinen geliebten Freunden von Ewigkeit bereitet hast? Verlassen bin ich, arm und verbannt in feindlichem Lande, wo mich Kriege über Kriege und schwere Heimsuchungen umgeben. Tröste mich in meiner Verbannung, mildere meinen Schmerz; denn all mein Sehnen geht zu dir. Eine Last ist mir alles, was diese Welt mir zum Troste bietet. Dich selbst möchte ich zuinnerst verkosten; danach verlange ich, doch ich kann dich nicht erreichen. Dem Himmlischen möchte ich anhangen, doch die zeitlichen Sorgen und die ungebändigte Natur ziehen mich nach unten. Dem Geiste nach möchte ich über allen Dingen stehen, das ungezügelte Fleisch aber zwingt mich, wider meinen Willen unter ihnen zu stehen. So liege ich unglückseliger Mensch mit mir selber im Kampfe und „bin mir selber zur Last" (Ijob 7, 20). Der Geist zieht mich nach oben, die Leibnatur nach unten. Was stehe ich doch innerlich aus, wenn sich mein Geist der Betrachtung himmlischer Dinge hingibt und mich im nächsten Augenblick ein Schwarm sinnlicher Gedanken beim Gebet überfällt!

3. Mein Gott, weiche nicht von mir, wende dich nicht zürnend von „deinem Diener ab" (Ps 71, 12; 27, 9). „Laß deine Blitze zucken und zerstreue sie, sende deine Pfeile" (Ps 144, 6), und alle Trugbilder des Feindes werden zerflattern. Gib meinen Sinnen den Zug

zu dir. Laß mich all das Weltliche vergessen. Verleihe mir die Kraft, die Trugbilder der Laster mit Verachtung schnell von mir zu weisen. Eile mir zu Hilfe, ewige Wahrheit, daß keine weltliche Torheit mich zum Wanken bringe. Komm, himmlische Freude! Vor deinem Angesichte fliehe alle Unreinheit! Verzeihe und vergib mir in deiner Barmherzigkeit, sooft ich im Gebete an etwas anderes denke als an dich. Ich bekenne aufrichtig, daß ich mich an Zerstreuungen gewöhnt habe. Sehr oft bin ich nicht dort, wo ich dem Leibe nach stehe oder sitze, sondern mehr dort, wohin die Gedanken mich tragen. Dort bin ich oft, wo mein Gedanke ist, und dort ist oft mein Gedanke, wo meine Liebe ist. Schnell tritt mir ins Bewußtsein, was mich von Natur ergötzt oder mir durch Gewohnheit lieb geworden ist. Darum hast du als die Wahrheit offen gesagt: „Wo dein Schatz ist, da ist auch dein Herz“ (Mt 6, 21). Liebe ich den Himmel, so denke ich auch gern an Himmlisches. Liebe ich die Welt, so erfreue ich mich an ihren Freuden und trauere ich über ihr Leid. Liebe ich das Fleisch, dann bin ich oft voll von sinnlichen Vorstellungen. Liebe ich den Geist, dann ist es mir ein Vergnügen, mich mit Dingen der Geisteswelt zu befassen. Was immer ich liebe, darüber spreche und höre ich gern; und entsprechende Bilder begleiten mich nach Hause. Selig der Mensch, der um deinetwillen, Herr, allen Geschöpfen den Abschied gibt, der seiner Natur Gewalt antut und die niedrigen Begierden in der Glut des Geistes ans Kreuz schlägt. So kann er dir mit heiterem Gewissen das Opfer eines reinen Gebetes darbringen, und so wird er, innen und außen von allem Irdischen gelöst, würdig sein, unter den Chören der Engel zu stehen.

KAPITEL 49

Die Sehnsucht nach dem ewigen Leben

1. *Das Verlangen nach der ewigen Heimat ist eine Gnade.*
2. *Dein Verlangen ist noch nicht lauter genug.*
3. *Die Zeit, da dein Verlangen gestillt wird, ist noch nicht gekommen.*
4. *Inzwischen stirb allen Dingen ab.*
5. *Das Absterben ist dir möglich im Blick auf den ewigen Lohn.*

1. *(Der Herr:)* Mein Sohn, wenn du merkst, daß dir von oben her die Sehnsucht nach der ewigen Seligkeit zuströmt und du gern das „Gezelt des Leibes" verlassen möchtest, um meine Herrlichkeit ohne den Schatten des Wechsels schauen zu können, dann weite dein Herz und nimm diese heilige Eingebung mit ganzem Verlangen in dich auf. Sage der höchsten Güte innigsten Dank, daß sie so huldreich mit dir verfährt, so freundlich dich besucht, dich zu solcher Glut anregt und dich so mächtig aufrichtet, daß du nicht durch eigene Schwere zum Irdischen herabsinkst. Nicht deinem eigenen Mühen und Denken verdankst du das, sondern allein der Gnade des Himmels und der göttlichen Fürsorge, die sich zu dir herabläßt, und weil Gott ein Auge auf dich geworfen hat. Du sollst nämlich in der Tugend fortschreiten, in der Demut wachsen, für kommende Kämpfe dich rüsten, mir mit der ganzen Liebe deines Herzens anhangen und mit glühendem Willen dienen.

2. Mein Sohn, oft brennt das Feuer, aber ohne Rauch steigt die Flamme nicht empor. So flackert auch die Sehnsucht mancher Menschen zwar dem Himmlischen zu, aber sie sind nicht frei von der Versuchung zu

fleischlichen Gelüsten. Was sie tun, geschieht nicht in der ganz reinen Absicht, Gott zu ehren, obwohl sie das flehentlich von ihm erbitten. So ist es auch oft mit deiner Sehnsucht, von der du glaubst, daß sie so ungestüm sei. Was vom Eigennutz befleckt ist, ist noch nicht rein und vollkommen. Erbitte nicht, was dir angenehm und bequem ist, sondern was mir wohlgefällt und zu meiner Ehre gereicht. Wenn du recht urteilst, mußt du meinen Willen all deinem Verlangen und Begehren vorziehen und ihm Folge leisten.

3. Ich kenne deine Sehnsucht und habe deine vielen Hilferufe gehört. Du möchtest schon in der „herrlichen Freiheit der Kinder Gottes" sein (Röm 8, 21). Du freust dich schon auf das Haus der Ewigkeit und auf das von Freude beherrschte himmlische Vaterland, aber noch ist diese Stunde nicht gekommen, noch ist es eine andere Zeit, die Zeit des Kampfes, der Mühe und Prüfung. Du möchtest vom höchsten Gute gesättigt werden, aber noch kannst du es nicht erreichen. Ich bin es, „warte auf mich", spricht der Herr (Zef 3, 8), „bis das Reich Gottes kommt" (Lk 22, 18). Noch mußt du auf Erden erprobt und in vielen Dingen geübt wer-

den. Trost wird dir bisweilen gegeben, volle Sättigung aber wird dir nicht gewährt werden. „Sei also stark und beherzten Mutes“ (Jos 1, 7), sowohl in deinem Tun als im Ertragen dessen, was der Natur zuwider ist.

4. Einen „neuen Menschen mußt du anziehen“ (Eph 4, 24) und ein „anderer Mensch werden“ (1 Sam 10, 6). Oft mußt du tun, was du nicht willst, und was du willst, mußt du lassen. Was andere wünschen, wird Erfolg haben, was du selber wünschest, geht nicht vonstatten. Was andere sagen, wird gehört, was du sagst, wird für nichts geachtet. Andere bitten, und sie erhalten, du bittest und wirst nichts erlangen. Andere werden groß sein im Munde der Menschen, von dir aber wird man schweigen. Anderen wird dieses oder jenes übertragen, du aber wirst zu nichts für tauglich gehalten werden. Das wird die Natur zuweilen traurig stimmen, und es ist schon etwas Großes, wenn du es schweigend erträgst. In diesen und vielen ähnlich liegenden Dingen pflegt der treue Diener des Herrn geprüft zu werden. Es muß sich zeigen, ob er sich überwinden und mit allem zu brechen vermag. Es gibt kaum etwas, worin dir das Sterben so not tut, als dieses eine: anzusehen und zu ertragen, was

deinem Willen zuwiderläuft, besonders dann, wenn etwas befohlen wird, was dir unangemessen und weniger angebracht erscheint. Und weil du es nicht wagst, der höheren Gewalt, der du unterstellt bist, zu widerstehen, so erscheint es dir hart, dem Winke eines anderen zu gehorchen und auf alles persönliche Urteil zu verzichten.

5. Aber denke, mein Sohn, an die Frucht dieser Mühen, an ihr schnelles Ende und ihren überaus großen Lohn. Dann werden sie dir keine Beschwerden bringen, sondern deiner Geduld eine „Quelle stärksten Trostes" werden (Hebr 6, 18). Denn für das bißchen Willen, das du jetzt freiwillig aufgibst, wirst du im Himmel stets deinen Willen bekommen. Dort wirst du alles finden, was du wünschest, alles, was du ersehnen kannst. Dort hast du die Gewalt über alles Gute, ohne die Furcht, sie zu verlieren. Dort ist dein Wille stets eins mit dem meinem. Er wird nichts Fremdes, nichts Eigenes begehren. Dort wird dir niemand widerstehen, niemand Klage gegen dich führen, niemand dich hemmen oder dir in den Weg treten. Alles, was dein Herz begehrt, ist vorhanden, und alle deine Wünsche werden gestillt und restlos erfüllt werden. Dort werde ich die er-

littene Schmach mit Herrlichkeit vergelten, die „Trauer mit einem Festgewande“ (Jes 61, 3), den letzten Platz mit einem „Herrscherthron für alle Ewigkeit“ (1 Makk 2, 57). Dort wird die Frucht des Gehorsams sichtbar, die Mühe der Buße wird sich in Freude verwandeln und die demütige Unterwerfung mit Herrlichkeit gekrönt. So beuge dich jetzt demütig unter aller Hände. Die Frage, wer dies gesagt oder befohlen hat, laß dir kein Gegenstand der Sorge sein. Das sei vielmehr deine große Sorge, alles gut aufzunehmen und in reiner Absicht auszuführen, was man von dir fordert oder wünscht, mag es vom Vorgesetzten oder einem Jüngeren oder einem Gleichalterigen kommen. Mag der eine dies, der andere jenes anstreben, der eine sich hierin, der andere darin rühmen, und mag es tausend und tausendmal gelobt werden, freue du dich weder des einen noch des anderen, sondern dessen, daß man dich verachtet und mich allein achtet und ehrt. Das sei dein Wunsch, daß Gott allezeit in dir verherrlicht werde, „sei es durch dein Leben, sei es durch dein Sterben“ (Phil 1, 20).

KAPITEL 50

Wie der verlassene Mensch sich in Gottes Hände befehlen muß

1. *Ich fühle mich verlassen und arm; denn du, o Gott, hast dich von mir zurückgezogen.*
2. *Ich weiß, daß die Verlassenheit heilsam für mich ist; sie liegt in deinen ewigen Plänen.*
3. *Ich danke für die Prüfung.*
4. *Ich vertraue mich mit ganzer Zuversicht deiner Führung an.*

1. *(Der Knecht:)* Herr, Gott, heiliger Vater, sei nun und in Ewigkeit gepriesen; denn wie du es willst, so ist es geschehen, und was du tust, ist gut. Freuen soll sich dein Knecht, aber in dir, nicht in sich selbst oder in einem andern. Du allein bist die wahre Freude, du meine Hoffnung und meine Krone, mein Jubel, du allein, Herr, meine Ehre. „Was hat dein Knecht, das er nicht von dir empfangen hat?" (1 Kor 4, 7), und zwar ohne sein Verdienst? Dein ist alles, was du gegeben und was du geschaffen hast.
„Ich bin arm und stehe in der Mühsal von meiner Jugend an" (Ps 88, 16). Meine Seele wird oft bis zu Tränen betrübt und gerät

auch bisweilen in Verwirrung wegen bevorstehender Leiden. Ich verlange nach der Wonne des Friedens, ich flehe um den Frieden deiner Kinder, die im Lichte deiner Tröstung weiden. Schenkst du den Frieden, senkst du mir heilige Freude ein, so wird die Seele deines Dieners lauter Jubelgesang, Andacht und Gotteslob. Ziehst du dich aber zurück, wie du es oft zu tun pflegst, kann er den „Weg deiner Gebote nicht laufen“ (Ps 119, 32), muß vielmehr in die Knie sinken und an seine Brust klopfen. Es ist ihm dann so ganz anders als gestern und vorgestern, als „deine Leuchte über seinem Haupte strahlte“ (Ijob 29, 3) und der „Schatten deiner Flügel ihm Schutz“ vor den andrängenden Versuchungen „gewährte“ (Ps 17, 8).

2. Gerechter und stets lobwürdiger Vater, „gekommen ist die Stunde“, daß dein Knecht geprüft werde (Joh 17, 1). Liebenswerter Vater, es ist billig, daß dein Knecht in dieser Stunde etwas für dich leide. Ewig verehrungswürdiger Vater, gekommen ist die Stunde, die du von Ewigkeit her kommen sahst, daß dein Knecht äußerlich eine Weile erliegen soll, innerlich aber immerfort in dir lebe. Eine kurze Zeit soll er verachtet und gedemütigt werden, vor den Menschen

schwach erscheinen und von Leid und Schmerz aufgerieben werden, damit er mit dir im Morgenglanze neuen Lichtes auferstehe und im Himmel verklärt werde. Heiliger Vater, du hast es so geordnet und gewollt, und was du geboten hast, ist geschehen. Es ist ja eine Gnade für deinen Freund, wenn er aus Liebe zu dir in der Welt Leid und Trübsal erduldet, sooft und von wem immer du es zulässest. Ohne den Ratschluß deiner Vorsehung und ohne Ursache geschieht nichts auf Erden. „Herr, es ist gut für mich, daß du mich gedemütigt hast, damit ich deine Satzungen lerne" (Ps 119, 71) und allen Hochmut und Eigendünkel des Herzens von mir tue. Nützlich ist es für mich, daß die „Scham mein Antlitz bedeckt hat" (Ps 69, 8), damit ich meinen Trost bei dir und nicht bei den Menschen suche. Ich habe auch daraus gelernt, zu erschauern vor deinem unerforschlichen Gericht, das den Gerechten so gut wie den Gottlosen trifft, aber nicht ohne Billigkeit und Gerechtigkeit.

3. Dank sei dir, daß du meiner Sünden nicht geschont hast, sondern mich mit bitteren Streichen gezüchtigt, indem du mir von außen und innen Schmerzen und Ängste sand-

test. „Keiner" von allen, die unter dem Himmel sind, „kann mich trösten" (Klgl 1, 2) als du, Herr, mein Gott, allein. Du bist der himmlische Seelenarzt, der „schlägt und heilt, der ins Totenreich hinabführt und zurückführt" (1 Sam 2, 6). Deine züchtigende Hand liegt auf mir, deine Zuchtrute belehrt mich. Siehe, geliebter Vater, ich bin in deinen Händen, ich beuge mich unter die Rute deiner Zucht, schlag zu auf meinen Rücken und Nacken, bis ich meinen Starrsinn vor deinem Willen krümme. Mach aus mir einen frommen und bescheidenen Schüler, wie du so gern zu tun pflegst, daß ich dir auf jeden Wink gefügig sei. Dir überlasse ich mich und alles Meine zur Besserung; es ist besser, hier gezüchtigt zu werden als in der künftigen Welt.

4. Du weißt alles und jedes, und selbst das Gewissen des Menschen enthält für dich kein Geheimnis. „Du kennst das Zukünftige, bevor es eintrifft" (Dan 13, 42), du hast nicht nötig, daß einer dich belehre oder ermahne über das, was auf Erden vor sich geht. Du weißt, was meinem Fortschritt dient, und wie sehr das Leid geeignet ist, den Rost der Fehler hinwegzufegen. Handle mit mir ganz nach deinem Wunsch und Wil-

len, und wende dein Auge nicht weg von meinem sündhaften Leben, das keinem besser und genauer bekannt ist als dir allein. Herr, laß mich wissen, was ich wissen soll, lieben, was ich lieben soll; laß mich loben, was dir am meisten gefällt, schätzen, was in deinen Augen wertvoll ist, tadeln, was dein Auge beleidigt. Laß mich nicht „nach dem äußeren Augenschein urteilen und nicht nach dem Hörensagen unerfahrener Menschen entscheiden" (Jes 11, 3). Laß mich vielmehr in sachlicher Beurteilung das Sichtbare vom Geistigen unterscheiden und vor allem stets das Wohlgefallen deines Willens suchen. Die Sinne der Menschen gehen in ihrem Urteil oft fehl. Es täuschen sich auch die Liebhaber der Welt, die nur das Sinnenfällige lieben. Wird einer deshalb besser, weil ein anderer ihn hochschätzt? Der Falsche täuscht den Falschen, der Tor den Toren, der Blinde den Blinden, der Kranke den Kranken, wenn er ihn lobt. In Wirklichkeit tut er ihm Schmach an, wenn er ihn ohne Grund lobt. Denn was jeder in deinen Augen ist, das ist er und nicht mehr, spricht der demütige, heilige Franziskus.[12]

KAPITEL 51

Man muß sich geringen Arbeiten widmen, wenn es an der Kraft zu hohen Werken fehlt

1. Dein erbsündliches Wesen zieht dich leicht von der Betrachtung himmlischer Dinge ab.
2. Wenn du dich gehemmt fühlst, gib dich schlichter Arbeit hin und warte: Die Neigung kommt wieder.

1. *(Der Herr:)* Mein Sohn, du kannst nicht immer in einem glühenden Verlangen nach der Tugend leben, noch in einem höheren Grade der Beschauung verharren. Infolge der erbsündlichen Verderbtheit mußt du zuweilen auch in die Niederungen hinabsteigen und die Last des gebrechlichen Lebens auf dich nehmen, wenn du es auch nicht gern tust und es nur Ekel in dir auslöst. Solange du den sterblichen Leib trägst, wirst du ihn als eine unangenehme Last empfinden. Notwendig und oft wird aus deinem niederen Wesen etwas wie eine Klage über die Bürde aufstehen, die der Leib für dich bedeutet, weil du dich nicht unaufhörlich

geistlichen Studien und der Betrachtung göttlicher Dinge widmen kannst.

2. Dann empfiehlt es sich, schlichte äußere Werke vorzunehmen, dich in guten Beschäftigungen zu entspannen, mein Kommen und meinen himmlischen Besuch mit festem Vertrauen abzuwarten und deine Verbannung und die Dürre des Geistes geduldig zu ertragen, bis ich dich wieder besuche und von allen Ängsten befreie. Ich werde dich dann die Mühen vergessen machen und dich die innere Ruhe verkosten lassen. Ausbreiten werde ich vor dir die Auen der Heiligen Schrift, daß du mit frohem Herzen den Weg meiner Gebote zu „laufen beginnst" (Ps 119, 32). Dann wirst du sprechen: „Die Leiden dieser Zeit sind nicht zu vergleichen mit der zukünftigen Herrlichkeit, die an uns offenbar werden wird" (Röm 8, 18).

KAPITEL 52

Der Mensch soll sich nicht des Trostes würdig erachten

1. Alles Trostes unwürdig, weiß ich um deine Liebe gegen den armen Sünder.
2. Ich gehöre zu den ganz armen Sündern.
3. Die Reue läßt mich dich wiederfinden.

1. *(Der Knecht:)* Herr, ich bin deines Trostes oder irgendeiner geistigen Eingebung nicht würdig. Deshalb handelst du gerecht mit mir, wenn du mich Armen der Verlassenheit überlässest. Denn wenn ich auch ein Meer von Tränen vergießen könnte, so wäre ich deiner Tröstung dennoch nicht würdig. Ich habe nichts anderes verdient, als gegeißelt und bestraft zu werden, weil ich dich schwer und oft beleidigt und in vielen Dingen sehr gefehlt habe. Recht betrachtet, bin ich also auch nicht der geringsten Tröstung würdig. Doch du, milder und barmherziger Gott, du willst nicht, daß deine Werke zugrunde gehen. Um die „Reichtümer deiner Güte an den Gefäßen der Barmherzigkeit zu zeigen" (Röm 9, 23), lässest du dich soweit herab, daß du deinen Knecht auch ohne alles eigene Verdienst und über menschliches Maß

hinaus tröstest; denn deine Tröstungen sind nicht wie menschliches Gerede.

2. Was habe ich getan, Herr, daß du mir eine himmlische Tröstung spendest? Ich kann mich nicht erinnern, etwas Gutes getan zu haben, wohl aber, daß ich stets zur Sünde neige und zur Besserung zu träge bin. So ist es, ich kann es nicht leugnen. Würde ich anders sprechen, du stündest wider mich, und niemand würde mich verteidigen. Was anderes habe ich für meine Sünden verdient als die Hölle und das ewige Feuer? Ich bekenne in Wahrheit, daß ich alle Schmach und Verachtung verdiene. Es kommt mir nicht zu, unter deine Frommen gezählt zu werden. Wenn ich das auch nur ungern höre, so will ich doch um der Wahrheit willen meine Sünden wider mich selbst bekennen, damit ich um so leichter deine Barmherzigkeit zu erlangen verdiene. Was soll ich sagen in meiner Schuld und meiner tiefen Beschämung? Nur das eine Wort kann ich sprechen: Ich habe gesündigt, Herr, ich habe gesündigt, erbarme dich meiner, verzeihe mir! „Laß mich eine kleine Weile meinen Schmerz beweinen, bevor ich eingehe in das Land des Schattens und des Todesdunkels“ (Ijob 10, 20 f.).

3. Nichts verlangst du so sehr von einem schuldigen elenden Sünder, als daß er sich in Zerknirschung wegen seiner Vergehen demütige. In wahrer Reue und in einem demütigen Herzen wird die Hoffnung auf Verzeihung geboren, das verstörte Gewissen versöhnt, die verlorene Gnade wiedergewonnen und der Mensch „vor dem kommenden Zorne" geschützt (Mt 3, 7). So begegnen sich dann Gott und die Seele in heiligem Kusse. Demütige Reue über die Sünden ist in deinen Augen, Herr, ein wohlgefälliges Opfer, das weit angenehmer vor dir duftet als brennender Weihrauch. Sie ist auch das liebliche Salböl, das du dir über deine heiligen Füße gießen lassen wolltest; denn „ein zerknirschtes und gedemütigtes Herz hast du noch nie verschmäht" (Ps 51, 19). Dort ist eine Stätte der Zuflucht vor dem Zorne des Feindes, dort wird gebessert und abgewaschen, was anderswo zerrüttet und verunreinigt wurde.

KAPITEL 53

Die Gnade Gottes macht sich nicht gemein mit denen, die dem Irdischen zuneigen

1. Der Empfang der tröstenden Gnade verlangt die Loslösung vom Irdischen.
2. Die größte Loslösung ist der Sieg des Menschen über sich selbst.
3. Leg darum die Axt an die Wurzel der Eigenliebe und Weltliebe.

1. *(Der Herr:)* Mein Sohn, meine Gnade ist kostbar; sie läßt sich mit äußeren Dingen und irdischen Tröstungen nicht verbinden. Darum mußt du alle Hindernisse der Gnade abwerfen, wenn du wünschest, daß sie dir gegeben werde. Suche die Stille auf, sei gern mit dir allein, verlange nicht nach müßiger Unterhaltung mit anderen, schütte vielmehr in Andacht dein Herz vor Gott aus, um so deinen Geist und dein Gewissen in Reue und Reinheit zu erhalten. Achte die ganze Welt für nichts und ziehe den Umgang mit Gott allen äußeren Dingen vor. Denn du kannst dich nicht gleichzeitig mir widmen und am Vergänglichen ergötzen. Von Be-

kannten und Freunden mußt du dich trennen und allem zeitlichen Trost entsagen, wie schon der heilige Apostel Petrus die Christgläubigen mahnt, daß sie sich „als Fremdlinge und Pilger in dieser Welt“ verhalten sollen (1 Petr 2, 11).

2. Mit welcher Zuversicht wird der sterben, den nichts mehr an die Erde bindet! Aber das Herz so von allem loszulösen, faßt ein kranker Geist nicht, noch kennt der den Trieben verhaftete Mensch die Freiheit des inneren Menschen. Doch wenn er wahrhaft geistig sein möchte, muß er auf alles verzichten, was ihm fern oder nahe steht, und sich vor keinem mehr hüten als vor sich selbst. Wenn du dich selbst vollkommen besiegt hast, wirst du das übrige leichter überwinden. Der vollkommenste Sieg ist der Sieg über sich selbst. Wer nämlich sich selbst in der Gewalt hat, daß die Sinnlichkeit der Vernunft und die Vernunft mir in allem gehorcht, der ist in Wahrheit Sieger über sich selbst und Herr der Welt.

3. Begehrst du diesen Gipfel zu erklimmen, so mußt du mutig beginnen und die Axt an die Wurzel legen, um die heimliche ungeordnete Anhänglichkeit an dich selbst und zu jedem persönlichen irdischen Gut „aus-

zureißen und zu zerstören“ (Jer 1, 10). Mit diesem Fehler, daß der Mensch sich selbst allzu unordentlich liebt, hängt fast alles zusammen, was von Grund aus überwunden werden muß. Ist dieses Übel einmal überwunden und bezwungen, kehren bald ein großer Friede und eine tiefe Stille ein. Weil aber wenige versuchen, sich selbst zu sterben und ganz aus sich herauszugehen, bleiben sie in sich verstrickt und können sich nicht im Geiste über sich erheben. Wer jedoch frei mit mir zu wandeln wünscht, muß alle seine schlechten und unordentlichen Neigungen ertöten und darf keinem Geschöpfe aus Eigenliebe und Begierde anhängen.

KAPITEL 54

Natur und Gnade haben verschiedene Triebkräfte

1. *Die Regungen der Natur und der Gnade sind schwer zu unterscheiden.*
2. *Die Natur ist listig, will frei sein und sucht sich selbst.*

3. Die Natur ist stolz, will beachtet sein, ist träge und flieht das Niedrige.
4. Die Natur hängt am Irdischen, ist habsüchtig und weltselig.
5. Die Natur sucht sinnlichen Trost, ist gewinnsüchtig und eitel.
6. Die Natur klagt und verlangt nach Ansehen.
7. Die Gnade schafft andere Menschen: sie erhebt zum Himmlischen.

1. *(Der Herr:)* Mein Sohn, achte sorgfältig auf die Regungen der Natur und der Gnade; denn sie stehen miteinander in heftigem Widerstreit und sind dabei so unmerklich fein, daß sie wohl nur von einem geistigen, innerlich erleuchteten Menschen unterschieden werden. Alle streben ein Gut an, alle haben bei ihrem Reden und Tun irgendwie das Gute im Auge, und darum erliegen viele unter dem Scheine des Guten der Täuschung.
2. Die *Natur* ist verschlagen, zieht viele an, verlockt und betört sie und hat immer sich selbst zum Zweck. Die *Gnade* hingegen „wandelt in Einfalt" (Spr 10, 9) und „vermeidet jeden bösen Schein" (1 Thess 5, 22), geht nicht auf Täuschung aus, tut alles rein um Gottes willen, in dem sie auch letztlich ruht. Die *Natur* will nur ungern sterben und nicht unterdrückt oder überwunden werden,

will nicht gehorsam sein oder sich freiwillig beugen. Die *Gnade* aber befleißigt sich der Abtötung des eigenen Ich, widersteht der Sinnlichkeit, liebt die Unterwürfigkeit, wünscht gebunden zu sein, will keine persönliche Freiheit, will unter Zucht stehen, über niemanden Herrschen, sondern stets unter Gott leben, stehen und sein und „um Gottes willen vor jedem Menschen sich in Demut beugen" (1 Petr 2, 13). Die *Natur* arbeitet zu ihrem Vorteil und achtet nur immer auf den Gewinn, den sie aus dem anderen herausschlagen kann. Die *Gnade* aber „sieht nicht auf das, was ihr Nutzen und Vorteil bringt, sondern was vielen zugute kommt" (1 Kor 10, 33).

3. Die *Natur* nimmt gern Ehre und Hochachtung entgegen, die *Gnade* aber weist getreulich Gott alle Ehre und allen Ruhm zu. Die *Natur* fürchtet, beschämt und verachtet zu werden, die *Gnade* aber „freut sich der Schmach um des Namens Jesu willen" (Apg 5, 41). Die *Natur* liebt Müßiggang und körperliche Ruhe, die *Gnade* aber kann nicht untätig sein, sondern greift gern zur Arbeit. Die *Natur* wünscht Seltenes und Schönes zu besitzen und verabscheut das Geringe und Gemeine. Die *Gnade* erfreut sich am Einfa-

chen und Schlichten, lehnt das Rauhe nicht ab und sträubt sich nicht, ein altes Gewand zu tragen.

4. Die *Natur* sieht auf das Zeitliche, freut sich auf irdischen Gewinn, trauert über Verlust und wird schon durch ein leichtes Scheltwort erregt. Die *Gnade* achtet auf das Ewige, klebt nicht am Zeitlichen, gerät bei äußeren Verlusten nicht in Unruhe und läßt sich durch harte Worte nicht erbittern; denn sie hat ihre Werte und ihre Freude im Himmel, wo nichts verlorengeht. Die *Natur* ist begierig, nimmt lieber, als sie gibt, und liebt das Eigene und Besondere. Die *Gnade* ist gütig und mitteilend, meidet das Besondere, ist mit Wenigem zufrieden und hält „geben für seliger als nehmen" (Apg 20, 35). Die *Natur* neigt zu den Geschöpfen, zur Verzärtelung des Leibes, zu Eitelkeiten und Zerstreuungen. Die *Gnade* zieht zu Gott und zur Tugend, verliebt sich nicht in die Geschöpfe, entsagt der Welt, haßt die leiblichen Begierden, beschränkt die Gänge nach draußen und scheut es, öffentlich aufzutreten.

5. Die *Natur* hat gern den äußeren Trost der Sinnesfreuden, die *Gnade* sucht ihren Trost nur in Gott; sie frohlockt über allem Sicht-

baren im höchsten Gute. Die *Natur* tut alles um des Gewinnes und eigenen Vorteiles willen, kann nichts umsonst tun, sondern hofft, für ihre Wohltaten etwas Gleiches oder Besseres oder doch Lob und Gunst zu erlangen. Sie erwartet, daß ihre Taten und Geschenke beachtet werden. Die *Gnade* aber sucht nicht das Zeitliche und möchte keinen anderen Lohn als Gott allein. Von den notwendigen zeitlichen Dingen wünscht sie nicht mehr, als ihr zur Erreichung der ewigen Güter dienlich sein kann. Die *Natur* hat Freude an vielen Freunden und Verwandten, rühmt sich des vornehmen Standes und einer edlen Herkunft, hofiert den Mächtigen, schmeichelt den Reichen und schenkt ihresgleichen Beifall. Die *Gnade* liebt die Feinde, brüstet sich nicht mit vielen Freunden, legt keinen Wert auf Stand und Herkunft, es sei denn, daß größere Tugend damit verbunden ist, bevorzugt den Armen vor dem Reichen, fühlt mehr mit dem Unschuldigen als dem Mächtigen, „hat ihre Freude mehr an der Wahrheit als an der List" (1 Kor 13, 6); allezeit ermahnt sie die Guten, „nach den besseren Gnadengaben zu streben" (1 Kor 12, 31) und dem Sohne Gottes durch Tugend ähnlich zu werden.

6. Die *Natur* klagt schnell über Mangel und Beschwerde, die *Gnade* trägt die Not mit Gleichmut. Die *Natur* bezieht alles auf sich, streitet und klagt für sich. Die *Gnade* führt alles auf Gott als seinen Ursprung zurück, von dem es ausgeht, schreibt sich selbst nichts Gutes zu und überhebt sich nicht, streitet nicht und zieht ihre Ansicht der Meinung anderer nicht vor, unterwirft sich vielmehr in all ihrem Fühlen und Denken der ewigen Weisheit und der Prüfung Gottes. Die *Natur* wünscht Verborgenes zu wissen und Neuigkeiten zu hören, will nach außen hervortreten und vieles von außen erfahren; sie verlangt nach Anerkennung und nach einer Tätigkeit, die Lob und Bewunderung einbringt. Die *Gnade* aber sorgt sich nicht um aufregende Neuigkeiten, da dieses alles ja von der alten Verderbnis stammt. Neues und Beständiges gibt es eben nicht auf der Welt. Sie lehrt darum: Bezähme die Sinne, bekämpfe das eitle Selbstgefallen und die Prahlsucht, verbirg in Demut das, was lobens- und bewundernswert ist, und suche in allen Dingen und in jedem Wissenszweig den rechten Nutzen und Gottes Lob und Ehre. Sie will nicht sich und das Ihrige gerühmt wissen, sondern sie wünscht nur, daß

Gott in seinen Gaben gepriesen werde, der alles aus reiner Liebe spendet.

7. Diese Gnade ist ein übernatürliches Licht, ein besonderes Gottesgeschenk, das eigentliche Zeichen der Auserwählten und das Unterpfand des ewigen Heiles. Sie erhebt den Menschen vom Irdischen zur Liebe des Himmlischen und macht den erdverhafteten zu einem Geistmenschen. Je mehr also die Natur bezähmt und besiegt wird, um so reichlicher ergießt sich die Gnade, und in „täglich neuen Heimsuchungen wird der innere Mensch nach Gottes Bild umgeformt" (2 Kor 4, 16).

KAPITEL 55

Die verderbte Natur und die Kraft der göttlichen Gnade

1. Ich bitte um die Gnade; nur sie kann mich umwandeln.
2. Wir Menschen sind nicht ganz verderbt, aber sehr schwach.
3. So schwach sind die Menschen, daß sie das Gute erkennen und das Böse tun.
4. In der Kraft der Gnade kann der Mensch alles überwinden.

1. *(Der Knecht:)* Herr, mein Gott, du hast mich „nach deinem Bilde und Gleichnis" erschaffen (Gen 1, 26). Gewähre mir deine Gnade! Du hast mir gezeigt, wie wichtig und zum Heile notwendig sie ist, wenn ich meine sehr verderbte Natur, die mich in die Sünde und ins Verderben zieht, überwinden soll. „Ich fühle in meiner Leibnatur ein Gesetz der Sünde, das dem Gesetze meines Geistes widerstreitet" (Röm 7, 23) und mich in vieler Hinsicht zum gehorsamen Gefangenen der Sinneslust macht. Ich kann ihrem Anreiz nicht widerstehen, wenn deine heiligste Gnade mir nicht beisteht und mein Herz zu einem glühenden Brande entzündet. Ich bedarf deiner Gnade, ich brauche eine große Gnade, um die Natur zu besiegen, „die von Jugend an immer zum Bösen neigt" (Gen 8, 21).

2. Seitdem sie durch Adam, den ersten Menschen, zu Fall kam und durch die Sünde verderbt ward, geht dieser Makel als Strafe auf alle Menschen über. Dieselbe Natur, die du gut und recht erschaffen hast, ist als eine zum Laster geneigte, kranke, verderbte Natur anzusehen. Ihre Regungen, wenn sie sich selbst überlassen sind, treiben zum Bösen und Niedrigen. Die geringe noch übrig ge-

bliebene Kraft gleicht einem unter der Asche verborgenen Funken. Das ist die natürliche Vernunft, die von dichtem Dunkel umlagert ist. Sie vermag noch über Gut und Bös zu urteilen und das Wahre vom Falschen zu unterscheiden. Doch besitzt sie nicht die Kraft, alles das auszuführen, was sie gut findet, sie erkennt nicht das volle Licht der Wahrheit und erfreut sich nicht der unbestrittenen Herrschaft über ihre Begierden.

3. Daher, mein Gott, habe ich „Freude an deinem Gesetze nach meinem inneren Menschen" (Röm 7, 22). Ich weiß, daß „dein Gesetz gut, gerecht und heilig ist" (Röm 7, 12), ich erkenne, daß man alles Böse und jede Sünde meiden muß. Doch „mit meiner Leibnatur diene ich dem Gesetz der Sünde" (Röm 7, 25) und gehorche ich mehr der Sinnlichkeit als der Vernunft. So kommt es, daß „mir zwar das Wollen des Guten liegt, daß ich mich aber zum Vollbringen nicht durchfinde" (Röm 7, 18). Ich nehme mir oft viel Gutes vor, aber es fehlt mir die Gnade, die meiner Schwäche aufhilft. Schon bei leichtem Widerstand strauchle und versage ich. Den Weg zur Vollkommenheit sehe ich, ich erkenne auch ziemlich klar, wie ich han-

deln muß, aber, niedergehalten durch das Gewicht der eigenen Verderbtheit kann ich mich zu dem, was vollkommener ist, nicht erheben.

4. Herr, wie höchst notwendig ist mir deine Gnade, um das Gute zu beginnen, mit Erfolg fortzusetzen und zu vollenden. „Ohne sie kann ich nichts tun“ (Joh 15, 5), „alles aber vermag ich in dir, wenn deine Gnade mich stärkt“ (Phil 4, 13). Wahrhaft himmlische Gnade, ohne die es keine eigenen Verdienste gibt, ohne die auch die Gaben der Natur wertlos sind! Keine Kunst, kein Reichtum, keine Schönheit und Tapferkeit, kein Talent, keine Beredsamkeit gilt etwas vor dir, o Herr, ohne die Gnade. Die Gaben der Natur sind den Guten und den Bösen gemeinsam, das besondere Geschenk der Auserwählten aber ist die Gnade oder die Liebe; mir ihr geziert, sind sie des ewigen Lebens würdig. So überragend ist diese Gnade, daß ohne sie die Gabe der Prophetie, der Wunderkraft oder die Gabe einer hohen Beschauung nichts bedeuten. Nicht einmal Glaube oder Hoffnung oder andere Tugenden gefallen dir ohne die Liebe und die Gnade. Übergroße Seligkeit der Gnade, du machst den Armen im Geiste reich an Tu-

genden und den mit vielen Gütern Gesegneten demütig. Komm, steige herab zu mir! „Erfülle mich am Morgen mit deinem Troste“ (Ps 90, 14), daß meine Seele nicht vor Müdigkeit und Dürre des Geistes ermatte. Ich beschwöre dich, Herr, laß mich „Gnade finden in deinen Augen“ (Gen 18, 3). „Deine Gnade genügt mir“ (2 Kor 12, 9), wenn auch das Begehren der Natur nicht gestillt wird. Werde ich von vielen Trübsalen versucht und gequält, so „fürchte ich doch kein Übel“ (Ps 23, 4), wenn deine Gnade mir nur bleibt. Sie ist meine Kraft, sie gibt mir Rat und Hilfe. Sie ist mächtiger als alle Feinde, klüger als alle Weisen. Sie ist Lehrerin der Wahrheit, „Meisterin der Zucht“ (Weish 8, 4), Licht des Herzens, Trost in der Bedrängnis. Sie verscheucht die Trauer, nimmt die Furcht, nährt die Andacht und öffnet den Quell der Tränen. Was bin ich ohne sie anders als dürres Holz, als ein unnützer Stock, den man wegwirft? Möge denn deine Gnade, Herr, mir stets zuvorkommen und nachfolgen und mich immerdar anleiten, gute Werke zu vollbringen! Durch Jesus Christus, deinen Sohn. Amen.[13]

KAPITEL 56

Wir müssen uns selbst verleugnen und Christus durch das Kreuz nachfolgen

1. *Verlasse dich und folge Christus; er ist dein Weg.*
2. *Beachte, worin die vollkommene Nachfolge besteht.*
3. *Folge Christus bis in die letzte Stunde.*

1. *(Der Herr:)* Mein Sohn, soweit du aus dir herauszugehen vermagst, soweit kannst du in mich übergehen. Begehre von außen nichts; das bringt inneren Frieden. Verlasse dich innerlich selbst, und du bist gottverbunden. Ich will, daß du die vollkommene Hingabe deiner selbst an meinen Willen lernst, ohne Widerspruch und Klage. „Folge mir!" (Mt 9, 9). „Ich bin der Weg, die Wahrheit und das Leben" (Joh 14, 6). Ohne Weg kann man nicht gehen, ohne Wahrheit nicht erkennen, ohne Leben nicht leben. Ich bin der Weg, den du verfolgen; die Wahrheit, der du glauben; das Leben, das du erwarten sollst. Ich bin der zuverlässige Weg, die unfehlbare Wahrheit, das grenzenlose Leben. Ich bin der geradeste Weg, die höchste

Wahrheit, das wahre, selige, ungeschaffene Leben. „Wenn du auf meinem Wege bleibst, wirst du die Wahrheit erkennen, und die Wahrheit wird dich frei machen" (Joh 8, 31 f.), und du wirst das ewige Leben erlangen.

2. „Willst du zum Leben eingehen, so halte die Gebote" (Mt 19, 17). Willst du die Wahrheit erkennen, so glaube mir. „Willst du vollkommen sein, so verkaufe alles" (Mt 19, 21). „Willst du mein Schüler sein, verleugne dich selbst" (Mt 16, 24). Willst du das ewige Leben besitzen, so schätze das Gegenwärtige gering. Willst du im Himmel erhöht werden, demütige dich in der Welt. Willst du mit mir herrschen, trage mit mir das Kreuz. Nur die Diener des Kreuzes finden den Weg zur Seligkeit und zum wahren Lichte.

(Der Knecht:) Herr Jesus, dein Weg war rauh und in den Augen der Welt verächtlich, gewähre mir, daß ich unter Verachtung der Welt in deine Fußstapfen trete. „Der Knecht ist ja nicht größer als sein Herr" (Joh 13, 16), und „der Jünger ist nicht über dem Meister" (Mt 10, 24). Schulen soll sich dein Knecht an deinem Leben. Dort ist mein Heil und wahre Heiligkeit. Was ich sonst etwa lese

oder höre, bietet mir weder Erquickung noch vollkommene Freude.

3. *(Der Herr:)* Mein Sohn, du weißt nun alles und hast es gelesen. Nun lebe danach, und du wirst glücklich sein. „Wer meine Gebote hat und sie hält, der ist es, der mich liebt. Und ich werde ihn lieben und mich selbst ihm offenbaren“ und „ihn mit mir thronen lassen im Reiche meines Vaters“ (Joh 14, 21; Offb 3, 21).

(Der Knecht:) Herr Jesus, wie du gesagt und versprochen hast, so möge es geschehen und mir in der Kraft deiner Gnade gelingen. Angenommen habe ich das Kreuz; aus deiner Hand habe ich es angenommen; ich will es tragen, tragen will ich es bis zum Tode, wie du es mir auferlegt hast. Das Leben eines guten Mönches ist in Wahrheit ein Kreuz[14], aber es führt zum Paradiese. Ich habe begonnen, ein Zurücktreten oder Fliehen darf es für mich nicht geben. Auf denn, Brüder, laßt uns zusammen pilgern: Jesus wird bei uns sein. Um Jesu willen haben wir dieses Kreuz auf uns genommen, um Jesu willen laßt uns ausharren unter dem Kreuze! Er ist unser Beistand und unser Führer, er geht uns voran. Seht, unser König weist uns den Weg! „Er wird für uns kämpfen“ (Neh

4, 14). Folgen wir mannhaft! Keiner fürchte sich vor den Schrecknissen! Seien wir bereit, in tapferem Kampfe zu fallen, „und beflecken wir unseren Ruhm nicht mit der Schande“, daß wir vor dem Kreuze fliehen (1 Makk 9, 10).

KAPITEL 57

Der Mensch ist nicht verworfen, wenn er in einzelne Fehler fällt

1. *Wundere dich nicht über deine Fehler; sie können dir zum Heile gereichen.*
2. *Werde wegen der Fehler nicht aufgeregt.*
3. *Hab ein Verstehen für deine Schwäche und bitte Gott um die Gnade der Ausdauer.*

1. *(Der Herr:)* Mein Sohn, Geduld und Demut im Unglück gefallen mir mehr als eine Fülle von Trost und Andacht im Glück. Warum wirst du traurig, wenn man einmal eine Kleinigkeit wider dich sagt? Wäre es auch mehr gewesen, du solltest dich nicht aufregen lassen. Aber nun laß es laufen! Es ist nicht das Erste, ist nichts Unerhörtes und

ist auch nicht das Letzte, was dir widerfährt, wenn du länger lebst. Solange dir nichts Widriges begegnet, fühlst du dich stark genug. Du bist auch ein guter Berater und verstehst es, andere mit deinem Zuspruch zu stärken, klopft aber plötzlich die Trübsal an deine Tür, dann gebricht es dir an Rat und Stärke. Bedenke deine große Gebrechlichkeit, die du öfter in kleinen Dingen erlebst. Doch gereichen dir diese und ähnliche Dinge zu deinem Heile.

2. Schlag dir das, so gut du kannst, aus dem Sinne. Trifft es dich aber, dann laß dich nicht niederwerfen noch dich lange davon fesseln. Zum wenigsten trage es in Geduld, wenn du es schon nicht mit Freuden tragen kannst. Hörst du es nur ungern und wirst du ungehalten darüber, bezwinge dich. Laß dir kein ungehöriges Wort entschlüpfen, woran die Kleinen Ärgernis nehmen könnten. Schnell wird die Aufregung der Ruhe weichen, und der innere Schmerz gelindert werden, wenn die Gnade wiederkehrt. Noch „lebe ich, spricht der Herr" (Jes 49, 18), bereit, dir zu helfen und dich mehr als gewöhnlich zu trösten, wenn du mir vertraust und mich andächtig anrufst.

3. Sei gleichmütiger und wappne dich mit

größerer Geduld. Es ist noch nicht alles verspielt, wenn du dich öfter beunruhigt und schwer versucht fühlst. Du bist ein Mensch, nicht Gott, ein leiblich bestimmtes Wesen, kein Engel. Wie könntest du immerfort im gleichen Tugendzustand verharren, wenn das nicht einmal den Engeln im Himmel und den ersten Menschen im Paradiese möglich war? Ich bin es, „der die Trauernden aufrichtet zu ihrem Heile" (Ijob 5, 11) und die, welche ihre Schwäche erkennen zu meiner Gottheit erhebe.
(Der Knecht:) Herr, gepriesen sei dein Wort, „das mir besser mundet als Honig und Honigscim" (Ps 19, 11). Was wollte ich doch anfangen in meinen großen Trübsalen und Nöten, wenn du mich nicht mit deinen heiligen Worten stärktest! Wenn ich nur schließlich in den Hafen des Heiles gelange, was hat es dann zu sagen, welche und wie große Leiden ich zu tragen hatte? Gib ein gutes Ende, einen glücklichen Heimgang aus dieser Welt. „Gedenke meiner, mein Gott" (Neh 13, 14.22) und geleite mich auf dem rechten Wege in dein Reich. Amen.

KAPITEL 58

Allzu hohe Dinge und Gottes verborgene Ratschlüsse soll man nicht zu ergründen suchen

1. *Grüble nicht über Gottes Ratschlüsse im Leben des Menschen; du wirst sie nie ganz begreifen.*
2. *Frage nicht, welcher Heilige der Größte im Himmelreich ist.*
3. *Heilige wollen von Gott her beurteilt sein; denn er hat sie berufen und beschenkt.*
4. *Eine Beurteilung der Heiligen aus unerleuchtetem Geiste und rein natürlicher Sicht ist Gott mißfällig und nützt nichts.*
5. *Die wichtigste Frage lautet nicht, wer der Größere im Himmelreich ist, sondern wer hier auf Erden der Kleinste im Reiche Gottes sein will.*

1. *(Der Herr:)* Mein Sohn, hüte dich, hohe Dinge und die geheimen Ratschlüsse Gottes zu erörtern, etwa: warum dieser so verlassen ist und jener so großer Gnaden gewürdigt wird; warum dieser so tief gedemütigt und jener so hoch erhoben wird. Das übersteigt alles menschliche Vermögen. Keine Fassungskraft und keine Gelehrsamkeit reicht aus, den göttlichen Ratschluß zu ergründen.

Wenn dir also der Feind solche Gedanken eingibt oder wenn vorwitzige Menschen dir derartige Fragen stellen, so antworte mit dem Propheten: „Gerecht bist du, o Herr, und gerecht ist dein Gericht“ (Ps 119, 137), oder: „Die Gerichte des Herrn sind wahr, gerechtfertigt in sich selbst“ (Ps 19, 10). Meine Gerichte soll man fürchten, nicht untersuchen. Sie übersteigen alles menschliche Begreifen.

2. Forsche auch nicht und streite nicht über die Verdienste der Heiligen, wer etwa vor anderen heiliger sei oder größer im Himmelreiche. Gespräche dieser Art erzeugen oft Streitigkeiten und nutzlose Eifersüchteleien. Sie nähren den Stolz und die eitle Ehrsucht. Daraus entstehen Mißgunst und Zwietracht, indem der eine diesem, der andere jenem Heiligen prahlend den Vorzug gibt. Solche Dinge wissen und erforschen wollen ist ein fruchtloses Beginnen und erregt das Mißfallen der Heiligen; denn „ich bin kein Gott der Zwietracht, sondern des Friedens“ (1 Kor 14, 33). Dieser Friede aber besteht in wahrer Demut und nicht in Selbstüberhebung.

3. Einige fühlen sich im Eifer der Liebe zu diesen oder jenen Heiligen hingezogen, aber

diese Neigung hat mehr im Menschen als in Gott ihren Ursprung. Ich bin es, der jeden Heiligen erweckt, ich schenke die Gnade dazu, ich verleihe ihm die Herrlichkeit. Ich kenne eines jeden Verdienst. „Ich komme ihm zuvor mit den Segnungen meiner Süßigkeit“ (Ps 21, 4). Ich habe die Geliebten von Ewigkeit her vorauserkannt. „Ich habe sie aus der Welt auserwählt, nicht sie haben mich erwählt“ (Joh 15, 19), ich habe sie durch die Gnade berufen und in Barmherzigkeit an mich gezogen. Durch vielerlei Versuchungen habe ich sie geführt, ihnen unaussprechliche Tröstungen geschenkt, Ausdauer verliehen, und ihre Geduld gekrönt. Ich kenne den ersten unter ihnen und den letzten, ich umfange sie alle mit unschätzbarer Liebe. Ich will in allen meinen Heiligen gelobt sein, ich will über alles gepriesen und geehrt sein in jedem einzelnen, denn ich habe ihn herrlich und groß gemacht und ihn ohne sein eigenes Verdienst vorherbestimmt. Wer also einen von meinen Kleinsten verachtet, ehrt auch den Großen nicht; denn „den Kleinen wie den Großen habe ich gemacht“ (Weish 6, 7). Wer einen der Heiligen verkleinert, der verkleinert auch mich und alle übrigen im Himmelreich. Alle sind eins durch das Band der Liebe, alle denken und wollen dasselbe, alle sind eins in gegenseitiger Liebe. Was aber weit mehr bedeutet: sie lieben mich mehr als sich selbst und ihre Verdienste. Über sich selbst hinaus entrückt und aller Eigenliebe enthoben, gehen sie ganz in der Liebe zu mir auf, und diese Liebe ist ihr Genuß und ihre Ruhe. Nichts könnte sie je davon abwenden oder sie niederdrücken, weil sie, erfüllt von der ewigen Wahrheit, im Feuer unauslöschlicher Liebe entbrennen.

4. Schweigen mögen also die Menschen der niedrigen, sinnlichen Art über den Stand der Heiligen; sie wissen nur ihre eigenen Freuden zu schätzen. Sie schmälern und übertreiben, wie es ihnen paßt, aber nicht, wie es der ewigen Wahrheit gefällt. Bei vielen ist es nur Unwissenheit, vornehmlich bei jenen, die, weil zu wenig erleuchtet, nur selten jemand in vollkommener geistiger Liebe zu lieben vermögen. Sie lassen sich noch stark von natürlicher Liebe und menschlicher Freundschaft leiten und zu diesen und jenen hinziehen. Wie sie die irdischen Dinge sehen, so stellen sie sich auch die himmlischen vor. Aber es ist ein unermeßlicher Abstand zwischen dem, was Unvollkommene denken,

und dem, was erleuchtete Menschen vermöge höherer Offenbarung schauen. Hüte dich also, mein Sohn, vorwitzig über Dinge zu reden, die dein Wissen übersteigen! Sei lieber eifrig darauf bedacht, als der Geringste im Reiche Gottes erfunden zu werden. Wenn jemand wüßte, wer etwa heiliger ist als ein anderer oder als der Größere im Himmelreich gilt, was nützt ihm diese Kenntnis, wenn er sich nicht auf Grund der gewonnenen Einsicht vor mir verdemütigt und desto mehr die größere Ehre meines Namens anstrebt? Weit wohlgefälliger handelt vor Gott, wer über die Größe seiner Sünden und die Unzulänglichkeit seiner Tugenden nachdenkt und wie weit er noch von der Vollkommenheit der Heiligen entfernt ist, als wer über den höheren oder niederen Rang der Heiligen streitet. Es ist besser, die Heiligen fromm und unter Tränen anzurufen und demütigen Sinnes um ihre glorreiche Fürbitte anzuflehen, als über ihre Geheimnisse nutzlose Untersuchungen anzustellen. Die Heiligen sind vollkommen zufrieden, wenn sich nur auch die Menschen zufrieden gäben und ihr törichtes Geschwätz beiseite ließen. Die Heiligen rühmen sich nicht der eigenen Verdienste; denn sie schreiben sich selbst nichts, mir aber alles Gute zu. Ich selbst habe ihnen alles aus meiner unendlichen Liebe geschenkt. So groß ist ihre Liebe zu Gott, so überfließend ihre Freude, daß ihnen nichts an Herrlichkeit fehlt und nichts an Seligkeit ihnen mangeln kann. Je höher sie in der Glorie stehen, desto demütiger sind die Heiligen in sich selbst, und desto näher und teurer sind sie mir. Daher steht geschrieben: „Sie legten ihre Kronen Gott zu Füßen, fielen vor dem Lamme auf ihr Angesicht und beteten den an, der in alle Ewigkeit lebt“ (Offb 4, 10).

5. Viele fragen, wer größer sei im Reiche Gottes, und wissen nicht, ob sie selber wohl würdig sind, unter die Geringsten eingereiht zu werden. Etwas Großes ist es, der Geringste im Himmelreich zu sein, wo alle groß sind, weil alle „Kinder Gottes heißen und sind“ (1 Joh 3, 1). „Der Kleinste soll für Tausend werden“ (Jes 60, 22), und „der Sünder mit seinen hundert Jahren soll sterben“ (Jes 65, 20). Als die Jünger fragten, wer der Größte im Himmelreich sei, vernahmen sie die Antwort: „Wenn ihr euch nicht bekehrt und nicht werdet wie die Kinder, geht ihr in das Himmelreich nicht ein. Wer sich also demütigt, wie dieses Kind, der ist der Größte

im Himmelreich“ (Mt 18,3.4). Wehe dem, der sich nicht gern herabläßt, mit den Kleinen klein zu werden; denn die niedrige Pforte des Himmelreiches läßt ihn nicht durch. Wehe auch den Reichen, die hier ihren Trost finden. Während die Armen in das Reich Gottes eintreten, stehen sie selber klagend vor der Tür. Freut euch, ihr Demütigen, jubelt, ihr Armen, denn euer ist das Reich Gottes, wenn ihr nur in der Wahrheit wandelt.

KAPITEL 59

Auf Gott allein alle Hoffnung und alles Vertrauen setzen

1. *Ich will nur Gott; er genügt; er enttäuscht nie.*
2. *Gott allein hat immer nur meinen Fortschritt im Auge.*
3. *Ohne Gott bin ich trotz aller Güter hilflos.*
4. *Komm, führe mich in die ewige Heimat!*

1. *(Der Knecht:)* Herr, was ist mir Halt und Stütze im Leben? Was von allen Dingen unter dem Himmel bietet mir den besten

Trost? Bist nicht du es, Herr, mein Gott, „dessen Erbarmen ohne Zahl“?[15] Wo war mir jemals wohl ohne dich? Wann könnte es mir in deiner Gegenwart je schlecht ergehen? Lieber möchte ich deinetwegen arm, als ohne dich reich sein. Ich ziehe es vor, mit dir über diese Erde zu pilgern, als ohne dich den Himmel zu besitzen. Wo du bist, da ist der Himmel, wo du nicht bist, da ist Tod und Hölle. Nach dir steht mein Verlangen, zu dir muß ich flehen, rufen und beten. Auf niemanden kann ich mich ganz verlassen, daß er mir in meinen Nöten Hilfe brächte, außer auf dich allein, mein Gott. Du bist meine Hoffnung, meine Zuversicht, du mein Tröster und der Treueste in allem.

2. „Jeder sucht das Seine“ (Phil 2, 21), du aber willst nur meine Rettung und meinen Fortschritt, du lenkst alles zu meinem Besten. Wenn du mich auch vielerlei Versuchungen und Widerwärtigkeiten unterwirfst, so ordnest du doch all dies zu meinem Nutzen. Du pflegst auf tausenderlei Weise zu prüfen, die du liebst. Wenn du mich einer solchen Prüfung unterziehst, schulde ich dir genau soviel Liebe und Lob, als würde ich von dir mit himmlischen Tröstungen überschüttet. Auf dich also, o Herr, setze ich

meine ganze Hoffnung. Du bist meine Zuflucht, und dir gebe ich anheim alles, was mich bedrückt und bedrängt; denn was immer ich außer dir sehe, dünkt mich schwach und unbeständig.

3. Freunde nützen mir nichts, starke Helfer können mich nicht stützen, kluge Ratgeber können mir nicht gut raten, die Bücher der Gelehrten mich nicht trösten, ein kostbares Gut mich nicht retten, eine abgelegene freundliche Stätte mich nicht schützen – wenn du mir nicht Beistand, Hilfe, Kraft, Trost, Belehrung und Schutz verleihst. Denn alles, was etwa Frieden und Seligkeit verheißt, ist ohne dich nichts; es bringt in Wirklichkeit kein Glück. Das Endziel alles Guten, die Höhe des Lebens und die Tiefe der Weisheit bist du. Auf dich zu vertrauen, mehr als auf andere, ist der stärkste Trost deiner Diener. Auf dich sind meine Augen gerichtet. Du bist meine Zuversicht, mein Gott, „Vater der Erbarmungen" (2 Kor 1, 3).

4. Segne und heilige meine Seele mit dem Segen des Himmels, daß sie deine heilige Wohnung und der Thron deiner ewigen Herrlichkeit werde, ein Tempel deiner Glorie, der nichts enthält, was die Augen deiner

Majestät beleidigen könnte. „Blicke herab auf mich nach der Größe deiner Güte und den zahlreichen Erweisen deiner erbarmenden Liebe“ (Ps 51, 3), und erhöre das Gebet deines armen Knechtes, der fern von dir als Verbannter „im Lande des Todesschattens“ lebt (Ps 23, 4). Beschütze und erhalte die Seele deines Knechtes in den vielen Gefahren des vergänglichen Lebens und führe sie auf dem Wege des Friedens zur Heimat des ewigen Lichtes. Amen.

VIERTES BUCH

Vom Sakrament des Altares

VORWORT

Fromme Ermahnung zur heiligen Kommunion

Einladung Christi zum heiligen Opfermahl

Stimme Christi:
„Kommet alle zu mir, die ihr mühselig und beladen seid, und ich will euch erquicken", spricht der Herr (Mt 11, 28). „Das Brot, das ich geben werde, ist mein Fleisch für das Leben der Welt" (Joh 6, 51). „Nehmt und esset; das ist mein Leib, der für euch hingegeben wird: tuet dies zu meinem Andenken" (1 Kor 11, 24). „Wer mein Fleisch ißt, und mein Blut trinkt, bleibt in mir, und ich in ihm" (Joh 6, 56). „Die Worte, die ich zu euch gesprochen habe, sind Geist und Leben" (Joh 6, 63).

KAPITEL 1

Mit welcher Ehrfurcht Christus zu empfangen ist

1. Die Einladung zum Opfermahl tröstet und bedrückt.
2. Herr, ich bin nicht würdig.
3. Ich verwende zu wenig Mühe auf deinen Empfang.
4. Meine Vorbereitung ist zu kurz und zu kalt.
5. Der Abendmahlsaal der Kirche ist das beste Ziel der Wallfahrer; denn:
6. Das allerheiligste Sakrament ist die Quelle größter Gnaden.
7. Klage über das geringe Verlangen der Menschen nach der hl. Kommunion.

Stimme des Jüngers:

1. Das sind also deine Worte, Christus, ewige Wahrheit, wenn auch nicht zur selben Zeit gesprochen und am gleichen Orte aufgezeichnet. Weil sie nun von dir sind und Wahrheit sind, so muß ich sie alle dankbar und gläubig annehmen. Ja, sie sind von dir, und du hast sie gesprochen, und es sind Worte für mich; denn zu meinem Heile hast du sie gesprochen. Mit Freude nehme ich sie aus deinem Munde an; sie sollen mir tief

und tiefer in die Seele dringen. Worte von soviel Güte, Herzlichkeit und Liebe ziehen mich an. Aber es schrecken mich die eigenen Sünden, und mein unreines Gewissen hindert mich, die Hand nach so hohen Geheimnissen auszustrecken. Deine freundliche Einladung reizt mich, aber meine vielen Sünden bedrücken mich.

2. Du gebietest mir, vertrauensvoll zu dir zu kommen, wenn ich teil an dir haben, und die Speise der Unsterblichkeit zu kosten, wenn ich des Lebens Herrlichkeit erlangen will. „Kommet", sagst du, „zu mir alle, die ihr mühselig und beladen seid, und ich will euch erquicken" (Mt 11, 28). Wie lieb und wohltuend klingt das Wort im Ohre des Sünders! Einen Armen und Dürftigen lädtst du zum Genusse deines heiligsten Leibes ein, du, Herr, mein Gott! Wer bin ich, Herr, daß ich es wage, zu dir zu kommen? Siehe, die Himmel der Himmel fassen dich nicht, und du sprichst: „Kommet alle zu mir." Was soll diese so gütige Herablassung und so liebevolle Einladung? Wie kann ich es wagen zu kommen? Ich finde nichts Gutes in mir, das mir den Mut dazu gäbe. Wie kann ich dich in mein Haus einführen, nachdem ich dein so huldreiches Antlitz wieder und wieder be-

leidigt habe? Engel und Erzengel huldigen dir in aller Ehrfurcht, die Heiligen und Gerechten fürchten sich, und du sprichst: „Kommet alle zu mir!" Herr, wenn du selbst es nicht sagtest, wer würde glauben, daß es wahr sei? Und wenn du es nicht gebötest, wer wagte zu kommen?

3. Siehe, „*Noach*, der gerechte Mann, hat am Bau der Arche hundert Jahre gearbeitet, um mit einigen wenigen gerettet zu werden"[1] (vgl. Gen 6, 9 ff.). Und ich, wie soll ich mich in einer einzigen Stunde vorbereiten können, den Schöpfer der Welt mit Ehrfurcht zu empfangen? *Mose*, dein großer Diener und besonderer Freund, baute eine Lade „aus unverweslichem Holze", die er mit reinstem Golde überzog, um die Gesetzestafeln darein zu legen. Und ich unreines Geschöpf wage es, dich, den Gesetzgeber selbst und den Spender des Lebens, so leicht in mich aufzunehmen? *Salomo*, der weiseste unter den Königen Israels, baute an seinem prachtvollen Tempel sieben Jahre zur Ehre deines Namens, „feierte acht Tage das Fest der Tempelweihe" (2 Makk 2, 12), brachte tausend Friedensopfer dar und ließ die Bundeslade feierlich unter Posaunenklang zu der für sie hergerichteten Stätte bringen.

Und ich, unglücklicher und ärmster der Menschen, wie soll ich dich in mein Haus führen? Ich weiß kaum eine halbe Stunde andächtig zuzubringen; ja, könnte ich es nur einmal in würdiger Weise eine knappe halbe Stunde!

4. O mein Gott, welche Mühe haben jene Männer aufgewendet, dir zu gefallen, und wie gering ist das, was ich tue, wie kurz die Zeit meiner Vorbereitung auf die hl. Kommunion! Selten bin ich ganz gesammelt und noch viel seltener von aller Zerstreuung frei. Und doch sollte während der heiligen Gegenwart deiner Gottheit kein ungeziemender Gedanke in mir Raum finden und kein Geschöpf mich fesseln, da ich nicht einen Engel, sondern den Herrn der Engel zu Gaste haben will. Es besteht eben doch ein großer Unterschied zwischen der Bundeslade mit ihren heiligen Gottesgaben und deinem allerreinsten Leibe mit seinen unaussprechlichen wirkenden Kräften, zwischen jenen gesetzlichen Opfern, den Sinnbildern des Kommenden, und dem wahren Opfer deines Leibes, worin alle früheren Opfer ihre Erfüllung finden. Warum also werde ich bei deiner ehrfurchtgebietenden Gegenwart nicht stärker entflammt? Warum bereite ich mich

nicht mit größerer Sorgfalt auf dein heiliges Mahl vor?
Die heiligen *Patriarchen* und *Propheten* sowie die *Könige* und *Fürsten* mit ihrem gesamten Volke konnten nicht genug tun in andächtiger Feier des göttlichen Kultes. Der fromme König *David* „tanzte mit ganzer Hingabe vor der Lade Gottes" (2 Sam 6, 14), eingedenk der den Vätern einst erwiesenen Wohltaten. Er ließ Musikinstrumente verschiedener Art anfertigen, dichtete Psalmengesänge, sorgte auch, daß die frohen Weisen gesungen wurden und sang selbst häufig zur Zither, angeregt von der Gnade des Heiligen Geistes. Er lehrte das Volk Israel, Gott aus ganzem Herzen zu loben und ihn täglich wie aus einem Munde zu verherrlichen und zu preisen. Wenn man nun damals vor der Lade des Bundes so andächtig war und sich im göttlichen Lobe nicht genug tun konnte, welche Ehrerbietung und Andacht müßten ich und das ganze christliche Volk aufbringen vor Christus im Sakramente und beim Empfange seines allerheiligsten Leibes!
5. Viele wallfahren zu verschiedenen Orten, um die Reliquien der Heiligen zu verehren, staunen über deren Taten, bewundern die herrlichen Gotteshäuser und betrachten und

küssen die in Seide und Gold gehüllten Gebeine. Und siehe, hier im Altare bist du bei mir gegenwärtig, du, mein Gott, der Heilige der Heiligen, der Schöpfer der Menschen und der Herr der Engel. Bei solchen Wallfahrten der Leute sind oft nur Neugier und Schaulust die treibenden Momente. Darum bedeuten sie auch nicht viel für die sittliche Erneuerung, besonders wenn es ein leichtsinniges Umherlaufen ist, ohne wahre Herzensreue. Hier aber, im Altarssakramente, bist du, mein Jesus, als Gott und Mensch ganz gegenwärtig. Hier erntet man die reiche Frucht des ewigen Heiles, sooft man dich würdig und andächtig empfängt. Dahin aber treibt nicht irgendeine Leichtfertigkeit, Neugier oder Sinnlichkeit, sondern der feste Glaube, Andacht, Zuversicht und aufrichtige Liebe.

6. Gott, du unsichtbarer Schöpfer der Welt, wie wunderbar verfährst du mit uns! Wie lieb und gnadenvoll sorgst du für deine Auserwählten! Du selbst bietest dich ihnen im Sakramente zum Genusse dar. Das übersteigt alles Begreifen. Es zieht die Herzen besonders der frommen Menschen an und entzündet ihre Liebe. Deine wahren Gläubigen, die ihr ganzes Leben auf den sittlichen

Fortschritt bedacht sind, schöpfen aus diesem hochheiligen Geheimnis oft große Gnade der Andacht und Liebe zur Tugend. Wunderbare, verborgene Gnade des Sakramentes! Nur die gläubigen Christen wissen um sie, den Ungläubigen und den Sklaven der Sünde kann sie nicht zum Erlebnis werden. In diesem Sakramente wird geistliche Gnade geschenkt, der Seele die verlorene Tugend zurückgegeben und die durch Sünde geschändete Schönheit erneuert. So groß ist zuweilen diese Gnade, daß nicht nur der Geist, sondern auch der kranke Leib aus der Fülle der verliehenen Andacht neue Kräfte zieht.

7. Es ist jedoch über die Maßen zu bedauern und ein beklagenswerter Zustand, daß wir uns in unserer Lauheit und Nachlässigkeit nur mit geringem Verlangen zum Genusse Christi hingezogen fühlen, auf dem doch die ganze Hoffnung der Auserwählten und all ihr Verdienst beruht. Er ist ja unsere Heiligung und Erlösung, der Pilger Trost und der Heiligen ewige Labe. Wie traurig ist es doch, daß viele dieses heilbringende Geheimnis, das den Himmel erfreut und die ganze Erde erhält, so wenig beachten! Wie blind und hart ist doch das Menschenherz, daß es ein

so unaussprechliches Geschenk nicht mehr recht würdigt und bei dem täglichen Genusse sogar gleichgültig wird. Würde dieses allerheiligste Sakrament nur an einem einzigen Orte gefeiert und nur von einem einzigen Priester in der Welt konsekriert, mit welchem Verlangen zöge es dann die Menschen zu jenem Ort und zu einem solchen Priester, um die Feier der göttlichen Geheimnisse zu erleben! Nun aber gibt es viele der Priester, und an zahlreichen Orten wird Christus geopfert, damit sich Gottes Gnade und Liebe zu den Menschen um so reicher offenbare, je weiter sich die heilige Kommunion über die Erde verbreitet.

Dank sei dir, guter Jesus, ewiger Hirt! Du erquickst uns Arme und Verbannte mit deinem kostbaren Leibe und Blute und lädst uns zum Genusse dieser Geheimnisse noch mit deinen eigenen Worten ein, indem du uns zurufst: „Kommet zu mir alle, die ihr mühselig und beladen seid, ich will euch erquicken“ (Mt 11, 28).

KAPITEL 2

Im Sakrament wird dem Menschen Gottes große Güte und Liebe geschenkt

1. Ich bin deiner zwar bedürftig, aber gar nicht würdig.
2. Ich anerkenne deine Güte und freue mich ihrer.
3. Ich komme dankend, preisend und in tiefer Demut zu dir.
4. Ich staune über die Verheißung, Einsetzung, Abgründigkeit und den Segen der Eucharistie.
5. Ich freue mich, denn das Opfer und Opfermahl sind Teilnahme an der Erlösung.

Stimme des Jüngers:
1. Im Vertrauen auf deine Güte und auf deine große Barmherzigkeit komme ich zu dir, o Herr, ein Kranker zu seinem Heiland, ein Hungernder und Dürstender zur Quelle des Lebens, ein Armer zum König des Himmels, ein Knecht zu seinem Herrn, ein Geschöpf zu seinem Schöpfer, ein Verlassener zu seinem gütigen Tröster.[2] Aber wie habe ich das verdient, daß du zu mir kommst? Wer bin ich, daß du dich selbst mir geben möchtest? Wie kann ein Sünder wagen, vor dir zu erscheinen? Und wie kannst du dich so weit

herablassen, daß du zu einem Sünder kommst? Du kennst deinen Knecht, du weißt, daß er nichts Gutes an sich hat, das ihn einer solchen Gnade würdig macht.

2. Ich bekenne meine Armseligkeit, anerkenne deine Güte, preise deine Huld und danke dir für deine übergroße Liebe. Nicht als ob ich das verdient hätte, handelst du so mit mir, sondern weil es dich dazu drängt: Du willst mir deine Güte immer deutlicher offenbaren, deine Liebe heller aufleuchten lassen und deine Demut nachdrücklicher einschärfen. Da es dir nun so gefällt und du befohlen hast, daß es so gehalten werde, ist mir deine Huld willkommen. Wenn nur meine Sündhaftigkeit nicht dawider stünde! Lieber, gütiger Jesus, dir gebührt Ehrfurcht, Dankbarkeit und immerwährendes Lob für den Empfang deines heiligen Leibes, dessen Würde zu schildern kein Mensch fähig erfunden wird.

3. Aber was soll ich nun denken bei dieser Kommunion, wenn ich zu meinem Herrn gehe, den ich nicht gebührend verehren kann und doch mit Andacht zu empfangen begehre? Was könnte ich wohl Besseres denken, was Heilsameres tun, als mich vor dir ganz tief demütigen und deine grenzenlose Liebe

nach meinen Kräften preisen? Mein Gott, ich lobe dich, ich preise dich in Ewigkeit, und mich selbst erniedrige ich und unterwerfe mich dir bis in den Abgrund meines Nichts. Siehe, du bist der Heilige der Heiligen, ich aber bin der Auswurf der Sünder. Siehe, du neigst dich herab zu mir, der ich nicht würdig bin, meine Augen zu dir zu erheben. Siehe, du kommst zu mir, du willst bei mir sein, du lädst mich zu deinem Gastmahl ein. Du willst mir „himmlische Speise und das Brot der Engel zu essen geben" (Ps 77, 25), kein anderes als dich selbst, „das lebendige Brot, das vom Himmel gekommen ist und der Welt das Leben gibt" (Joh 6, 33.51). Siehe da, welche Liebe hervortritt, welche Würde hier aufblitzt! Wie groß müßte der Dank und das Lob dafür sein!

4. Wie heilsam und nutzbringend war dein Entschluß, dieses Sakrament einzusetzen! Wie wohltuend und lieblich ist das Mahl, darin du dich selbst zur Speise gibst! Herr, wie wunderbar dein Wirken, wie mächtig deine Kraft, wie untrüglich deine Wahrheit! Denn „du hast gesprochen, und alles ist geworden" (vgl. Ps 148, 5), und gerade das ist geworden, was du geboten hast. Es ist ein Wunder, doch bei aller Unbegreiflichkeit

glaubwürdig, daß du, Herr, mein Gott, wahrer Gott und Mensch, in der unscheinbaren Gestalt des Brotes und Weines ganz zugegen bist und, obwohl der Mensch dich genießt, doch unverzehrt bleibst. Du, Herr des Alls, der du „keines Dinges bedarfst" (2 Makk 14, 35) und durch dein Sakrament in uns wohnen wolltest, erhalte mein Herz und meinen Leib in unbefleckter Reinheit, damit ich deine Geheimnisse öfters mit frohem und reinem Gewissen feiern und zu meinem ewigen Heil empfangen kann, wenn du sie auch zunächst und vornehmlich zu deiner Ehre und zu deinem steten Gedächtnis gestiftet und eingesetzt hast.

5. So freue dich denn, meine Seele, und danke dem Herrn für diese edle Gabe und für den ausgesuchten Trost, den er dir in diesem Tale der Tränen zurückgelassen hat. Denn sooft du dieses Geheimnis feierst und den Leib Christi empfängst, sooft wirkst du das Werk deiner Erlösung und nimmst du an allen Verdiensten Christi teil. Die Liebe Christi nimmt ja niemals ab, und der Schatz seiner Sühne erschöpft sich nie. Daher mußt du dich immer wieder erneuern und vorbereiten und das große Geheimnis des Heiles aufmerksam betrachten. So wichtig, so neu

und lieb muß dir das heilige Meßopfer vorkommen, wenn du es darbringst oder mitfeierst, als wenn an eben diesem Tage erst Christus in den Schoß der Jungfrau herabstiege, Mensch würde und am Kreuze hängend für das Heil der Menschen litte und stürbe.

KAPITEL 3

Es ist nützlich, oft zu kommunizieren

1. *Komm, Herr! Du bist mir alles: Erquickung, Rettung, Erlösung, Hoffnung, Stärke.*
2. *Weil ich so häufig sündige und ermatte, will ich häufig die himmlische Nahrung genießen.*
3. *Die häufige Kommunion zieht mich mehr und mehr vom Bösen ab und stärkt mich im Guten.*
4. *Ich kann die Größe der Eucharistie und ihres Segens gar nicht wiedergeben; ich kann nur schweigen.*

Worte des Jüngers:

1. Siehe, ich komme zu dir, Herr, um mich zu erquicken an deinem Geschenke und zu laben an deinem heiligen Mahle, „das du,

Gott, dem Armen in Liebe und Güte bereitet hast“ (Ps 68, 11). Siehe, bei dir ist alles, was ich begehren kann und suchen soll. Du bist meine Rettung und Erlösung, meine Hoffnung und Kraft, meine Zier und mein Ruhm. „Erquicke also heute die Seele deines Dieners; denn zu dir, Herr Jesus, habe ich meine Seele erhoben“ (Ps 86, 4). Ich wünsche dich jetzt andächtig und ehrerbietig zu empfangen. Ich möchte dich in mein Haus einführen, damit ich wie Zachäus verdiene, von dir gesegnet und unter „die Kinder Abrahams“ gezählt zu werden (Lk 19, 9). Meine Seele sehnt sich nach deinem Leibe, mein Herz begehrt, mit dir vereinigt zu werden. Gib dich mir, und es genügt; denn außer dir ist kein wahrer Trost. Ohne dich kann ich nicht sein, ohne deine Gegenwart nicht leben.

2. Deshalb muß ich häufig zu dir kommen und dich als Arznei des Heiles empfangen, damit ich nicht etwa auf dem Wege ermatte, wenn ich der himmlischen Nahrung entbehre. Denn so hast du, barmherziger Jesus, einst gesprochen, als du den Volksscharen predigtest und vielerlei Gebrechen heiltest: „Ich will sie nicht hungrig nach Hause entlassen, damit sie nicht unterwegs erliegen“

(Mt 15, 32). Also verfahre nun auch mit mir, denn du bist ja doch zum Troste der Gläubigen im Sakramente geblieben. Du bist die erquickende Labung der Seele. Wer dich würdig genießt, wird Teilhaber und Erbe der ewigen Herrlichkeit. Da ich aber so oft falle und sündige, so schnell ermatte und versage, muß ich häufig beten und öfter beichten und kommunizieren, um mich zu erneuern, zu reinigen und die Glut in mir anzufachen. Ich könnte sonst bei zu längerem Fernbleiben meinem heiligen Vorsatz untreu werden.

3. Denn „die Sinne des Menschen sind von seiner Jugend an zu Bösem geneigt" (Gen 8, 21). Wenn ihm die göttliche Arznei nicht zu Hilfe kommt, fällt er bald immer tiefer in die Sünde. Die heilige Kommunion bewahrt vor dem Bösen und stärkt im Guten. Wenn ich jetzt, da ich kommuniziere oder die heilige Messe feiere, schon so oft nachlässig und lau bin, was wird erst geschehen, wenn ich diese Arznei nicht nehme und dieses mächtige Hilfsmittel nicht gebrauche? Wenn ich auch nicht an jedem Tage fähig und zur Feier der heiligen Messe genügend vorbereitet bin, so will ich mich doch bemühen, zu geeigneten Zeiten die göttlichen Geheimnisse

zu empfangen und mich einer so großen Gnade teilhaftig zu machen. Das ist die einzige, alles übertreffende Tröstung der gläubigen Seele, daß sie ihren Geliebten in frommer Andacht empfangen kann, während sie ferne von dir im sterblichen Leibe pilgert.

4. „Wie wunderbar, mild und herablassend ist doch deine Güte gegen uns“[3], daß du, Herr, mein Gott, Schöpfer und Lebensquell aller Geister, in Gnaden eine arme Seele besuchst und mit deiner ganzen Gottheit und Menschheit ihren Hunger stillst. Glücklich und selig Geist und Herz, die dich, ihren Herrn und Gott, andächtig empfangen dürfen und beim Empfange mit geistlicher Freude erfüllt werden. Wie groß ist doch der Herr, den wir empfangen, wie liebenswert der Gast, den wir einlassen, wie angenehm der Gefährte, den wir aufnehmen, wie treu der Freund, den wir beherbergen, wie schön und edel der Bräutigam, den wir umarmen – liebenswürdig vor jedem Geliebten und über alles begehrenswert. „Schweigen müssen vor deinem Angesichte“, mein Geliebter, meine Wonne, „Himmel und Erde und all ihre Schönheit“ (Hab 2, 20; Gen 2, 1). Denn all ihr Glanz und ihre Pracht ist ein Geschenk deiner freigebigen Hand. Er reicht nicht her-

an an die Herrlichkeit deines Namens, „dessen Weisheit ohne Zahl“ (Ps 147, 5).

KAPITEL 4

Der andächtige Empfang der heiligen Kommunion trägt reiche Frucht

1. *Ich bitte um lebendigen Glauben.*
2. *Ich komme mit Vertrauen und Ehrfurcht.*
3. *Ich erwarte Trost, Licht und Andacht.*
4. *Du bist für mich der überströmende Quell und das starke Feuer; ich hoffe wenigstens auf eine kleine Gabe.*
5. *Ersetze, was mir mangelt, und mehre die Innigkeit meiner Andacht.*

Stimme des Jüngers:

1. Herr, mein Gott, komm deinem Diener mit den Segnungen deiner Güte zuvor (Ps 21, 4). Ich möchte würdig und fromm zu deinem erhabenen Sakramente gehen. Reiß mein Herz empor zu dir! Nimm die Fessel der Lauheit von mir! „Suche mich heim mit deiner heiligenden Kraft!“ (Ps 106, 4). Laß mich im Geiste deine erquickende Liebe ko-

sten, die dieses Sakrament wie ein Brunnquell in Fülle umschließt. Erleuchte meine Augen, damit sie dieses so große Geheimnis zu schauen vermögen. Stärke meinen Glauben, daß ich ohne Zweifel an es glauben kann. Denn es ist dein Werk, nicht Menschenwerk, deine heilige Einsetzung, nicht Menschenerfindung. Keiner ist fähig, dieses Geheimnis von sich aus zu fassen und zu begreifen, ein Mysterium, das sogar den scharfen Geist der Engel übersteigt. Wie könnte also ich unwürdiger Sünder, ich „Staub und Asche" (Sir 17, 32) ein so heiliges Geheimnis erforschen und begreifen?

2. Herr, in der Einfalt meines Herzens, in gutem, festem Glauben und auf dein Geheiß nahe ich mich dir mit Vertrauen und Ehrfurcht und glaube in Wahrheit, daß du, Gott und Mensch, hier im Sakramente gegenwärtig bist. Du willst, daß ich dich empfange und mich in Liebe mit dir vereinige. Darum bitte und flehe ich zu dir, du wollest mir in deiner Güte die besondere Gnade dazu verleihen, damit ich ganz in dir aufgehe und in überfließender Liebe keinem andern Troste mehr geöffnet bin. Ist doch dieses erhabene und würdige Sakrament das Heilmittel für Leib und Seele, die Arznei gegen jede

Krankheit des Geistes. Es heilt meine Gebrechen, bändigt die Leidenschaften, schlägt die Versuchungen nieder oder mindert deren Heftigkeit, gießt größere Gnaden ein, bringt Wachstum in der Tugend, festigt den Glauben, stärkt die Hoffnung, entzündet und steigert die Liebe.

3. Viel Gutes hast du geschenkt und schenkst du immer noch den Deinen, die dich andächtig im Sakramente empfangen. Mein Gott, du „bist meiner Seele Schutz“ (Ps 54, 6), du hilfst der menschlichen Schwäche auf und spendest ihr die ganze Fülle inneren Trostes. Ja, du gibst viel Trost und Kraft gegen mancherlei Not, erhebst den Menschen aus der Tiefe eigenen Elends zum Vertrauen auf deinen Schutz und erquickst und erleuchtest ihn durch neue Gnaden. Im Anfange zaghaft und ohne Andacht vor der Kommunion, spürt er nach dem Genusse der Himmelsspeise und des himmlischen Trankes, daß er in einen neuen Menschen umgewandelt ist. Offenbar verfährst du in dieser freundlichen Weise mit deinen Auserwählten, damit sie in Wahrheit erkennen und lebendig erfahren, wie schwach sie aus sich selbst sind, und wieviel Gnade und Güte sie von dir erlangen. Denn ihrer Natur

nach kalt, hart und unandächtig, werden sie durch dich Menschen der Glut, des Eifers und der Hingabe. Wer könnte auch in Demut zur Quelle der Erquickung gehen, ohne wenigstens etwas tröstende Stärkung heimzutragen? Wer steht bei einer Feuersglut und fühlt sich nur wenig erwärmt? Du aber bist der immersprudelnde, überquellende Born, der Feuerbrand, der nie erlischt.

4. Wenn es mir daher nicht vergönnt ist, aus der vollen Quelle zu schöpfen und bis zur Sättigung zu trinken, so will ich doch meinen Mund an die Öffnung der himmlichen Quellen[4] legen, um wenigstens ein kleines Tröpflein zu erhaschen, meinen Durst zu lindern und nicht gänzlich zu verschmachten. Kann ich auch nicht so voll des himmlischen Geistes und der glühenden Liebe der Cherubim und Seraphim sein, so will ich doch versuchen, der Andacht obzuliegen und mein Inneres zu bereiten, damit ich wenigstens ein Fünklein aus dem göttlichen Feuerherde mein eigen nennen kann.

5. Was immer aber mir mangelt, guter Jesus, das ergänze gütig und gnädig, du mein heiliger Erlöser. Du lässest dich ja herab, uns alle mit den Worten einzuladen: „Kommet zu mir alle, die ihr mühselig und beladen seid,

ich will euch erquicken“ (Mt 11, 28). Ich mühe mich ab im Schweiße meines Angesichtes, werde gequält vom Kummer des Herzens, trage an der Last der Sünden, bin in Unruhe wegen Versuchungen, viele böse Leidenschaften bedrücken und bedrängen mich, und es findet sich keiner, der mir hilft, mich befreit und rettet als du, Herr, mein Gott und Erlöser. Ich vertraue mich und alles, was mein, dir an. Beschütze du mich und führe mich zum ewigen Leben. Nimm mich an zum Lobe und zur Ehre deines Namens, der du mir deinen Leib zur Speise und dein Blut zum Tranke bereitet hast. Herr, mein Gott und Erlöser, verleihe, daß die Innigkeit meiner Andacht durch häufige Teilnahme an diesem Geheimnisse wachse.

KAPITEL 5

Die Würde des Sakramentes und der Priesterstand

1. Die Priesterwürde beruht auf der sakramental verliehenen Vollmacht.
2. Die Priesterwürde verpflichtet zu einer höheren Stufe der Heiligkeit.
3. Das Priesterleben ist Nachfolge des kreuztragenden Heilandes.

Stimme des Geliebten:
1. Hättest du die Reinheit der Engel und die Heiligkeit eines heiligen Johannes des Täufers, du wärest nicht würdig, dieses Sakrament zu empfangen oder zu feiern. Denn nicht menschliches Verdienst ist es, daß ein Mensch das Sakrament Christi konsekriert, feiert und es als Speise der Engel genießt. Erhabener Dienst! Große Würde der Priester, denen es gegeben ist, was den Engeln versagt ist. Denn nur die rechtmäßig in der Kirche geweihten Priester haben die Gewalt, die Messe zu feiern und den Leib Christi zu konsekrieren. Der Priester ist jedoch nur der Diener Christi, er bedient sich des Wortes Gottes, wie Gott es anbefohlen und einge-

setzt hat. Gott aber ist die eigentliche Kraft, die da unsichtbar wirkt. Ihm ist alles gemäß seinem Willen unterworfen. Alles, was er will, geschieht. Glaube also, was dieses erhabene Sakrament angeht, mehr dem allmächtigen Gott, als deinem eigenen Sinn oder einem sichtbaren Zeichen.

2. Tritt darum nur mit Furcht und Ehrfurcht an diese Handlung heran. Achte auf dich und bedenke, wessen Dienst dir durch die Handauflegung des Bischofs anvertraut wurde. Siehe, Priester bist du geworden und zur Feier des heiligen Opfers geweiht. Sorge nun auch, daß du das Opfer zur rechten Zeit treu und andächtig Gott darbringst und dich selbst untadelig erweisest. Erleichtert hast du deine Bürde nicht, bist vielmehr durch engere Bande der Zucht gebunden und zu größerer Vollkommenheit verpflichtet. Der Priester muß mit allen Tugenden geziert sein und den anderen ein gutes Beispiel vorleben. Sein Wandel darf nicht sein gleich jenem der großen Menge. Die breiten Wege der Menschen muß er meiden. Er halte es mit den Engeln im Himmel und mit den Vollkommenen auf Erden.

3. Der Priester in seinen heiligen Gewändern vertritt die Stelle Christi. Er soll für

sich und das ganze Volk inständig und demütig Gottes Hilfe erflehen. Auf der Vorder- und Rückseite des Meßgewandes trägt er das Kreuz des Herrn als ein Zeichen, das ihn an Christi Leiden erinnern soll; auf der Vorderseite des Meßgewandes, daß er den Lebensweg Christi fleißig betrachte und sich bemühe, ihm in glühender Liebe zu folgen. Auf der Rückseite, daß er alles Unrecht von seiten der Menschen gelassen für Gott ertrage. Vor sich trägt er das Kreuz, damit er die eigenen Sünden beweine, nach sich trägt er es, damit er auch die Vergehen der andern aus Mitleid betrauere, sich als Mittler zwischen Gott und den Sünder gestellt sehe und nicht aufhöre, zu beten und das heilige Opfer zu feiern, bis er gewürdigt wird, Gnade und Erbarmen zu erlangen. Wenn der Priester zelebriert, verherrlicht er Gott, erfreut er die Engel, erbaut er die Kirche, hilft er den Lebenden, bringt er den Verstorbenen Ruhe und gewinnt selber Anteil an allem Guten.

KAPITEL 6

Vorbereitung zur heiligen Kommunion

1. Darf ich gehen, oder bleibe ich besser fern?
2. Lehre mich den rechten Weg.

Stimme des Jüngers:

1. Herr, wenn ich an deine Würde und meine Niedrigkeit denke, erfaßt mich Zittern und Beben. Ich werde irre an mir selber. Denn bleibe ich fern, fliehe ich vor dem Leben; trete ich unwürdig hinzu, mache ich mich schuldig. Was soll ich also tun, mein Gott, du meine Hilfe und mein Trost in der Not?

2. Lehre mich den rechten Weg, gib mir eine kurze passende Anleitung für den Empfang der heiligen Kommunion. Es ist nützlich zu wissen, wie ich mein Herz für deinen Besuch bereiten soll, um dein Sakrament andächtig, mit Ehrfurcht und Frucht zu empfangen und das große, göttliche Opfer darzubringen.

KAPITEL 7

Prüfung des eigenen Gewissens und Vorsatz zur Besserung

1. *Opfere und kommuniziere mit: Demut, Ehrfurcht, Glauben, reiner Absicht, nach Gewissensprüfung, Reue und, wenn nötig, nach guter Beichte.*
2. *Suche ein klares Bild deiner Neigungen zu gewinnen.*
3. *Erfülle dich mit dem Willen zur Besserung, und gib dich Gott ungeteilt hin.*

Stimme des Geliebten:

1. Der Priester Gottes bedarf vor allem einer ganz tiefen Demut des Herzens und einer ehrfürchtig bittenden Haltung. Mit lebendigem Glauben und in der reinen Absicht, Gottes Ehre zu suchen, trete er an die Feier und an den Empfang dieses Sakramentes heran. Erforsche sorgsam dein Gewissen, und reinige und läutere es, so gut du kannst, in wahrer Reue und demütiger Beichte, damit keine schwere Verfehlung mehr bewußt auf dir laste, die dich quälen und den freien Zutritt hemmen könnte. Verabscheue alle deine Sünden im allgemeinen, und deine

täglichen Vergehen bereue und beweine im besonderen. Wenn die Zeit es gestattet, bekenne Gott im Innersten deines Herzens das ganze Elend deiner Leidenschaften.

2. Überlaß dich dem Reueschmerz bei der Erkenntnis, daß du noch ein so sinnlicher und weltlicher Mensch bist, daß du deinen bösen Neigungen noch so wenig entsagt hast, so stark vom niederen Begehren beherrscht wirst und deine äußeren Sinne so ungenügend bewachst. Wie oft läßt du dich von den eitlen Phantasiebildern umgarnen, wie stark neigst du noch zu Äußerlichkeiten, wie nachlässig richtest du dein Augenmerk auf das innere Leben! Zu lachen und dich zu zerstreuen bist du sofort bereit, der tiefen Zerknirschung aber setzest du deine Herzenshärte entgegen. Für ein lockeres, dem Leibe schmeichelndes Leben bist du sofort zu haben, der Strenge und dem Eifer begegnest du mit Trägheit. Neues zu hören und Schönes zu sehen, darauf bist du aus, um aber demütige, niedere Dienste zu tun, bist du so säumig. Wie verlangt es dich, viel zu besitzen, und wie karg bist du im Geben, wie zäh im Behalten! Unüberlegt im Reden, unbeherrscht im Schweigen, fehlt dir im Benehmen die rechte Form und im Tun die

rechte Ruhe. Gierig auf Speise, taub für das Wort Gottes, gehst du eilig in die Erholung und nur langsam zur Arbeit, bist hellhörig für Geschwätz und schläfrig bei den heiligen Nachtwachen! Wie drängt es dich zum Ende, wie ausgegossen bist du, um in Ruhe aufzumerken, wie nachlässig betest du dein Stundengebet! Lau bei der Feier der heiligen Messe, trocken beim Kommunizieren, bist du so schnell zerstreut und so selten ganz in dir gesammelt, so rasch zum Zorne geneigt und so behend, andere zu beleidigen, so eilig im Urteil und so streng im Richten, so fröhlich im Glück und so niedergeschlagen im Unglück, oft so reich an vielen guten Vorsätzen und so träge, sie auszuführen.

3. Hast du diese und deine anderen Fehler in Reue und unter tiefem Mißfallen deiner eigenen Schwäche bekannt und bereut, dann fasse den festen Vorsatz, dein Leben stetig zu bessern und im Guten voranzuschreiten. Bringe dich selbst in restloser Entsagung und ungeteiltem Willen auf dem Altare deines Herzens zur Ehre meines Namens als ewiges Brandopfer dar. Gläubigen Sinnes befiehl mir deinen Leib und deine Seele. So magst du dann würdig werden, mir

zu nahen, das heilige Opfer darzubringen und das Sakrament meines Leibes zu deinem Heile zu empfangen. Es gibt kein würdigeres Opfer und keine wirksamere Sühne zur Tilgung der Sünden als diese: sich selbst mit Christi Leib rein und ungeteilt in der Messe und der Kommunion Gott aufzuopfern. Wenn der Mensch tut, was an ihm ist, wenn er ernstlich Reue erweckt und so zu mir kommt, um Verzeihung und Gnade zu finden, dann spricht der Herr: So wahr „ich lebe, ich will nicht den Tod des Sünders, sondern daß er sich bekehre und lebe“ (Ez 33, 11). „Ich werde seiner Sünden nicht mehr gedenken“ (Jer 31, 34), es soll ihm alles verziehen sein.

KAPITEL 8

Das Opfer Christi am Kreuz und die vollkommene Selbsthingabe

1. Bringe dich in der heiligen Messe mit Christus dem Vater zum Opfer.
2. Nimm nichts von deinem Opfer aus! Entsage allem!

Stimme des Geliebten:

1. Ich habe mich selbst mit ausgebreiteten Armen und entblößtem Leibe am Kreuz für deine Sünden freiwillig Gott, dem Vater, zum Opfer dargebracht. Mir blieb nichts, das nicht restlos in das Opfer der göttlichen Versöhnung eingegangen wäre. So mußt auch du dich selbst aus freien Stücken mir täglich in der Messe als ein reines und heiliges Opfer darbringen, so innig, als du es vermagst, und mit allen deinen Kräften und Neigungen. Was verlange ich mehr von dir, als daß du dich bemühst, aus Liebe zu mir restlos auf dich zu verzichten? Was immer du mir außer dir gibst, bedeutet mir nichts; denn ich suche nicht deine Gabe, sondern dich. Wie es dir nicht genügen würde, wenn du alles hättest, mich aber nicht, so kann

auch mir nicht gefallen, was immer du mir gibst, wenn du dich selbst mir vorenthältst.

2. Opfere dich mir und gib dich ganz an Gott hin, so wird dein Opfer wohlgefällig sein. Siehe, ich habe mich ganz für dich dem Vater geopfert, habe auch meinen Leib und mein Blut ganz zur Speise gegeben. Ich wollte ganz dein sein, und du solltest in mir bleiben. Wenn du aber auf dir selbst bestehst und dich nicht freiwillig meinem Willen aufopferst, so ist dein Opfer nicht ausreichend, und die Einigung zwischen uns wird unvollständig sein. Allen deinen Werken gehe die freiwillige Hingabe deiner selbst in die Hände Gottes voraus, wenn du zu Gnade und Freiheit gelangen willst. Eben deshalb finden sich so wenige erleuchtete und innerlich freie Menschen: sie können sich selbst nicht gänzlich verleugnen. Fest steht mein Wort: „Wer nicht allem entsagt, kann mein Jünger nicht sein" (Lk 14, 33). Willst du also zu meinen Jüngern zählen, so opfere mir dich selbst samt allen deinen Neigungen.

KAPITEL 9

Wir müssen uns selbst und alles, was unser ist, Gott darbringen und für alle beten

1. *Sich selbst muß der Christ darbringen; freiwillig, für immer.*
2. *Seine Sünden und das wenige Gute, das er getan.*
3. *Die Anliegen der lebenden und verstorbenen Verwandten, Freunde und Bekannten.*
4. *Alle Kränkungen, die er selbst erlitten oder andern zugefügt hat.*

Stimme des Jüngers:

1. Herr, alles ist dein im Himmel und auf Erden. Es ist mein sehnlichstes Verlangen, mich dir zum Opfer zu bringen, aus freien Stücken, und für immer dein zu bleiben. Herr, in der Einfalt meines Herzens weihe ich mich dir heute. Ich will für immer dein Diener sein, dir gehorchen und ein ununterbrochenes Lobopfer darstellen. Nimm mich an mit diesem heiligen Opfer deines kostbaren Leibes, das ich dir heute in Gegenwart der unsichtbar mitfeiernden Engel darbringe. Möge es mir und deinem ganzen Volke zum Heile gereichen.

2. Herr, alle meine Sünden und Vergehen, die ich vor dir und deinen heiligen Engeln begangen habe, seit dem ersten Tage, da ich sündigen konnte, bis zu dieser Stunde, breite ich auf deinem Sühnealtar aus. Zünde sie allesamt an, und verbrenne sie im Feuer deiner Liebe. Tilge jeden Makel meiner Sünden, reinige mein Gewissen von aller Schuld, gib mir deine durch die Sünde verlorene Gnade wieder, verzeihe mir alles und jedes und laß mich gnädig zum Kusse deines Friedens zu. Was anderes kann ich für meine Sünden tun, als sie demütig bekennen und beklagen und unablässig dich um Verzeihung bitten? Ich bitte dich, erhöre mich gnädig, mein Gott, so wie ich vor dir stehe. Alle meine Sünden ekeln mich an, ich will sie nicht mehr begehen. Sie tun mir leid und werden mir leid tun bis an das Ende meiner Tage. Ich bin bereit, Buße zu tun und nach Kräften Genugtuung zu leisten. Vergib mir, o Gott, vergib mir meine Sünden um deines heiligen Namens willen. Rette meine Seele, die du mit deinem kostbaren Blut erkauft hast. Siehe, ich überlasse mich deiner Barmherzigkeit und übergebe mich deinen Händen. Verfahre mit mir nach deiner Güte, nicht nach meiner Schlechtigkeit und Sünde.

Ich weihe dir ferner alles Gute, das an mir ist, mag es auch recht wenig und sehr unvollkommen sein. Läutere es, heilige es, daß es deine Freude und dein Wohlgefallen finde. Laß es immer besser werden und führe mich trägen und unnützen Menschen zu einem glückseligen und preiswürdigen Ende.

3. Auch alle gottgefälligen Wünsche der Frommen opfere ich dir auf: die Nöte der Eltern, der Freunde, Brüder, Schwestern, all meiner Lieben und derer, die mir und andern aus Liebe zu dir Gutes erwiesen haben. Ferner empfehle ich dir die Anliegen jener, die für sich und die Ihrigen Gebete und heilige Messen begehrten und erbaten, ob sie nun leben oder schon gestorben sind. Sie alle mögen erfahren, wie deine Gnade ihnen zu Hilfe kommt, die sie tröstet und sie in Gefahren beschützt. Von ihren Sünden befreit und aus allem Übel erlöst, mögen sie dir frohen Herzens ein Jubel- und Dankeslied singen.

4. Ich opfere dir Gebete und Sühnegaben besonders für jene auf, die mich irgendwie verletzt, betrübt oder gekränkt, geschädigt oder belästigt haben, sowie für alle jene, die ich selbst einmal betrübt, beunruhigt, bedrängt und geärgert habe, in Worten, durch

die Tat, wissentlich oder unwissentlich. Vergib uns allen gleicherweise unsere Sünden und gegenseitigen Beleidigungen. Nimm hinweg, o Herr, aus unseren Herzen allen Argwohn, Unwillen, Zorn und Zank und alles, was die Liebe verletzen und die brüderliche Eintracht mindern kann. Erbarme dich, Herr, erbarme dich derer, die um deine erbarmende Liebe bitten. Gib Gnade den Bedürftigen! Bilde uns zu Menschen, die würdig sind, deine Gnade zu genießen und zum ewigen Leben zu gelangen. Amen.

KAPITEL 10

Die heilige Kommunion darf nicht leichthin unterlassen werden

1. *Nicht wegen der Versuchungen des Teufels, die gerade bei häufiger Kommunion leichter überwunden werden.*
2. *Nicht wegen kleiner Ängstlichkeiten und Verwirrungen.*
3. *Nicht wegen der Scheu vor der Beichte oder der Hemmungen, die aus dem langen Aufschieben der heiligen Kommunion entstehen.*

4. *Nicht wegen der Gleichgültigkeit, wohl aber können uns abhalten echte Demut und rechtmäßige Verhinderung.*
5. *Nicht wegen geistiger Kommunion, die meine üblichen Kommuniontage keineswegs verdrängen darf.*
6. *(Später hinzugefügter Text:) Zelebrationsregel für den Priester.*

Stimme des Geliebten:

1. Nimm oft deine Zuflucht zur Quelle der Gnade und der göttlichen Barmherzigkeit, zur Quelle der Güte und Lauterkeit, damit du von deinen Leidenschaften und Fehlern geheilt und gegen alle Versuchungen und Fallstricke des Teufels stärker und wachsamer zu werden verdienst. Der Feind weiß um den Segen und die erneuernde Kraft der heiligen Kommunion. Darum versucht er auf alle Weise und bei jeder Gelegenheit, die gläubigen, frommen Menschen, soviel er nur kann, zurückzuhalten und zu behindern. Manche erleiden gerade bei der Vorbereitung auf die heilige Kommunion die ärgsten Versuchungen Satans. Der böse Geist, heißt es bei Ijob (1, 6; 2, 1), mischt sich unter die Kinder Gottes, um sie in seiner gewohnten Bosheit zu erschrecken oder sie gänzlich zu

verwirren und einzuschüchtern. So sucht er ihre Liebe zum Erkalten zu bringen und ihren Glauben zu erschüttern, damit sie die Kommunion womöglich ganz unterlassen oder mit Lauheit hinzutreten. Doch man soll sich um seine listigen Trugbilder, wie schmählich und häßlich sie auch sein mögen, nicht kümmern, sondern alle Vorspiegelungen auf sein Haupt zurückschleudern. Verachten, ja verlachen darf man den Elenden und die heilige Kommunion nicht wegen seiner Angriffe und Beunruhigungen unterlassen.

2. Oft ist es auch die übertriebene Sorge um die rechte Andacht, die dich zurückhält, oder auch die Angst um die abzulegende Beichte. Handle nach dem Rate der Weisen und leg alle ängstliche Sorge ab; sie verhindert den Zufluß der Gnade und zerstört die Andacht der Seele. Wegen einer kleinen Verwirrung oder Unruhe bleib nicht von der Kommunion fern. Geh lieber schnell zur Beichte und verzeih andern gern die Beleidigungen. Hast du selbst jemand gekränkt, bitte ihn bescheiden um Verzeihung, und Gott wird dir gnädig sein.

3. Was nützt es, die Beichte und die heilige Kommunion hinauszuschieben? Befreie

dich, so schnell du kannst, von dem Gifte, speie es schleunigst aus. Beeile dich, das Heilmittel zu empfangen, so wirst du dich besser fühlen, als wenn du lange zögerst. Bleibst du heute aus diesem Grunde fern, dann morgen vielleicht aus einem anderen, der noch schwerer zu wiegen scheint. So kannst du lange von der Kommunion zurückbleiben und immer weniger vorbereitet sein. Schüttle den gegenwärtigen Druck und die Trägheit ab, so schnell du kannst. Es hat keinen Sinn, sich lange zu ängstigen, in Un ruhe zu leben und sich wegen der täglichen Hemmungen vom Göttlichen zurückzuziehen. Im Gegenteil, es schadet dir sehr, die Kommunion lange hinauszuschieben; gewöhnlich pflegt dann eine große Lauheit einzusetzen. Leider gibt es gewisse Christen, die ihre Beichte gern aus Trägheit und Gleichgültigkeit hinauszögern, sie möchten eben auch den Empfang der Kommunion hinausschieben, um nicht genötigt zu sein, sich mehr zusammenzunehmen. Wie gering ist doch die Liebe, wie kühl die Andacht derer, die die heilige Kommunion so leicht unterlassen.

4. Wie glücklich und Gott wohlgefällig aber ist jener, der so lebt und ein so reines Gewis-

sen bewahrt, daß er sogar jeden Tag für die Kommunion vorbereitet und sie zu empfangen geneigt wäre, wenn er es dürfte und ohne Anstoß tun könnte! Wer zuweilen aus Demut oder einem stichhaltigen Grunde zurückbleibt, ist wegen der Ehrfurcht, die sich darin ausspricht, zu loben. Hat sich jedoch bei ihm die Lauheit eingeschlichen, so soll er sich aufraffen und tun, was an ihm ist, und der Herr wird seinem Verlangen zu Hilfe kommen; denn der gute Wille findet sein besonderes Wohlgefallen. Wer rechtmäßig verhindert ist, dabei aber stets den guten Willen und die rechte Absicht zu kommunizieren hegt, wird der Frucht des Sakramentes nicht verlustig gehen.

5. Denn jeder Fromme kann jeden Tag und zu jeder Stunde mit Gewinn und ungehindert zur geistigen Vereinigung mit Christus gelangen. Doch soll er an gewissen Tagen zur üblichen Zeit den Leib seines Erlösers mit Andacht und Ehrfurcht im Sakramente empfangen und dabei mehr auf Gottes Lob und Ehre schauen als auf den eigenen Trost. Denn so oft er des Geheimnisses der Menschwerdung und des Leidens Christi fromm gedenkt, so oft kommuniziert er mystischerweise und wird er unsichtbar er-

quickt. Wer sich nur vorbereitet, wenn ein Fest bevorsteht oder weil die Gewohnheit ihn dazu treibt, wird oft unvorbereitet sein. Selig, wer sich dem Herrn zum Opfer anbietet, sooft er die heilige Messe feiert oder die heilige Kommunion empfängt!

6. Wenn du die heilige Messe feierst, sei nicht zu langsam, aber auch nicht zu eilig. Halte dich an die gewöhnliche Weise derer, mit denen du zusammenlebst. Falle anderen nicht lästig und errege keinen Überdruß in ihnen. Geh den gewöhnlichen Weg, so wie es dem Brauch der Tradition entspricht, und diene mehr dem Nutzen der anderen als der eigenen Andacht und Neigung.

KAPITEL 11

Der Leib Christi und die Heilige Schrift sind der gläubigen Seele ganz besonders notwendig

1. *Deine eucharistische Gegenwart beglückt mich tief; könnte ich doch besser danken!*
2. *Deine Gegenwart ist zwar verhüllte Gegenwart, doch ich schaue dich im Glauben.*

3. Bis zum unverhüllten Schauen will ich mich mit großer Geduld wappnen.
4. Inzwischen sind Bibel und Eucharistie mein Trost und Halt.
5. Der Verwalter dieser heiligen Schätze muß ein heiliges Leben führen.

Stimme des Jüngers:

1. Gütigster Herr Jesus, wie köstlich ist die Seligkeit des andächtigen Menschen, der mit dir an deinem Tische speist, wo ihm keine andere Speise vorgesetzt wird als du, sein einzig Geliebter, begehrenswerter als alles, wonach sein Herz verlangt. Auch mir wäre es ein Trost, wenn ich in deiner Gegenwart aus tiefer innerer Ergriffenheit weinen und mit der frommen Magdalena deine Füße mit Tränen benetzen könnte. Aber wo ist diese Andacht? Woher nehme ich diese Flut heiliger Tränen? Wahrlich, vor dir und deinen heiligen Engeln sollte mein ganzes Herz entbrennen und vor Freude weinen. Bist du mir doch im Sakramente wirklich nahe, wenn auch verborgen unter fremder Gestalt. Denn dich in deiner dir eigenen göttlichen Klarheit zu schauen, könnten meine Augen nicht ertragen, und auch die ganze Welt würde vor dem Glanze deiner Herrlichkeit und

Majestät vergehen. Du nimmst also Rücksicht auf meine Schwäche, wenn du dich im Sakramente verbirgst.

2. Ich besitze in Wahrheit und bete an, den die Engel im Himmel anbeten. Diese schauen ihn in seinem Wesen, ohne Schleier, ich aber einstweilen nur im Glauben. Ich muß mich zufrieden geben mit dem Lichte des wahren Glaubens und in diesem Lichte wandeln, bis der Tag der ewigen Klarheit anbricht und die Schattenbilder schwinden (vgl. Hld 2, 17). „Wenn aber die Vollendung naht" (1 Kor 13, 10) wird der Gebrauch der Sakramente schwinden; denn die Seligen in der himmlischen Glorie bedürfen keiner sakramentalen Arznei. Sie erfreuen sich ohne Ende der Gegenwart Gottes, „schauen seine Herrlichkeit von Angesicht zu Angesicht" (1 Kor 13, 12), werden „von Klarheit zu Klarheit" verwandelt in das Bild der unergründlichen Gottheit (2 Kor 3, 18) und genießen das menschgewordene Wort Gottes, wie es von Anfang an war und wie es bleibt in Ewigkeit.

3. Eingedenk dieser Wunder, werde ich jedes geistlichen Trostes gänzlich überdrüssig; denn solange ich meinen Herrn nicht offen in seiner Herrlichkeit schaue, halte ich alles,

was ich in der Welt sehe und höre, für nichts. Du, o Gott, bist mein Zeuge, daß kein Ding mich trösten, kein Geschöpf mir Ruhe bringen kann außer dir, mein Gott, den ich ewig zu schauen verlange. Da mir das unmöglich ist, solange ich in dieser Sterblichkeit weile, muß ich mich mit viel Geduld wappnen und all mein Verlangen dir anheimstellen. Denn auch deine Heiligen, Herr, die mit dir schon im Himmelreiche frohlocken, haben zeit ihres Lebens gläubig und ganz geduldig die Ankunft deiner Herrlichkeit erwartet. Was jene glaubten, glaube auch ich; was jene erhofften, erhoffe auch ich; wohin jene gelangten, hoffe auch ich mit Hilfe deiner Gnade zu kommen. Inzwischen werde ich, gestärkt durch das Beispiel der Heiligen, im Glauben wandeln. Ich besitze ja auch die heiligen Bücher, die mich trösten und mir ein Spiegel des Lebens sind, und über alles dies: deinen heiligsten Leib als besondere Arznei und Zuflucht.

4. Zwei Dinge tun mir in diesem Leben äußerst not; ohne sie würde mir dieses elende Leben unerträglich sein. Im Kerker des Leibes gefesselt, bedarf ich – ich bekenne – der Speise und des Lichtes. Darum hast du mir

in meiner Schwäche deinen heiligen Leib zur Erquickung für mein seelisches und leibliches Leben gegeben und „dein Wort als Leuchte für meine Füße“ (Ps 119, 105). Ohne diese zwei könnte ich nicht gut leben. Denn das Wort Gottes ist meiner Seele Licht und dein Sakrament: „Brot des Lebens“ (Joh 6, 35). Sie lassen sich auch mit „zwei Tischen“ (Ez 40, 39) vergleichen, die an beiden Seiten in der Schatzkammer der heiligen Kirche aufgestellt sind. Der eine ist der Tisch des heiligen Altares mit dem heiligen Brote, nämlich dem kostbaren Leibe Christi, der andere ist der Tisch des göttlichen Gesetzes mit der heiligen Lehre, die uns im Glauben unterweist und uns sicheren Schrittes bis zu „dem inneren Vorhang in das Allerheiligste“ führt (vgl. Hebr 6, 19; 9, 3). Dank dir, Herr Jesus, Licht des ewigen Lichtes, für den Tisch der heiligen Lehre, den du uns durch deine Diener, die Propheten und Apostel und andere Lehrer, gerichtet hast. Dank dir, Schöpfer und Erlöser der Menschen, daß du, um aller Welt deine Liebe zu beweisen, uns „das große Mahl“ (Lk 14, 16) bereitet und uns in ihm nicht das vorbildhafte Lamm, sondern dein heiligstes Fleisch und Blut zur Speise vorgesetzt hast. So erfreust du nun alle Gläubigen mit dem heiligen Mahl und erquickst sie mit dem Kelch des Heiles, der alle Wonnen des Paradieses enthält. Mit uns speisen die heiligen Engel, freilich in größerer Seligkeit.

5. Wie groß und ehrwürdig ist doch das Amt der Priester, denen die Gewalt gegeben ist, den Herrn der Herrlichkeit mit heiligen Worten zu weihen, mit den Lippen zu preisen, in den Händen zu halten, ihn zu genießen und andern zum Genusse darzureichen. Wie rein sollten jene Hände sein, wie rein muß der Mund, wie heilig der Leib, wie unbefleckt das Herz des Priesters sein, bei dem der Urheber der Reinheit so oft einkehrt. Aus dem Munde des Priesters darf nur ein heiliges, ehrbares, nützliches Wort hervorgehen, da er Christi Sakrament so oft empfängt. Seine Augen, die den Leib Christi anzuschauen pflegen, seien zuchtvoll, ohne Arg. Die Hände, die den Schöpfer Himmels und der Erde berühren, soll er rein zum Himmel erheben. Den Priestern vor allem gilt das Wort der Schrift (Lev 19, 2; 1 Petr 1, 15): „Seid heilig, weil ich, euer Herr und Gott, heilig bin." Allmächtiger Gott, deine Gnade komme uns, die wir das Priesteramt auf uns genommen haben, zu Hilfe, damit

wir imstande seien, dir würdig und fromm, in aller Lauterkeit und Gewissensreinheit zu dienen. Wenn wir nicht die Kraft besitzen, einen so reinen, unschuldigen Wandel zu führen, wie es eigentlich sein sollte, so verleihe uns doch, daß wir das Schlechte, das wir getan haben, nach Gebühr beweinen und im Geiste der Demut und mit gutem, festem Willen dir fortan eifriger dienen.

KAPITEL 12

Wer Christus empfangen will, muß sich mit großer Sorgfalt vorbereiten

1. *Reinige und schmücke die Wohnung deines Herzens.*
2. *Tu, was du kannst; ich ersetze das Mangelnde.*
3. *Deine Vorbereitung wünsche ich, doch ist sie mehr die Wirkung meiner Gnade als deiner Bemühungen.*
4. *Vergiß die Nachbereitung nicht: Sei wachsam, losgelöst und schweige gern.*

Stimme des Geliebten:

1. Ich liebe die reine Seele, ich bin der Born

aller Heiligkeit. Ich suche das reine Herz; in ihm ist der Ort meiner Ruhe. Bereite mir „den geräumigen, mit Polstern belegten Speisesaal“ (Mk 14, 15), dann werde ich bei dir mit meinen Jüngern Pascha feiern. Willst du, daß ich zu dir komme und bei dir bleibe, so „fege den alten Sauerteig fort“ (1 Kor 5, 7) und reinige die Wohnung deines Herzens. Schirm dich ab gegen die ganze Welt und gegen alle Unruhe der Leidenschaften. Sitz „wie ein einsamer Sperling auf dem Dach“ (Ps 102, 8) und überdenke deine Vergehen in der Bitternis deiner Seele. Denn wer jemanden liebt, bereitet dieser von ihm geliebten Person den besten und schönsten Platz. Die Gesinnung des Gastgebers erkennt man an den Vorkehrungen, die er zur Aufnahme des lieben Gastes trifft.

2. Wisse jedoch, daß du diese Vorbereitung durch dein eigenes Schaffen nicht zu Wege bringst, und wenn du dich auch ein ganzes Jahr darum bemühst und nichts anderes im Sinne hast. Einzig Liebe und Gnade gewähren dir den Zutritt zu meinem Tische. Es ist, als wenn ein Armer zur Tafel des Reichen geladen würde, ein Armer, der die Wohltaten nur durch demütigen Dank vergelten könnte. Tu, was an dir ist, und tu es gern,

nicht aus Gewohnheit oder aus Zwang, sondern mit Furcht, Ehrerbietung und Liebe empfange den Leib deines geliebten Herrn und Gottes, der dich würdigt, zu dir zu kommen. Ich bin es, der dich ruft, ich habe den Auftrag dazu gegeben, ich werde ergänzen, was dir fehlt; komme und empfange mich.

3. Wenn ich dir die Gnade der Andacht verleihe, so sage deinem Gott Dank. Ich komme nicht, weil du etwa würdig dazu bist, sondern weil ich mich deiner erbarmen will. Wenn du diese Gnade nicht hast, dich vielmehr wie ausgedörrt fühlst, dann beharre im Gebete, klage mir dein Leid, klopfe an und laß nicht nach, bis du einen Brosamen oder einen Tropfen der heilbringenden Gnade verdient hast. Du bedarfst meiner, ich aber habe dich nicht nötig. Nicht du kommst, um mich zu heiligen, sondern ich komme, um dich zu heiligen und zu bessern. Du kommst, um von mir geheiligt und mit mir vereinigt zu werden, um neue Gnaden zu erlangen und von neuem zur Lebensbesserung entzündet zu werden. „Vernachlässige die Gnade nicht“ (1 Tim 4, 14), bereite vielmehr mit allem Eifer dein Herz und führe deinen Geliebten bei dir ein.

4. Aber du sollst nicht nur vor der Kommu-

nion eine andächtige Sammlung anstreben, sondern die Andacht auch nach empfangener Kommunion bewahren. Die Wachsamkeit nachher ist nicht minder wichtig als die Vorbereitung vorher. Denn die strenge Wachsamkeit nachher ist wiederum die beste Vorbereitung zur Erlangung größerer Gnaden. Darum wird einer ganz unempfänglich, wenn er sich gleich wieder den Zerstreuungen überläßt und den äußeren Trost sucht. Hüte dich vor dem vielen Reden, bleibe in der Verborgenheit und koste deinen Gott voll aus. Du besitzest den, den die ganze Welt dir nicht nehmen kann. Ich bin es, dem du dich ganz hingeben sollst, so daß du fürderhin nicht mehr in dir, sondern ohne alle Sorgen in mir lebst.

KAPITEL 13

Der Mensch muß mit ganzem Herzen die Vereinigung mit Christus im Sakrament anstreben

1. *Ich sehne mich nach ganzer Vereinigung mit Gott.*
2. *Der Besitz Gottes bedeutet mir: Friede, Ruhe und himmlische Speise, Erquickung, göttliche Nahe.*
3. *Ich danke Gott für seine Gnade, indem ich mich ihm ganz hingebe.*

Stimme des Jüngers:

1. „Herr, wer gibt mir das Glück, dich allein zu finden?" (vgl. Hld 3, 1). Ich möchte dir mein ganzes Herz erschließen und deiner genießen, wie mein Herz es verlangt, ohne daß einer auf mich herabsieht und ohne daß die Welt meiner achtet und mich umdrängt, sondern so, daß du allein zu mir sprichst und ich zu dir, so wie der Geliebte zu dem Geliebten zu reden und der Freund mit seinem Freunde zu verkehren pflegt. Das ist meine Bitte und mein Verlangen. Um mit dir ganz eins zu werden, möchte ich mein Herz von allen geschaffenen Dingen loslösen und

durch die hl. Kommunion und häufige Zelebration lernen, am Himmlischen und Ewigen immer mehr Geschmack zu gewinnen. Herr, mein Gott, wann werde ich ganz eins mit dir sein, ganz in dich versunken? Wann werde ich meiner ganz vergessen? Du in mir und ich in dir. So laß uns beide für immer vereint sein.

2. Du bist wahrhaftig mein Vertrauter, auserwählt aus Tausenden. Bei dir möchte ich alle Tage meines Lebens wohnen. Ja, du bringst mir den Frieden; denn in dir ist tiefer Friede und wahre Ruhe. Außer dir aber herrscht Mühsal, Not und ein unendliches Elend. „Wahrlich, ein verborgener Gott bist du" (Jes 45, 15). Du hältst es nicht mit dem Gottlosen, aber mit den Demütigen und Einfältigen sprichst du gern. „O wie erquikkend, Herr, ist dein Geist! Um deinen Kindern zu zeigen, wie sehr du sie liebst, speisest du sie mit dem köstlichen Brot, das vom Himmel kommt."[5] „Wahrlich, kein anderes Volk ist so begnadet, daß es Götter hätte, die ihm so nahe sind, wie du, unser Gott, allen denen nahe bist, die an dich glauben" (Dtn 4, 7). Um sie täglich zu trösten und ihr Herz zum Himmel zu erheben, gibst du dich selbst als Speise zum Genusse hin. Welches

andere Volk der Erde kann sich so rühmen wie das christliche Volk? Welches Geschöpf unter dem Himmel ist so bevorzugt wie die Seele des innerlichen Menschen, bei der Gott einkehrt, um sie mit seinem verklärten Leibe zu erquicken?

3. Unaussprechliche Gnade! Staunenswerte Zuwendung! Unermeßliche Liebe zu jedem einzelnen Menschen! Was soll ich dem Herrn vergelten für diese Gnade, für eine so unsagbare Liebe? Ich kann Gott wohl nichts Wohlgefälligeres schenken, als daß ich ihm mein Herz ungeteilt überlasse und mich innig mit ihm vereinige. Wenn ich dann vollkommen eins mit ihm bin, wird mein ganzes Innere frohlocken. Dann wird er mir sagen: „Wenn du bei mir sein willst, will ich bei dir sein.“[6] Und ich werde ihm antworten: Herr, bleibe in deiner Güte bei mir, ich will ja auch gern bei dir sein. Das ist mein ganzes Verlangen, daß mein Herz mit dir eins sei.

KAPITEL 14

An Gott hingegebene Menschen verlangen voll glühender Sehnsucht nach dem Leib Christi

1. *Das Beispiel der andächtig Kommunizierenden beschämt mich.*
2. *Nimm mich auf in den Kreis deiner vor Liebe entbrennenden eucharistischen Freunde.*

Stimme des Jüngers:

1. Herr, wie groß ist doch der Reichtum deiner Erquickung, die du denen im verborgenen gewährst, die dich lieben! Wenn ich an so manche Gläubigen denke, die mit größter Andacht und Liebe zu den heiligen Sakramenten gehen, dann werde ich oft an mir selber irre und erröte ich, da ich mich so lau und kalt deinem Altare und dem heiligen Opfermahle nahe. Ich bleibe so trocken und so ohne alle Regung des Herzens. Es fehlt mir das tiefe Erglühen vor dir, meinem Gott. Der starke Zug zu dir und das heiße Verlangen gehen mir ab. Ich bin nicht wie die vielen frommen Menschen, die sich vor übergroßer Sehnsucht nach der heiligen Kommunion und vor brennender Liebe ihres

Herzens der Tränen nicht erwehren konnten, mit Herz und Mund zuinnerst nach dir, der Quelle des Lebens, verlangten und ihren Hunger nicht anders zu mäßigen und zu stillen vermochten als dadurch, daß sie deinen Leib voller Freude und geistiger Hingabe empfingen.

2. Wahrhaftig, sie tragen einen brennenden Glauben in sich, sie sind ein zuverlässiger Beweis deiner heiligen Gegenwart, sie „erkennen in Wahrheit ihren Herrn beim Brotbrechen“ (Lk 24, 30). Ihr Herz lodert wie mächtiges Feuer, da Jesus mit ihnen wandelt (ebd.). Von einer solchen andächtigen Ergriffenheit bin ich weit entfernt, eine so große Liebesglut kenne ich nicht. Sei mir gnädig, du gütiger, lieber, mildreicher Jesus, und gewähre mir, deinem armen Bettler, bisweilen einen Funken deiner herzlichen Liebe, wenn ich das heilige Mahl empfange, damit mein Glaube wachse, mein Vertrauen auf deine Güte erstarke und die Liebe, einmal zu hoher Glut entflammt, nicht mehr nachlasse, nachdem ich erlebt habe, was es ist um das himmlische Manna. Deine erbarmende Güte ist mächtig. Du kannst mir die ersehnte Gnade gewähren und die Glut der Liebe in mir entzünden, sobald der Tag ge-

kommen ist, an dem es dir gefällt, mich huldvoll heimzusuchen. Wenn ich auch nicht wie deine vertrauten Freunde vor großer Sehnsucht entbrenne, so habe ich doch dank deiner Gnade das Verlangen nach jener flammenden Sehnsucht. So bitte ich dich flehentlich: Laß mich zu dem Kreis aller deiner vor Liebe glühenden Freunde gehören, und nimm mich auf in ihre heilige Gemeinschaft.

KAPITEL 15

Die Gnade der Hingabe wird durch Demut und Selbstverleugnung erworben

Zu wahrer Hingabe und Andacht führen:
1. Demütiges, geduldiges Warten.
2. Überwindung der Hindernisse.
3. Vollkommene Selbstentsagung.

Stimme des Geliebten:
1. Suche beharrlich die Gnade der Andacht, erbitte sie flehentlich, erwarte sie geduldig und vertrauensvoll. Nimm sie mit Dank entgegen, bewahre sie in Demut, benütze sie

eifrig und stelle Gott anheim, wann und wie er mit seiner himmlischen Heimsuchung kommt. Empfindest du in deinem Innern wenig oder gar keine Andacht, so wolle dich vor allem demütigen, dich aber nicht ganz verwerfen oder der Trostlosigkeit die Zügel schießen lassen. Gott gibt oft in einem kurzen Augenblick, was er einem lange vorenthalten hat. Zuweilen gibt er auch am Ende des Gebetes, was er am Anfang zu geben zögerte. Würde die Gnade immer schnell gegeben und nach Wunsch zu Gebote stehen, so vermöchte der Mensch sie in seiner Schwachheit nicht wohl zu ertragen. Deshalb mußt du oft in der rechten Hoffnung und in demütiger Geduld auf die Gnade der Andacht warten.

2. Dir aber und deinen Sünden schreibe es zu, wenn sie dir nicht gegeben oder heimlich entzogen wird. Oft ist es nur eine Kleinigkeit, was die Gnade versperrt oder verbirgt, wenn man anders eine Kleinigkeit und nicht vielmehr etwas Großes nennen muß, was einem so großen Gut im Wege steht. Hast du aber diese Kleinigkeit oder dieses große Hindernis beseitigt und vollkommen überwunden, wird deiner Bitte stattgegeben werden. Sobald du dich nämlich von ganzem

Herzen Gott hingibst und nicht in diesem oder jenem Punkte deinem eigenen Wollen und Belieben nachgehst, sondern dich vollständig Gott überlässest, wirst du dich mit ihm geeint und befriedet finden, weil dir dann nichts so lieb und wert sein wird wie der Ratschluß des göttlichen Willens. Wer immer also sein Denken und Wollen einfältigen Herzens zu Gott emporrichtet und sich von jeder ungeordneten Neigung oder Abneigung gegen irgendein Geschöpf frei macht, wird am besten zum Empfang der Gnade vorbereitet und des Geschenkes der Andacht würdig sein.

3. Denn der Herr gibt seinen Segen dort, wo er leere Gefäße findet. Je vollkommener jemand dem Irdischen entsagt und je mehr er durch Selbstverachtung sich selbst abstirbt, desto schneller kommt die Gnade, desto reicher kehrt sie ein und desto höher hebt sie das freie Herz empor. „Dann wird er schauen und überströmen, und sein Herz wird sich wundern und sich erweitert fühlen" (Jes 60, 5), denn „die Hand des Herrn ist mit ihm" (Ez 3, 14), und dieser Hand hat er sich selbst gänzlich überlassen in Ewigkeit. „Siehe, so wird der Mensch gesegnet werden" (Ps 128, 4), der „von ganzem Herzen Gott

sucht“ (Ps 119, 2) und „seine Seele nicht an Eitles hängt“ (Ps 24, 4). Er gewinnt beim Empfang der heiligen Eucharistie die hohe Gnade der Vereinigung mit Gott, weil er sein Augenmerk nicht auf die eigene Andacht und Tröstung richtet, sondern über alle Andacht und Tröstung hinaus auf Gottes Ruhm und Ehre.

KAPITEL 16

Trage Christus deine Nöte vor, und verlange nach seiner Gnade

1. *Der Kranke bittet um die Arznei gegen Schwäche und Not.*
2. *Der Bettler hätte gern vom Reichtum der Liebe und ein helles Auge für den Wert der Dinge.*
3. *Der Gottverbundene möchte* ein *Geist mit ihm werden.*

Stimme des Jüngers:

1. Herr, voll der Güte und Liebe! Ich möchte dich jetzt mit Andacht empfangen. Du kennst meine Schwäche und die Not, unter der ich leide. Du weißt, an welchen Übeln

und Gebrechen ich darniederliege und wie oft ich mich bedrückt, versucht, verwirrt und in Sünden fühle. Ich komme nun zu dir, weil du meine Hilfe bist, und bitte dich um Trost und Linderung. Ich spreche zu dem, der alles weiß, vor dem mein ganzes Innere offen liegt. Du allein kannst mich trösten und aufrichten. Du weißt, welcher Güter ich am meisten bedarf und wie arm ich an Tugenden bin. Siehe, arm und nackt stehe ich vor dir und bitte flehentlich um Gnade und Barmherzigkeit.

2. Erquicke deinen hungernden Bettler, entzünde meine Kälte mit dem Feuer deiner Liebe, und erleuchte meine Blindheit mit der Klarheit deiner Gegenwart. Wandle mir alles Irdische in Bitterkeit, alles Schwere und Widrige in Geduld, alles Niedere und Erschaffene in eine Welt, die ich nicht überbewerte, ja die ich vergessen kann.

Richte mein Herz aufwärts zu dir, zum Himmel, und laß mich nicht unstet auf der Erde umherirren. Fortan sei du allein meine Wonne in Ewigkeit; denn du allein bist meine Speise und mein Trank, meine Liebe und meine Freude, meine Labung und meine ganze Seligkeit.

3. Möchte doch deine Gegenwart mich ganz

entflammen, versengen und in dich umwandeln, daß ich durch die Gnade innerer Einigung und die Glut deiner Liebe umgeschaffen und „ein Geist mit dir" werde! (1 Kor 6, 17) Laß mich nicht hungrig und durstig von dir gehen, sondern verfahre barmherzig mit mir, wie du so oft wunderbarerweise an deinen Heiligen getan hast. Es sollte mich nicht wundern, wenn ich durch dich ein einziger Feuerbrand würde und mein Ich in mir stürbe. Bist du doch das allzeit brennende Feuer, das nie erlischt, die Liebe, die das Herz läutert und den Geist erleuchtet.

KAPITEL 17

Die brennende Liebe und starke Sehnsucht, Christus zu empfangen

1. *Ich möchte dich empfangen mit der Andacht der Heiligen.*
2. *Ich möchte dich empfangen wie deine Mutter an Mariä Verkündigung und wie der Täufer an Mariä Heimsuchung.*
3. *Ich möchte dich empfangen: lobend, dankend und im Verein mit allen guten Geistern und Menschen im Himmel und auf Erden.*

Stimme des Jüngers:

1. Mit innigster Andacht und brennender Liebe, mit meines Herzens glühender Begier verlange ich dich zu empfangen, Herr, so, wie viele Heilige und fromme Menschen dich ersehnten und empfingen, Menschen, die wegen ihres vollkommenen Lebens und ihrer glühenden Andacht dein besonderes Wohlgefallen fanden. Gott, meine ewige Liebe, mein ganzes Gut, mein endloses Glück, ich möchte dich mit einer so heißen Sehnsucht und einer so demütigen Ehrfurcht empfangen, wie sie je ein Heiliger hegen und empfinden konnte! Bin ich auch all dieser Empfindungen der Andacht unwürdig, so opfere ich dir doch die ganze Liebe meines Herzens, als hätte ich allein jene ganze, dir so wohlgefällige feurige Sehnsucht in mir. Was immer nur ein frommer Geist erdenken und ersehnen kann, das alles weihe ich dir und biete ich dir in tiefster Ehrfurcht und inniger Hingebung an. Ich denke nicht daran, etwas für mich zurückzubehalten, vielmehr bringe ich dir freiwillig und freudigst mich selbst und all das Meinige zum Opfer dar.

2. Herr, mein Gott, mein Schöpfer und Erlöser, ich möchte dich heute so innig und ehr-

fürchtig empfangen, so jubelnd und ehrerbietig, so dankbar, würdevoll und innig, so gläubig, vertrauensvoll und lauter, wie deine heiligste Mutter, die glorwürdige Jungfrau Maria, dich ersehnte und empfing, als sie dem Engel, der ihr die Botschaft des Mysteriums der Menschwerdung überbrachte, demütig und ergeben antwortete: „Siehe, ich bin die Magd des Herrn, mir geschehe nach deinem Worte“ (Lk 1, 38). Ich möchte dich empfangen wie dein seliger Vorläufer Johannes der Täufer, der größte unter den Heiligen, der ob deiner Gegenwart im Heiligen Geiste jubelnd frohlockte, als er noch im Mutterschoße war. Von ganzem Herzen möchte ich mich dir als Geschenk anbieten, so, wie dieser Täufer es tat, als er sah, daß Jesus unter den Menschen wandelte. Da sprach er nämlich in Demut und tiefer Ehrfurcht die Worte: „Der Freund des Bräutigams aber, der dasteht und ihn hört, ist hocherfreut über die Stimme des Bräutigams“ (Joh 3, 29). Darum lege ich dir auch den Jubel aller frommen Herzen, ihre glühende Liebe, ihre Geisteserhebungen, ihre übernatürlichen Erleuchtungen und die himmlischen Schauungen auf den Opferaltar. Ich biete sie dir dar samt allen Tugenden und Lobpreisungen, die dir von jedem Geschöpf im Himmel und auf Erden jemals gezollt wurden. Ich opfere dir alles auf für mich und für alle, die sich in mein Gebet empfohlen haben, damit du von allen würdig gepriesen und verherrlicht werdest in Ewigkeit.

3. Nimm an, Herr, mein Gott, meinen Wunsch und mein Verlangen, dich ohne Ende zu loben und ohne Maß zu preisen, so, wie es dir nach der Fülle deiner unaussprechlichen Hoheit mit Recht gebührt. Das biete ich dir an und möchte ich dir alle Tage und jeden Augenblick darbringen. Ich lade alle himmlischen Geister und alle deine Gläubigen ein und bitte und beschwöre sie aus ganzem Herzen, sich meinen Dankesbezeugungen und Lobpreisungen anzuschließen. „Alle Völker, alle Länder, alle Zungen" (Dan 7, 14) mögen dich loben und deinen heiligen, erquickenden Namen mit mächtigem Jubel und glühender Andacht verherrlichen. Und wer immer dein heiligstes Sakrament in Ehrfurcht und Andacht feiert und mit vollem Glauben empfängt, möge Gnade bei dir finden und Barmherzigkeit und inständig für mich Sünder beten. Und wenn sie der gewünschten Andacht und genußrei-

chen Einigung teilhaft geworden sind, und wenn sie ganz getröstet und wunderbar erquickt von dem heiligen himmlischen Tische zurückkehren, wollen sie meiner, des Armen, nicht vergessen.

KAPITEL 18

Der Mensch soll über dieses Sakrament nicht neugierig grübeln

1. *Nicht vorwitziges Grübeln, sondern demütiges Glauben und Betrachten führt in die Erkenntnisse der eucharistischen Geheimnisse.*
2. *Glaube nicht dem Teufel, wenn er dir Zweifel an der Eucharistie einjagt, sondern den Worten Gottes, die dich immer in die Wahrheit einführen.*
3. *Glaube und Liebe müssen deinem Denken zugrunde liegen, dann wirst du dich nie enttäuscht sehen.*

Stimme des Geliebten:

1. Hüte dich, neugierig und unnütz über dieses unergründliche Sakrament nachzugrübeln, du könntest in einen wahren Abgrund

des Zweifels versinken. Wer die Majestät ergründen will, wird von ihrer Herrlichkeit erdrückt. Gott vermag mehr zu wirken, als ein Mensch begreifen kann. Die fromme, demütige Erforschung der Wahrheit soll dir damit nicht verwehrt sein, wenn sie nur immer der Belehrung zugänglich bleibt und sich an die bewährte Lehre der Väter hält. Selig die Einfalt, die den schwierigen Fragen aus dem Wege geht und sich an die geebneten, festen Pfade der Gebote Gottes hält. Viele haben den rechten Geist verloren, indem sie mit ihren Forschungen allzu hoch greifen wollten. Glaube wird von dir verlangt und ein gutes Leben, nicht hoher Verstand und tiefe Einsicht in die Geheimnisse Gottes. Wenn du nicht verstehst und begreifst, was unter dir ist, wie willst du erfassen, was über dir ist? Unterwirf dich Gott und beuge deinen Sinn unter den Glauben, und es wird dir das Licht der Erkenntnis verliehen werden, soweit es für dich nützlich und notwendig ist.

2. Manche werden in ihrem Glauben an das Sakrament schwer versucht, doch ohne ihre Schuld. Der Böse treibt sein Spiel mit ihnen. Mach dir deshalb keine Sorgen, rechte nicht mit deinen Gedanken, und laß dich nicht auf die Zweifel ein, die der Teufel dir einflü-

stert. Glaube vielmehr den Worten Gottes, glaube seinen Heiligen und Propheten, und der böse Feind wird von dir weichen. Ein Diener Gottes, der solche Leiden erduldet, zieht oft großen Nutzen aus ihnen. Denn die Ungläubigen und Sünder, deren er längst sicher ist, versucht er nicht, die andächtigen Gläubigen aber versucht und quält er auf vielerlei Weise. Bleibe also bei deinem einfältigen, unerschütterlichen Glauben und nähere dich dem Sakrament mit tiefer Ehrerbietung. Was du nicht zu erfassen vermagst, überlaß ruhig dem allmächtigen Gott.

3. Gott betrügt dich nicht, doch betrogen ist, der sich selbst zuviel zutraut. Gott ist mit den Einfältigen, offenbart sich den Demütigen, verleiht Einsicht den Kleinen, öffnet den reinen Seelen das Verstehen, verbirgt aber seine Gnade den Fürwitzigen und Stolzen. Die menschliche Vernunft ist schwach und kann sich irren, der wahre Glaube aber kann dem Irrtum nicht verfallen. Alle Vernunfterkenntnis und alle natürliche Forschung muß dem Glauben folgen, nicht ihm vorangehen noch in ihn einbrechen. Denn Glaube und Liebe kommen hier besonders zur Geltung und wirken in diesem heiligsten, hocherhabenen Sakramente auf ge-

heimnisvolle Weise. Gott, der Ewige, Unermeßliche und unendlich Mächtige, „tut Großes und Unerforschliches“ (Ijob 5, 9) im Himmel und auf Erden. Seine wunderbaren Werke sind unergründlich. Wären Gottes Werke für die menschliche Vernunft leicht erfaßbar, so dürfte man sie nicht wunderbar und unaussprechlich nennen.

Anmerkungen

ERSTES BUCH

1 Das ist der Sinn der sog. „Weltverachtung" (*contemptus mundi; contemnere* = etwas im Vergleich mit etwas anderem geringer bewerten). Dieser Sinn von *contemnere* kommt nicht etwa erst im Mittelalter auf, sondern findet sich schon im Sprachgebrauch des alten klassischen Latein (vgl. *Cicero:* „De lege agraria" 2, 35, 96; „Orator" 13, 41; „Cato" 2, 3, 5. *Ovid:* „Metamorphosen" 11, 155; ja schon in der Komödie des *Plautus* „Miles gloriosus" 4, 6, 21; „Trinummus" 2, 2, 47 und *Terenz:* „Eunuchus" 2, 2, 8. Vgl. auch aus dem früheren Römischen Brevier das Offizium der hl. Märtyrer, 1. Vesp. - Fest eines hl. Bischofs, Hymnus ad Laudes - Fest der hl. Bekenner, 3. Respons., Laudes u. 2. Vesp. - Fest der hl. Jungfrauen, Laudes - Fest der hl. Witwen, 1. Vesp. - Außerdem vgl. den Wortlaut vieler Orationen.

2 *Aristoteles,* Metaph. 1, 1.

3 Zu „Liebe, unbekannt zu sein" vgl. *Thomas von Kempen,* Alphabetum monachi Ausg. Pohl III, Freiburg 1904. - Ferner *Bernhard,* Predigt 3 zu Weih-

nachten (Migne I, C. 183, 123). Es war ein geflügeltes Wort bei den „Brüdern des gemeinsamen Lebens“.

4 Die Wahrheit = die ewige göttliche Wahrheit.

5 Dunkle Dinge = spitzfindige Fragen der entarteten Scholastik.

6 Aus *Guigo de Chastel* († 1137). Vgl. Migne 184, 327.

7 Aus *Augustinus,* Predigt zu Ps. 36, 395. Vgl. auch *Seneca,* Ad Lucilium I, 12, 11.

8 Die Stelle erinnert an *Bernhard,* Predigt 37 in Cantic., Migne PL 183, 974.

9 Vgl. *Bernhard,* Predigt 27,5 über verschiedene Fragen; Migne 183, 614: „Apud nos magnus aestimaretur, si quis vel ipsa conversionis suae primordia conservaret.“

10 Aus *Ovid,* Medizin der Liebe 91. Wahrscheinlich zit. nach einem Briefe d. Joh. von Schoonhoven O. S. Aug. a.d. Jahre 1383; vgl. *Spitzen,* Nouvelle défense de Thomas a Kempis, Utrecht 1884, 87 f.

11 *Bonaventura,* Legenda S. Francisci 14,1, Analecta Franciscana X, 621; vgl. *Thomas von Celano* 103.

12 Frei aus *Seneca,* Ad Lucilium I, 7, 3; zit. aus d. Briefe des *Joh. v. Schoonhoven;* vgl. auch *Ovid,* Trista 3, 4, 25.

13 Aus *Petrus von Blois* († um 1200), 148. Brief; Migne 207, 439.

14 Wahrscheinlich Thomas selbst.

15 Vgl. Invitatorium zum „Gedächtnis der Verstorbenen“ in: Stundenbuch, Bd. III, Einsiedeln u.a. 1978, S. 1269.

ZWEITES BUCH

1 Vgl. 18. Predigt d. *Bernhard* über verschiedene Fragen, Migne 183, 587.
2 Röm. Brevier, fer. II. in hebd., Resp. z. Lect. III.
3 Offic. St. Laurentii der regulierten Chorherren von Windesheim. „Sein Presbyter" ist Papst Sixtus, dessen Archidiakon Laurentius war und der ihm im Martyrium voranging.

DRITTES BUCH

1 Röm. Brevier, Comm. Virg., 9. lect. d. Homilie d. hl. Papstes *Gregor,* Migne 76, 1119.
2 *Bernhard,* Hom. super „Missus est" 1, 8, Migne 183, 60.
3 Vgl. *Augustinus,* Predigt 36, 6, Migne 38, 217 u. Predigt 61, 10, Migne 38, 413 u. De civit. Dei 11, 25, Migne 41, 339.
4 *Bernhard,* Pred. 1 an Neujahr c. 2, Migne 183, 133. – Ferner d. frühere Röm. Brev., Namen Jesu Fest, 8. Les.; viell. Anspielung auf *Lucan,* De bello civ. 1, 135.
5 *Bernhard,* De consid. 1, 2; Migne 182, 729.
6 Das berühmt gewordene Stoßgebet des hl. *Franziskus von Assisi.* Actus b. Francisci et sociorum ejus, c. 1, 21. Edidit. P. Sabatier (Collection d'études et de documents, t. IV, Paris 1902, 5). Es ist das von Bernhard von Quintavalle direkt vor seiner Bekehrung belauschte Nachtgebet des hl. Franziskus.
7 Der Satz klingt an die Disticha *Catonis* 2,20 an: „Denen, die viel reden, ist wenig Glauben zu schenken."
8 In dem „jemand" ist vielleicht der hl. Franz v. Assisi

zu sehen, weil auch im Kap. 50 d. Dritten Buches ein Wort dieses Heiligen zitiert wird.

9 Zu lesen in Acta sanctorum, 1. Febr., Antwerpen 1658, 615. Vielleicht stand das Wort im 15. Jh. in mancher Brevier-Ausgabe.

10 Der hl. Papst *Gregor,* Commune plur. Mart., 7. Homilie.

11 Aus der Antiphon „Salve Regina".

12 Vgl. *Lothar Hardick/Engelbert Grau:* Die Schriften des hl. Franziskus von Assisi. dcv druck, Dietrich Coelde Verlag GmbH, Werl, 6. völlig neu bearb. Auflage 1980, S. 107: „Was der Mensch vor Gott ist, das ist er und nicht mehr."

13 Röm. Meßbuch, Oration zum 16. Sonnt. n. Pfingsten, nach heutiger Meßordnung Tagesgebet zum 28. Sonntag im Jahreskreis.

14 Derselbe Text i. d. Cantica d. *Thomas von Kempen,* Versus de sancta cruce 1, Pohl, Freiburg 1918, 249.

15 Früheres Röm. Meßb., In missis quotid. def., Secr. 2.

VIERTES BUCH

1 *Bernhard,* Migne 183, 440.

2 *Thomas v. Aquin:* Gebet des Priesters vor der hl. Messe.

3 Röm. Meßb., Osternacht „Exultet".

4 Lat. *„fistula".* Keine Hindeutung auf den Abendmahlskelch. Das Wort *„Fistula"* = Röhre ist bildlich zu nehmen. Zur Zeit der Abfassung der Imitatio war die Kommunion unter *einer* Gestalt allgemein üblich.

5 Vgl. früheres Röm. Meßb., Fronleichnam, Magnifikat = Antiphon der 1. Vesper!

6 Die Stelle, die an die Sprache des Hohenliedes anklingt, ist in das Officium proprium der hl. Elisabeth von Ungarn (3. Respons. der 2. Nokturn) aufgenommen worden und wurde in dieser Form von den deutschen Franziskanern der Thüringischen und Sächsischen Provinz bis vor einigen Jahren gebetet.

Kritisches Nachwort zur Geschichte des Textes

Thomas von Kempen ist nicht immer als der Verfasser der „Nachfolge Christi" anerkannt worden. Im 15. Jahrhundert wahrscheinlich aus den Kreisen der *Devotio moderna* (Religiöse Erneuerung) hervorgegangen, ist das Buch bis in unsere Zeit Gegenstand heftiger Gelehrtenfehden gewesen. Die Kritik unterscheidet, was die Frage der Verfasserschaft angeht, drei Perioden: eine *älteste,* die etwa bis in die Zeit des Ersten Weltkrieges reicht, eine *neuere,* die zu Anfang der zwanziger Jahre unseres Jahrhunderts begann, und die *neueste,* die sich an Namen wie De Bruin, Delaissé, Axters O. P., Prior Jacques Huyben (†) und Pierre Debongnie C. SS. R. knüpft.

In der *ältesten* Periode (15.–20. Jahrhundert) werden nicht weniger als 35 Verfasser der „Nachfolge" genannt, z. B. Amandus Suso († 1366), St. Bernhard († 1153), David von Augsburg († 1272), Dionysius van Ryckel († 1471), Kanzler Gerson († 1429), Heinrich von Kalkar († 1408), Innocenz III. († 1216), J. Tauler († 1361), Joh. Vos († 1424). Doch

die meisten älteren Handschriften nennen Thomas als Verfasser.
Die *neuere* Periode der Kritik setzt an mit der Entdeckung einer niederdeutschen Handschrift in Lübeck, die sein Entdecker Paul Hagen für ein Exemplar der Urschrift hielt. Sie gab den Anstoß zu neuen kritischen Untersuchungen, die besonders der Nymweger Professor Van Ginneken aufgriff und durchführte. Auf Grund historischer, linguistischer und geistesgeschichtlicher Studien suchte er festzustellen, daß nicht Thomas von Kempen, sondern der Humanist Geert Groote oder Gerrit Grote († 1384) der Verfasser der „Nachfolge" sei. Der Studienkreis Ginnekens entwickelte dessen Ideen weiter und zog aus ihnen die letzten Konsequenzen (F. Kern: Gerrit Grote, „Nachfolge Christi", 1947, Otto Walter Verlag Olten).
Die *neueste* Periode der Kritik lehnt das Ergebnis der Untersuchungen Hagens und Ginnekens ab. Dr. De Bruin legt in einer umfangreichen, wissenschaftlichen Arbeit dar, daß Thomas von Kempen nach wie vor als Verfasser der „Nachfolge Christi" zu gelten hat (De middelnederlandsche Vertaling van De Imitatio Christi, Verl. Brill, Leiden 1954). Es kommt hinzu, daß Delaissé neue-

stens den sog. Brüsseler Text der von Thomas selbst geschriebenen „Nachfolge Christi“, deren Echtheit lange umstritten war, nach eingehender chemographischer Untersuchung im Laboratorium der Handschriften-Sammlung der Königlichen Bibliothek in Brüssel als Originalhandschrift von Thomas von Kempen festgestellt hat. Das voll signierte und 1441 datierte Manuskript stammt aus der Bibliothek des Klosters Agnietenberg bei Zwolle. Ein Faksimile dieses Brüsseler Textes der „Nachfolge“ in diplomatischer Ausgabe ist erschienen (Delaissé, Le manuscrit autographe de Thomas a Kempis et l'Imitation de Jésu Criste, examen archéologique et édition diplomatique du Bruxellensis 5855–61, Standaard-Boekhandel S.A., Anvers-Amsterdam 1956). Im zweiten Band seiner archäologischen Ausgabe des Brüsseler Textes schreibt er auf Grund seiner philologischen und geschichtlichen Untersuchungen (110 f) und seiner genauen Kenntnis der Persönlichkeit des Thomas (120 f und 146) diesem die Autorschaft der Imitatio und speziell des Brüsseler Textes zu.

Prof. Dr. Stephan Axters O.P. ergänzt die Studie Delaissé's durch den 3. Band seiner

„Geschiedenis van de vroomheid in de Nederlanden“, uitgeverij De sikkel N.V., Antwerpen 1956. Seine auf nüchterner Sachkenntnis und umfassendem Quellenstudium beruhenden Ausführungen zu Thomas Hemerken machen deutlich, daß dieser zwar die zu seiner Zeit bekannten „rapiaria“ sowie die religiöse ältere Literatur, wozu auch die Dicta Geert Grootes gehörten, benutzt hat, daß Thomas aber im übrigen mit der vollen Autorität seiner Erfahrungstheologie hinter der Imitatio und seinem ganzen Schrifttum steht (187 f).
Die gemeinsame Arbeit des Benediktinerpriors von Egmond Jacques Huyben (†) und des Redemptoristen P. Debongnie: L'auteur ou les auteurs de l'Imitation (Publications universitaires de Louvain, Bibliothèque de la Revue d'histoire ecclésiastique, fasc. 30, Louvain 1957), eine wissenschaftliche Untersuchung aller die „Nachfolge“ betreffenden einschlägigen Fragen, gipfelt in dem Schlußsatz: „Cela, c'est l'Imitation, c'est Thomas a Kempis, unique auteur.“ (383)
Im Zusammenhang mit der Ausgabe des Brüsselertextes sei außerdem darauf hingewiesen, daß ein noch älterer handschriftlicher Text der „Nachfolge“ vom Jahre

1427/28 existiert, dessen Original vom Lateinlehrer in der Gaesdonck, Heinr. Schoofs, mit größter Sorgfalt 1862 im Verlag Aschendorff (Münster) herausgegeben wurde. („Jam vero, quod aurei huiusce libelli textum juxta codicem vetustissimum emendatum atque genuinum in lucem edere dignum putavi, id nemo prorsus miretur Praef. IV.“) Das genannte Original der Handschrift befand sich bis zum Zweiten Weltkrieg in der Bücherei des Studienhauses zu Gaesdonck und stammte aus dem Kloster Bethlehem beim Agnietenberg (Zwolle). Vom Kloster Bethlehem brachte Friederich von Ketteler die Handschrift nach Gaesdonck, wo Ketteler als Regularkleriker des hl. Augustin wohnte. Um die Handschrift zu schützen, nahm der Bischof von Münster, der spätere Kardinal Clemens August Graf von Galen, sie nach Ausbruch des Zweiten Weltkrieges in Verwahrung. Sie wurde aber trotz der großen Vorsichtsmaßnahmen – die Handschrift ruhte in einem Panzerschrank – ein Opfer der Bombenangriffe. – Ein genauer Vergleich der beiden Thomas-Texte vom Jahre 1441 und 1427 läßt deutlich erkennen, daß der Autor der beiden Handschriften auf Grund der im Brüsseler Text gemachten Ergänzungen, Verbesserungen und redaktionellen Umstellungen (Inversionen) mit Thomas von Kempen identisch ist.

Wendelin Meyer OFM